K-IFRS 회계원리

ACCOUNTING PRINCIPLE

김완희 · 김문현 · 배성규

명경사
MYUNGKYUNGSA

제5판 머리말

기본에 충실한 회계 입문서라는 생각을 공유하며 대학의 기초 회계교육에 적합하도록 내용을 개선하고 보완하여 개정판을 내기로 하였다. 제5판을 준비하면서 저자들이 특히 관심을 두고 개정안에 반영하고자 한 점은 다음과 같다.

첫째, 회계에 대한 접근성과 이해도를 높이기 위해서 내용을 좀 더 쉽게 전달하고자 하였다. 기본적인 회계처리에서 재무제표 작성, 구체적인 회계처리 순으로 체계를 구성하였으며, 주요 재무제표요소와 회계처리에 대한 내용을 재기술하였다.

둘째, 국제회계기준을 회계원리 수준에서 반영하였다. 국제회계기준의 어려운 내용을 그대로 옮겨오기보다는 회계원리 수준에서 내용을 담고 쉽게 풀어 설명하고자 하였다. 그리고 국제회계기준의 개정 내용을 반영하였으며, 국제회계기준과 일반기업회계기준이 혼재된 부분을 정리하여 국제회계기준으로 내용을 통일하였다.

셋째, 각 장마다 학습 내용을 스스로 점검할 수 있도록 기본문제와 연습문제를 보강하였다. 학습정리는 기본 개념에 대한 이해도를 묻는 확인 문제이며, 기본문제는 본문의 핵심 내용에 대한 종합 문제 성격의 주관식 문제이다. 그리고 연습 문제는 여러 시험의 기출문제와 유사한 내용의 객관식 문제로 구성하였다.

넷째, 회계원리 수준에서 다룰 수 있는 계정과 회계처리를 포괄하였다. 다만 시간의 제약으로 한 학기에 다루기 부담스러운 경우에는 현금흐름표와 재무제표분석을 후순위로 미루거나 다른 강좌에서 학습할 수 있을 것이다.

제4판과 마찬가지로 이번 제5판이 회계를 처음 공부하는 학생들에게 큰 도움이 되었으면 한다. 저자들의 노력을 멋진 책으로 돌려주신 명경사 한의명 사장님께도 각별히 감사드린다.

저자 씀

대부분의 한국인들은 영어 때문에 대학 입시를 포함한 여러 시험에서 고통을 느끼고 외국인을 만날 때마다 정신적 위축감을 버리지 못하는 것이 현실이다. 완벽한 자동통번역기가 발명되면 좋으련만 신조어의 출현 속도가 기술발전 속도를 앞지르고 있으니 꿈이 현실화될 가능성은 요원한 것 같다.

돌이켜보면 대학에서 회계를 접하면서 대부분의 학생들은 영어 공부할 때와 비슷한 고통을 경험하는 것 같다. 초급 단계에서는 단순하고 분명하던 것이 단계가 거듭될수록 암호문을 해독하는 것처럼 어려워진다. 전산회계프로그램이 개선되고 있지만 복잡 다양해지는 기업의 경제활동을 반영하거나 복잡한 회계 의사결정을 대신하기는 어려울 것이다.

회계는 경영의 언어라고 한다. 언어가 의사소통의 수단으로 사용되는 것처럼, 회계정보는 경제활동에 참여하고 있는 이해관계자 사이에 중요한 의사소통의 수단이다. 그러므로 언어를 모르면 당사자 간의 생각을 바르게 전달하고 전달받기 어려운 것처럼, 경영의 언어로써 회계에 대한 바른 이해가 없으면 기업의 경제활동을 올바로 이해하기 어렵다.

경영의 필수언어인 회계를 어떻게 하면 쉽게 접하고 이해할 수 있을까? 언어를 능숙하게 구사하려면 반복과 숙달만이 유일한 왕도이지만, 언어학습이론에 따르면 이 반복과 숙달을 도와줄 요령이 있다고 한다. 회계의 학습도 마찬가지이다. 영어 공부에서 기초문법이 유용하듯이 회계에도 토대가 되는 기본규칙을 익히는 것이 매우 중요하다. 모든 문장은 기본문형으로 이루어져 있고 나머지는 풍부한 단어로 해결되듯이 모든 회계는 기본적인 거래요소로 구분되고 나머지는 다양한 거래 내용으로 해결된다.

이러한 점을 고려하여 본서는 회계의 기초문법에 해당되는 내용을 충실히 다루고자 하였다. 특히 저자들이 회계를 배웠을 때의 기억을 되살려서 회계를 처음 접하는 학생들이 겪는 어려움을 극복하는 데 도움이 되고자 하였다. 여기에 십여 년간 교육현장과 실무현장에서 저자들이 접한 수많은 현장의 목소리를 접목하였다.

머리말

이 책을 준비하면서 저자들이 공유했던 생각은 기본에 충실한 것이 최선이라는 것이다. 뿌리 깊은 나무가 바람에 흔들리지 않듯이 회계의 기초가 튼튼하다면 복잡하고 다양한 회계문제를 해결할 수 있는 논리적 큰 줄기를 얻을 수 있을 것이다. 이러한 취지에서 조금은 지루한 과정이겠지만 본서는 회계의 기본 사상과 구조를 익히는 데 상당한 분량을 할애하였다.

그리고 본서는 회계원리 수준에서 한국채택국제회계기준(K-IFRS)을 충실히 반영하고자 하였다. 각 나라마다 서로 다른 언어를 쓰지만 모여서 의사소통을 할 때는 대부분 영어를 국제어로 사용하듯이 회계기준도 국제화시대를 열어가고 있다. 서로 다른 각 나라의 회계기준을 하나로 일치시키려는 노력이 결실을 맺어 국제회계가 제정되어 우리나라를 포함한 많은 나라들이 이미 사용하고 있거나 사용할 예정이다. 바야흐로 국제회계기준에 의해 생산된 회계정보는 국제 언어로서 기능할 것이다.

본서는 주로 회계정보의 산출과정에 대해 설명하고 있지만, 회계정보의 다양한 쓰임새에 대해서도 간단히 소개하였다. 경영관리 목적의 회계인 원가관리회계를 소개하고, 재무제표 정보를 의사결정에 맞도록 재가공하는 재무제표분석과 회계정보의 신뢰성을 확보하기 위한 수단인 회계감사를 소개하였다.

사실 본서는 집필보다는 재탄생이라고 하는 것이 적절할 것이다. 처음엔 공저자인 이성엽 회계사의 실무 강의 교재를 대학에서 사용할 수 있도록 수정·보완할 작정이었다. 하지만 학생들 입장에서 고민하고 국제회계기준을 반영하는 등 공동 작업을 하면서 일이 커지고 말았다.

모쪼록 저자들의 바람대로 본서를 통해 독자들이 회계를 쉽게 접하고 이해하기를 소망한다.

저자들이 공저로 처음 책을 출간하는 것임에도 불구하고 흔쾌히 출간을 허락하여 주신 명경사의 한의명 사장님과 저자들의 원고를 멋진 책으로 완성해 주신 편집부의 노고에도 각별히 감사드린다.

저 자

CHAPTER 01 기업과 회계

CHAPTER 02 제무제표의 기초

차 례

CHAPTER 04 서비스기업의 회계순환

차 례

차 례

CHAPTER 08 재고자산

CHAPTER 09 유형자산과 무형자산

차 례

차 례

Chapter

01

기업과 회계

◉ 주요 학습 내용

회계정보시스템

회계와 부기

영업활동, 투자활동, 재무활동

인식, 측정, 전달

이해관계자

재무회계와 관리회계

재무제표

회계기준

회계감사

제1절 회계의 의의

1.1 회계의 정의

'모아서 셈한다' 또는 '설명하거나 명백히 한다'라는 뜻을 가진 **회계**(會計, accounting)는 경제적 활동과 관련된 자료를 모아서 재무상태와 경영성과를 측정하는 것을 의미한다. 정보시스템 관점에서 살펴보면, 회계란 '이해관계자의 합리적인 경제적 의사결정을 지원할 목적으로 경제실체가 경제활동에 관한 자료를 정리·요약하여 이해관계자에게 전달하는 과정'으로 이해할 수 있다.

회계 과정을 그림으로 나타내면 [자료 1-1]과 같다.

자료 1-1 회계정보시스템

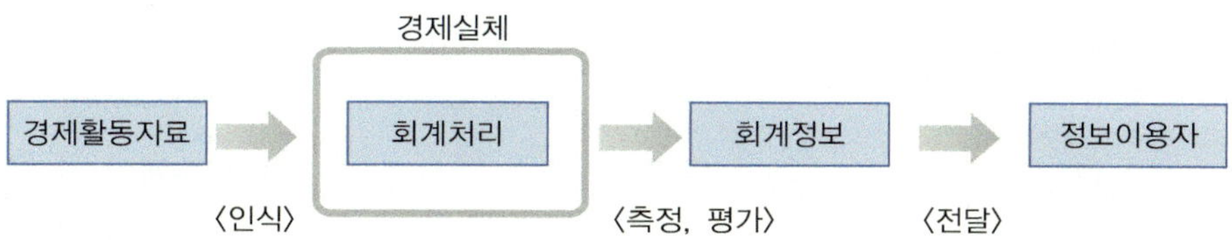

경제실체는 회계처리과정을 통해 경제활동에 관한 자료를 회계정보로 전환하고, 정보이용자는 경제실체가 제공하는 회계정보를 그들의 의사결정에 활용한다. 따라서 회계정보는 단순히 회계자료를 요약하고 정리한 것이 아니라 정보이용자의 의사결정을 지원할 수 있도록 가공된 것이다.

1.2 회계의 목적

정보이용자들은 정보를 통해 의사결정의 질을 제고할 수 있으므로, 회계의 목적은 정보이용자들의 경제적 의사결정에 **유용한 정보**를 제공하는데 있다.

의사결정은 자원의 제약으로 인해 발생하는 문제를 해결하기 위한 **대안의 선택과정**이라 할 수 있다. 자원이 제약된 상황에서는 자원을 가장 효율적으로 사용할 수 있는 대안을 선택하고 나머지 대안을 포기해야 한다. 이때 대안의 선택과 포기를 정당화하는데 회계정보의 역할이 있다. 회계는 여러 경제적 대안을 체계적으로 비교하고 분석함으로써 최선의 대안을 선택하는데 근거를 제공한다.

한편 기업은 경제적 자원을 투자받아 경영활동에 사용하므로, 경영자는 경제적 자원의 수탁자로서 의무를 다할 책임이 있다. 이때 회계는 기업이 자원의 소유자에게 선량한 관리자로서 의무를 다하고 있음을 알리는 유용한 수단이 된다. 즉 경영자의 경제적 자원에 대한 **수탁책임**(stewardship)은 자원의 관리와 운영에 대한 **회계책임**(accountability)을 통해 해소된다.

제2절 경제실체와 이해관계자

2.1 경제실체

경제실체는 경제활동을 수행하며 회계정보의 생산을 담당하는 주체이다. 기업, 정부, 가계 등의 경제실체는 경제활동을 정리하고 정보로 요약하여 정보이용자에게 전달한다.

기업만이 경제실체인 것은 아니며, 경제활동을 수행하는 조직은 모두가 경제실체이자 회계주체이다. 정부회계, 학교회계, 교회회계 등의 **비영리회계**는 오늘날 회계의 중요한 영역이 되고 있다.

경제활동 전체에서 역할과 비중이 가장 큰 경제실체는 기업이며, 그 중에서 주식회사는 오늘날 가장 일반적인 기업 형태이다. 본서에서는 주식회사를 대상으로 재무제표와 회계처리를 설명한다.

주식회사

오늘날 가장 일반적인 기업 형태는 주식회사이다. 주식회사(株式會社)는 회사의 소유주인 주주와는 별도로 그 자체로 권리와 의무의 주체가 되는 법인체이다. 주식회사의 소유주인 주주는 자신이 납입한 자본을 한도로 책임을 지며, 주식을 타인에게 자유롭게 양도할 수 있다. 주식회사는 유한책임과 양도성으로 인해 거액의 자본을 일반 대중으로부터 쉽게 조달할 수 있고 소유와 경영의 분리가 가능해져 소유주의 변화에는 영향을 받지 않고 계속기업(going concern)으로 존속할 수 있다.

주식회사는 의사결정 기관인 주주총회, 업무 집행과 대표기관인 이사회와 대표이사, 감독기관인 감사 등 세 기관을 두어야 한다.

2.2 기업의 경제활동

회계에서는 기업의 경제활동을 영업활동, 투자활동, 재무활동으로 분류한다. 어떤 형태의 기업이건 **영업활동**과 투자 및 재무와 같은 **영업외 활동**을 통해 이익을 창출한다. 기업은 재무활동을 통해 조달한 자금으로 투자를 집행하고 이를 통해 이익을 창출하는 영업활동을 수행한다. 영업활동을 통해 창출된 이익이나 현금은 다시 투자의 재원이 되거나 외부에서 조달한 자금을 상환하는데 사용된다. 영업활동, 투자활동과 재무활동은 서로 밀접한 관련이 있다.

영업활동

영업활동은 기업의 일반적인 상거래로 기업의 기본적인 활동을 의미한다. 영업활동은 기업의 주요 수익창출활동으로 주로 제품의 생산과 판매활동, 상품과 용역의 구매와 판매활동 및 관리활동을 포함한다.

투자활동

투자활동은 영업활동을 위해서 또는 투자를 위해서 자산을 취득하고 이를 유지하거나 처분하는 활동을 의미한다. 투자활동은 유·무형자산 및 다른 기업의 지분상품이나 채무상품 등의 취득과 처분활동, 제3자에 대한 대여 및 회수활동 등을 포함한다.

재무활동

재무활동은 영업활동과 투자활동에 필요한 자금을 조달하거나 상환하는 것으로, 납입자본과 차입금의 크기 및 구성내용에 변동을 가져오는 활동을 말한다. 재무활동은 자본과 차입금의 조달 및 상환에 관한 활동을 포함한다.

영업활동에 따라 기업은 서비스기업, 상기업, 제조기업 등으로 분류된다. **서비스기업**은 용역의 제공, **상기업**(상품매매기업)은 상품의 매입과 판매, **제조기업**은 제품의 제조와 판매를 주된 영업활동으로 한다.

자료 1-2 경제활동과 기업

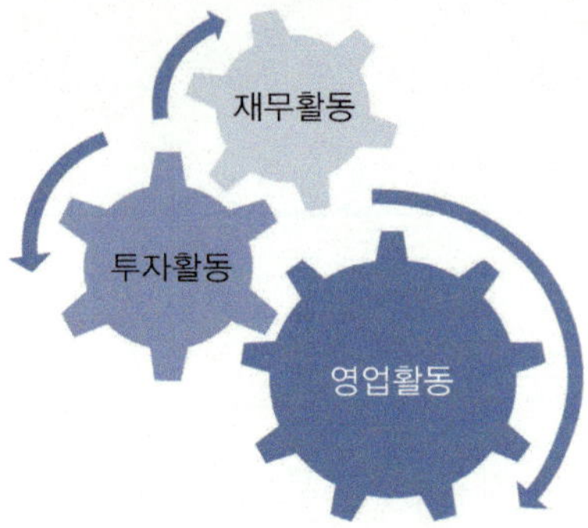

서비스기업 :	서비스의 제공
상기업(상품매매기업) :	상품의 매입과 판매
제조기업 :	제품의 제조와 판매

2.3 이해관계자

회계정보이용자는 이해관계자라고도 한다. 이들은 기업 내부 의사결정 과정에 참여하는지 여부에 따라 **내부정보이용자**(내부이해관계자)와 **외부정보이용자**(외부이해관계자)로 구분된다. 경영자와 관리자는 내부정보이용자이며 정부, 채권자나 주주는 대표적인 외부정보이용자이다.

경영자와 관리자는 기업의 목적을 달성하기 위해 자원을 계획하고 조직하고 통제할 목적으로 회계정보를 이용한다. 회계정보는 일상적인 의사결정에서부터 투지, 자본조달 등의 중요 의사결정에 폭넓게 활용된다.

기업의 주된 투자자인 주주와 채권자는 배당, 이자수익 또는 시세차익 등 투자이익을 얻을 목적으로 투자의사결정에 회계정보를 이용한다. 기업가치평가에서 회계정보는 필수적인 자료이다. 정부 역시 기업의 주요 이해관계자이다. 세금 징수, 정책집행, 규제 등은 회계정보를 기초로 이루어진다.

한편 소비자가 기업이 제공하는 재화나 용역의 가격과 품질, 서비스를 평가하고, 시민단체가 기업의 사회적 역할을 감시하는데 회계정보의 역할이 커지고 있다. 이외에도 거래처나 종업원 등 기업의 활동과 관련을 맺고 있는 다양한 이해관계자들이 기업이 제공하는 회계정보를 이용하거나 다양한 정보원으로부터 정보를 탐색하여 그들의 의사결정에 활용한다.

자료 1-3 이해관계자

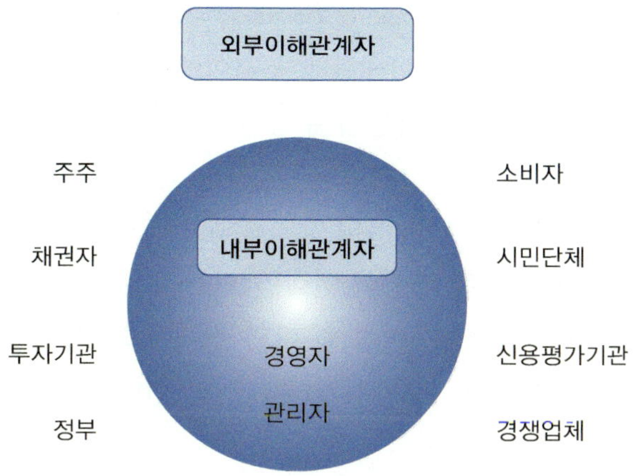

제3절 회계의 기능

인식

기업의 모든 활동이 회계처리의 대상이 되는 것은 아니며 경제활동에 관한 자료만이 회계처리의 대상이 된다. 회계에서는 이를 거래(transaction)라 한다. 인식(recognition)은 회계의 대상이 되는 거래를 식별하고 이를 기록하는 것을 말한다.

이때 거래를 기입 또는 기록하는 수단이 부기(bookkeeping)이다. 부기가 경제활동이나 거래의 정리도구라면 회계는 이에 기초하여 경제적 의사결정에 유용한 정보를 생산하고 그것을 필요로 하는 사람들에게 전달하는 정보시스템이라 할 수 있다. 회계는 부기를 포괄하는 개념이다.

측정(평가)

거래를 인식하고 회계처리하기 위해서는 금액을 부여하는 과정이 필요한데 이를 '측정(measurement)' 또는 '평가(valuation)'라 한다. 회계정보시스템을 통해 인식되고 측정된 거래 자료가 회계정보로 전환되는데, 회계정보는 화폐정보이므로 금액을 부여하는 과정이 매우 중요하다.

전달

회계를 흔히 **경영의 언어**(language of business)라고 하는데 이는 회계의 전달 기능에 초점을 둔 표현이다. 기업과 이해관계자 사이에서 회계는 기업의 재무상태와 경영성과를 전달하는 중요한 의사소통의 수단이 된다. 기업의 경제활동은 회계정보로 요약되어 이해관계자에게 전달되며 이해관계자는 회계정보로부터 기업의 경제적 실상을 이해하게 된다. 언어에 대한 이해가 부족하면 당사자 간의 생각과 가치관을 바르게 주고받기 어려운 것처럼 경영의 언어인 회계에 대한 바른 이해가 없으면 기업의 경제활동을 올바로 이해하기 어렵다. 이런 점에서 회계는 경영활동과 관련된 모든 이해관계자들이 습득해야 할 필수적인 기업의 언어라 할 수 있다.

제4절 재무회계와 관리회계

회계시스템은 내부이용자를 위한 관리회계정보와 외부이용자를 위한 재무회계정보를 산출한다. **관리회계**(managerial accounting)는 기업의 내부이해관계자에게 기업의 경영활동에 유용한 정보를 제공한다. 반면 **재무회계**(financial accounting)는 기업의 외부이해관계자에게 기업의 경제적 자원의 관리 및 운용 상태에 관한 정보를 제공한다.

재무회계정보의 이용자는 **불특정 다수의 외부이해관계자**이므로, 재무회계에 대해서는 관리회계에 비해 정보의 생산과 제공에 강화된 규제를 두고 있다. 재무회계의 대표적인 정보는 **재무제표**(financial statements)이며, 재무제표는 **회계기준**에 따라 작성하고 일정 규모 이상의 회사는 독립된 **외부감사인**의 **회계감사**를 받아야 한다. 반면, 관리회계에서는 경영의 필요에 따라 보고서를 수시로 작성하여 활용한다.

생산되는 정보의 특성에도 차이가 있다. 재무회계정보가 주로 과거 정보이고 객관적인 정보인 반면 관리회계정보는 경영의사결정과 관련된 미래 정보와 예측 정보를 포함한다. 또한 재무회계가 주로 양적 재무정보를 다루는 반면 관리회계는 질적인 비재무정보도 고려한다.

다양한 정보이용자의 다양한 정보욕구를 만족시킬 수 없는 현실적인 상황에서 재무회계는 그들의 공통된 정보욕구를 충족시킬 수 있는 정보를 일정한 제약 하에 제공한다.

자료 1-4 재무회계와 관리회계의 비교

구분	재무회계	관리회계
목적	외부이해관계자의 의사결정 지원	내부이해관계자의 의사결정 지원
정보이용자	주주, 채권자 등 불특정 다수	경영자, 관리자
정보생산 기준	회계기준	기업 내부 규정
주요 정보	재무제표	기업 내부 보고서
제공 시기	연차, 반기, 분기	필요에 따라 수시
외부감사	일정 기준을 충족하는 회사	해당 없음
정보 특성	과거, 객관적, 재무 정보 중심	미래, 예측, 비재무 정보 포함

제 5 절 재무제표, 회계기준과 회계감사

5.1 재무제표

재무제표(financial statements)는 한 회계기간의 경영활동의 실적을 정리하고 요약한 회계보고서이다. 일종의 성적표라 할 수 있다. 재무제표에는 재무상태표, 포괄손익계산서, 현금흐름표, 자본변동표 등 4가지가 있으며, 각 재무제표는 차별화된 정보를 제공한다. 재무제표는 2장에서 다루도록 한다.

내부회계관리제도

내부회계관리제도(Internal Accounting Control System)는 기업회계기준에 따라 작성·공시되는 회계정보의 신뢰성을 확보하기 위하여 기업내부에 설치하는 회계통제시스템이다. 기업이 경영목적을 달성하기 위하여 설치·운영하는 내부통제제도의 일부분으로서, 재무제표 오류와 부정을 막기 위해 재무보고 업무를 관리 통제하는 데 목적이 있다. 2018년 신외감법 도입으로 상장기업은 내부회계관리제도에 대해서도 감사의견을 받아야 한다.

5.2 회계기준

회계기준은 재무제표 작성지침으로, 재무제표는 회계기준에 따라 작성한다. 우리나라는 **국제회계기준**(IFRS ; international financial reporting standards)을 수용한 **한국채택 국제회계기준**(K-IFRS ; Korea-IFRS)을 제정하여 2011년부터 모든 상장기업과 금융회사에 적용하고 있다.

기업의 활동이 국제화되고 세계화되면서 재무제표 역시 국가 간 통일된 회계기준으로 작성될 필요성이 커지고 있다. 국가마다 서로 다른 회계기준을 적용하면 재무제표의 국가 간 비교가능성이 저해되고 기업에게는 회계정보 생산에 들어가는 비용과 부담이 크기 때문이다. **국제회계기준위원회**(IASB ; International Accounting Standards Board)가 제정한 국제회계기준(IFRS)은 단일의 글로벌 회계기준으로서 의의가 있다.

한편 상장기업과 달리 비상장기업이나 중소기업은 활동 영역이 제한되고 이해관계자의 범위가 상대적으로 좁아 재무제표 작성에 국제회계기준 대신 **일반기업회계기준**이나 **중소기업회계기준**을 적용한다. 물론 기업의 필요에 따라서는 비상장기업이나 중소기업도 국제회계기준을 선택할 수 있다.

자료 1-5 우리나라 회계기준

대상	기준
상장기업, 금융회사	한국채택국제회계기준
외부감사 대상 비상장기업	일반기업회계기준
중소기업	중소기업회계기준

5.3 회계감사

일정 규모 이상의 기업은 외부 회계감사를 받아야 한다. **회계감사**(audit)는 재무제표가 회계기준에 따라 적절하게 작성되었는지를 확인하는 것으로 재무제표에 전반적으로 중요한 왜곡 표시가 없다는 합리적인 확신을 외부 재무제표 이용자에게 제공하는 데 목적이 있다.

감사 절차를 거친 후 감사인인 **공인회계사**(CPA ; certified public accountants)는 감사

보고서를 통해 재무제표에 대한 **감사의견**을 표명한다. **적정의견**은 감사인이 재무제표가 중요성의 관점에서 해당 재무보고체계에 따라 작성되었다고 결론을 내릴 경우에 표명하는 의견이다. 적정의견은 재무제표에 전체적으로 부정이나 오류에 의한 중요한 왜곡 표시가 없음을 의미한다. 그러나 재무제표가 회계기준을 준수하지 않아 신뢰성을 상실한 경우에는 그 정도에 따라 **한정의견**, **부적정의견** 또는 **의견거절**이 제시된다.

자료 1-6 감사의견

감사의견의 변형을 초래한 사항의 성격	해당 사항이 재무제표에 비치거나 미칠 수 있는 영향의 전반성에 대한 감사인의 판단	
	중요하지만 전반적이지 아니한 경우	중요하며 동시에 전반적인 경우
재무제표가 중요하게 왜곡표시된 경우	한정의견	부적정의견
충분하고 적합한 감사증거를 입수할 수 없는 경우	한정의견	의견거절

학·습·정·리

01 경영자의 경제적 자원에 대한 (　　　　　)은 자원의 관리와 운영에 대한 회계책임을 통해 해소된다.

02 회계에서는 기업의 경제활동을 (　　　　　), 투자활동, 재무활동으로 분류한다.

03 (　　　　　)은 회계의 대상이 되는 거래를 식별하고 이를 기록하는 것을 말한다.

04 거래를 인식하고 회계처리하기 위해서는 금액을 부여하는 과정이 필요한데 이를 측정 또는 (　　　　　)라 한다.

05 회계를 흔히 (　　　　　)라 하는데 이는 회계의 전달 기능에 초점을 둔 표현이다.

06 기업 외부의 이해관계자가 필요로 하는 정보를 제공하는 회계를 (　　　　　)라 하며, 기업의 경제적 자원의 관리 및 운용 상태에 관한 정보를 제공한다.

07 재무제표는 (　　　　　)에 따라 작성하고 일정 규모 이상의 회사는 독립된 외부감사인의 회계감사를 받아야 한다.

08 K-IFRS 즉, (　　　　　)은 우리나라의 상장기업과 금융회사의 재무제표 작성에 적용되는 회계기준이다.

09 (　　　　　)는 재무제표가 회계기준에 따라 적절하게 작성되었는지를 확인하는 것으로 재무제표에 전반적으로 중요한 왜곡 표시가 없다는 합리적인 확신을 제공하는 데 목적이 있다.

10 (　　　　　)은 감사인이 재무제표가 중요성의 관점에서 해당 재무보고체계에 따라 작성되었다고 결론을 내릴 경우에 표명하는 의견이다.

풀이

01 수탁책임　02 영업활동　03 인식　04 평가　05 경영의 언어　06 재무회계　07 회계기준　08 한국채택국제회계기준　09 회계감사　10 적정의견

연·습·문·제

01 재무회계에 대한 설명으로 가장 거리가 먼 것은?

① 외부이해관계자의 경제적 의사결정에 유용한 정보를 제공한다.
② 회계기준에 따라 재무제표를 작성한다.
③ 일정 규모 이상의 회사는 외부감사를 받아야 한다.
④ 경영 의사결정에 필요한 정보를 제공하는 것을 주된 목적으로 한다.

02 감사범위 제한의 영향이 매우 중요하고 전반적이어서 감사인이 충분하고 적합한 감사증거를 획득할 수 없는 경우에 제시되는 감사의견은?

① 적정의견 ② 부적정의견
③ 의견거절 ④ 한정의견

03 감사의견이 적정의견인 것이 의미하는 바로 적절하지 않은 것은?

① 재무제표가 중요성의 관점에서 회계기준에 따라 작성되었다.
② 재무제표가 전체적으로 부정이나 오류에 의한 중요한 왜곡표시가 없다.
③ 재무제표가 전체적으로 신뢰할 만한 수준이다.
④ 기업가치 관점에서 우량회사임을 인증한다.

04 우리나라 상장기업이 재무제표를 작성할 때 준수해야할 회계기준은?

① 한국채택국제회계기준
② 일반기업회계기준
③ 중소기업회계기준
④ 위 기준 중 하나를 선택하여 계속 적용한다.

05 주식회사의 특징을 설명한 것이 아닌 것은?

① 소유와 경영의 분리 ② 대표이사의 무한책임
③ 주주의 유한책임 ④ 주식의 자유로운 양도

06 기업의 재무제표 작성에 주요 책임이 있는 자는?

① 회사의 경영자 ② 주주
③ 공인회계사 ④ 금융감독원

07 국제회계기준의 특징에 대한 설명으로 옳지 않은 것은?

① 상장기업과 금융기관은 한국채택국제회계지준에 따라 재무제표를 작성한다.
② 상장 중소기업은 재무제표 작성에 중소기업회계기준을 준용한다.
③ 규정보다 원칙 중심의 회계기준이다.
④ 국가간 재무제표 정보의 비교가능성을 제고한다.

08 재무회계의 정보제공 목적으로 가장 거리가 먼 것은?

① 투자 의사결정에 필요한 정보 제공
② 신용평가에 유용한 정보 제공
③ 경영자의 수탁책임과 해소에 필요한 정보 제공
④ 소비자에게 상품 원가정보 제공

09 재무회계 정보와 관련성이 가장 낮은 것은?

① 불특정 다수의 외부이해관계자 ② 재무제표
③ 기업의 경영관리 정보 ④ 회계기준과 회계감사

10 회계의 기능에 대한 설명으로 적절하지 않은 것은?

① 인식: 재무제표에 포함되는 거래를 식별하고 기록하는 과정
② 평가: 회계정보의 신뢰성 여부를 판단하는 것
③ 측정: 인식과 회계처리 과정에서 금액을 부여하는 것
④ 전달: 기업이 이해관계자에게 회계정보를 제공하는 것

풀이

01 ④
02 ③
03 ④
04 ①
05 ②
06 ①
07 ②
08 ④
09 ③
10 ②

MEMO

Chapter

02

재무제표의 기초

◉ 주요 학습 내용

재무상태표	
자　　산	부　　채 자　　본

포괄손익계산서	
비　　용 당기순이익	수　　익

◉ 김소호 커피전문점 이야기

김소호 씨는 퇴직금으로 커피전문점 사업을 시작하였다. 사업에 필요한 자금을 충당하기에는 퇴직금으로 부족하여 자금 중 일부는 이자를 주기로 하고 가까운 친척과 은행에서 융통하였다. 필요한 자금을 이럭저럭 조달한 김소호 씨는 사업에 필요한 준비를 하였다. 점포를 임차하는데 보증금을 지급하고 석달치 임차료를 지급하였으며, 내부 설비와 커피머신을 설치하고 커피를 구입하는데 상당 금액을 지출하였다. 그리고 남은 현금은 사업이 궤도에 오르기까지 사용할 여유자금으로 남겨두었다.
처음 해보는 일이지만 나름 준비를 철저히 한 덕에 사업 첫 달 커피 판매가 생각보다는 괜찮은 편이었다. 월말이 다가오자 김소호 씨는 돈은 잘 벌고 있는지, 비용은 어떤 항목에서 얼마나 발생하였는지, 자산은 어떻게 변했는지, 부채는 늘지 않았는지 궁금해지기 시작하였다.
하지만 월말 장부를 한참이나 들여다보던 김소호 씨는 이익을 계산하고 자산과 부채를 계산하기가 쉽지 않아 곤혹스러웠다.

사업을 잘 하려면 자금의 조달과 운용 그리고 사업의 성과에 대한 정보를 한 눈에 관찰할 수 있어야 한다. 회계는 기업의 재무상태, 경영성과, 현금흐름의 변동 및 자본의 변동 등을 재무제표로 제시한다.

제1절 재무제표와 재무제표 요소

1.1 재무제표

재무제표(financial statements)는 기업의 재무상태, 경영성과, 현금흐름의 변동 및 자본의 변동을 제시하는 회계보고서이다. 기업의 실적을 나타내는 재무제표는 기업이 보유한 경제적 자원, 그러한 자원에 대한 청구권, 그리고 자원과 청구권에 변화를 가져오는 거래, 사건 및 환경 등의 영향을 제시한다.

재무제표에는 네 가지가 있으며, 각 재무제표가 제공하는 정보는 [자료 2-1]과 같다.

자료 2-1　재무제표의 종류

종류	내용
재무상태표 (statement of financial position)	일정 시점에서 기업의 재무상태
포괄손익계산서 (statement of comprehensive income)	일정 기간 동안 기업의 경영성과
현금흐름표 (statement of cash flows)	일정 기간 동안 현금흐름의 변동
자본변동표 (statement of changes in equity)	일정 기간 동안 자본의 변동

재무제표의 본문만으로는 중요한 정보를 완전하게 공시하기가 쉽지 않다. 회계정책, 재무제표에 표시된 항목에 대한 보충정보, 우발부채, 비재무적 공시항목 등 재무제표에 제시할 수 없는 정보에 대해서는 주석을 활용한다. **주석**은 재무제표 뒷 부분에 재무제표 항목에 대해 설명을 덧붙인 것이다. 주석은 재무제표이용자가 재무제표를 이해하고 다른 기업의 재무제표와 비교하는데 도움을 줄 수 있는 내용으로 재무제표의 일부이다.

재무제표를 작성하는 일정 시점을 **결산일**(closing day) 또는 **재무상태표일**이라 하며 일정 기간을 **회계기간**(accounting period)이라 한다. 가령 12월 결산법인이 연차 재무제표를 작성하는 경우라면 12월 말일이 결산일이며 1월1일~12월31일이 회계기간이다. 그리고 3사분기 재무제표라면 9월 말이 결산일이며 7월1일~9월30일이 회계기간이다.

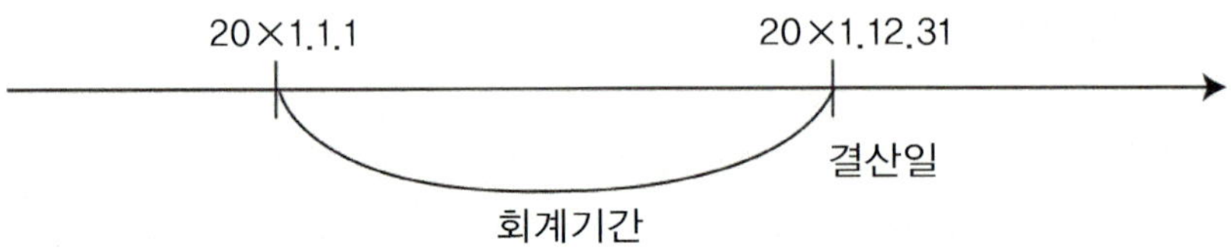

1.2 재무제표 요소

집을 짓는데 사용되는 건축 재료처럼 **재무제표 요소**는 재무제표를 작성하는데 사용되는 자산, 부채, 자본, 수익, 비용 등을 말한다. 재무상태의 측정과 직접 관련된 요소는 자산, 부채 및 자본이며 성과의 측정과 직접 관련된 요소는 수익과 비용이다.

자산

자산(assets)은 과거사건의 결과로 기업이 통제하는 현재의 **경제적 자원**이다. 경제적 자원은 **경제적 효익**을 창출할 잠재력을 지닌 권리이며, 통제란 기업이 경제적 자원의 사용을 지시하고 그로부터 유입될 수 있는 경제적 효익을 얻을 수 있는 현재의 능력을 의미한다.

현금, 매출채권, 재고자산(상품, 제품 등의 판매용 자산), 유형자산(건물, 토지, 기계장치 등 설비 자산)은 자산이지만, 경영능력, 인적자산, 지적자산 등은 미래 경제적 효익이 불확실하므로 자산이 아니다.

부채

부채(Liabilities)는 과거사건의 결과로 기업이 경제적 자원을 이전해야 하는 현재의무이다. 의무란 기업이 회피할 수 있는 실제 능력이 없는 책무나 책임으로, 부채는 경제적 자원인 자산을 이전해야 할 의무이다. 부채는 자산에 대한 채권자의 몫으로 **채권자지분** 또는 **타인자본**이라고도 한다.

매입채무, 차입금, 미지급금 등은 부채이지만, 현재 부담할 의무가 없는 우발부채는 부채가 아니다.

자본

자본(owner's equity)은 기업의 자산에서 모든 부채를 차감한 후의 잔여지분이다. 자본은 자산 중 주주에게 귀속될 몫으로 **주주지분, 소유주지분, 자기자본, 순자본** 또는 **순자산**이라고도 한다.

투자한 자본금과 사내에 누적되어 있는 이익인 이익잉여금은 자본을 구성하는 주요 항목이다.

예제 1

다음 항목을 자산, 부채, 자본으로 구분하시오.

① 현금	② 매입채무
③ 차입금	④ 건물
⑤ 재고자산	⑥ 자본금
⑦ 미지급급여	⑧ 임차보증금

[풀이]

자산 - ①, ④, ⑤, ⑧
부채 - ②, ③, ⑦
자본 - ⑥

수익

수익(revenue)은 자산의 증가 또는 부채의 감소로서 자본의 증가를 가져오는 **경제적 효익의 증가**이다. 수익으로 인해 자산이 증가하거나 부채가 감소하여 자본이 증가한다.

재고자산의 판매대가인 매출수익, 자금을 대여하고 받는 이자수익, 토지를 장부금액보다 높게 처분한 처분이익 등은 수익으로 분류한다.

다만, 주주의 출자와 관련된 것을 제외한다. 주주가 출자한 자금은 자본으로 수익이 아니다.

비용

비용(expense)은 자산의 감소 또는 부채의 증가로서 자본의 감소를 가져오는 **경제적 효익의 감소**이다. 비용으로 인해 자산이 감소하거나 부채가 증가하여 자본이 감소한다.

판매한 재고자산의 원가, 자금을 차입하고 지급하는 이자비용, 금융자산의 처분손실, 판매수수료 등은 비용으로 분류한다.

다만, 주주에 대한 분배와 관련된 것을 제외한다. 주주에게 출자금을 반환하거나 이익을 배당하는 것은 자본을 주주에게 돌려주는 것으로 비용이 아니다.

이익

이익(earnings)은 수익에서 비용을 차감한 것으로 자본을 증가시킨다. 이익이 음(-)인 경우를 손실(loss)이라 하며 손실은 자본을 감소시킨다. 이익과 손실은 주주의 몫으로 자본 내에 이익잉여금으로 누적된다.

예제 2

다음 항목을 수익, 비용으로 구분하시오.

① 매출　　② 임차비용
③ 감가상각비　　④ 이자수익
⑤ 매출원가　　⑥ 화재손실
⑦ 토지처분이익　　⑧ 용역수익
⑨ 법인세비용

[풀이]

수익 - ①, ④, ⑦, ⑧
비용 - ②, ③, ⑤, ⑥, ⑨

제2절 재무제표 사이의 관계

2.1 재무제표 요소 사이의 관계

재무상태표

앞서 살펴보았듯이 자산은 기업이 통제하고 있는 현재의 경제적 자원이고, 부채는 경제적 자원을 이전해야 할 현재의 의무이다. 그리고 자본은 자산에서 부채를 차감한 잔여지분이다. 이러한 정의로부터 다음의 자본 등식을 도출할 수 있다.

자산 − 부채 = 자본

위 등식에서 부채를 우변으로 이항하면 다음의 **회계 등식** 또는 **재무상태표 등식**이 도출된다.

자산 = 부채 + 자본

자산, 부채 및 자본은 특정 시점에서 기업의 재무상태를 보여주는 재무상태표 요소이다. **재무상태**란 재산상태와 비슷한 말이며 이는 기업의 재무구조나 지급능력과 같은 기업의 경제적 상태를 의미한다.

자산은 기업이 투자한 내역인 자금의 사용처를 제시하며, 부채와 자본은 기업이 투자한 자금의 조달원천을 제시하는 것으로 생각할 수 있다. 부채와 자본으로 조달한 자금으로 자산을 취득한 것이다. 이를 재무상태표 등식과 관련하여 생각하면 자산은 부채 및 자본의 합계와 같으므로 자금의 사용처는 자금의 조달원천과 같다.

차변		대변
자산	=	부채 + 자본
자금의 사용처	=	자금의 조달원천
(Where gone?)	=	(Where got?)

재무상태표는 자산, 부채, 자본 사이의 관계를 나타낸 표이다. 이 표는 결산일 또는 재무상태표일의 기업의 재무상태를 차변에 자산, 대변에 부채와 자본의 합으로 제시한다. 회계에서는 왼쪽을 **차변**(借邊 ; debit), 오른쪽을 **대변**(貸邊 ; credit)이라 부른다.

자료 2-2 재무상태표

재무상태표

서울(주) 제5기 20×5년 12월 31일 현재 (단위: 천원)

자산	금액	부채와 자본	금액
현금	450	차입금	10,000
재고자산	900	**부채총계**	10,000
매출채권	750	자본금	10,000
기계장치	10,000	이익잉여금	100
건물	8,000	**자본총계**	10,100
자산총계	20,100	**부채와 자본총계**	20,100

손익계산서

수익은 일정 기간 동안 발생한 경제적 효익의 증가분이며 비용은 그 기간 동안 발생한 경제적 효익의 감소분이다. 수익에서 비용을 차감하면 일정 기간 동안 발생한 경제적 효익의 순증가분이 계산되는데 이를 이익(earnings)이라 한다. 이익이 음(−)인 경우는 손실이라 한다. 손익계산서식은 다음과 같다.

수익 − 비용 = 이익

포괄손익계산서는 수익, 비용, 이익을 제시한 표이다. 이 표는 한 회계기간 동안의 기업의 경영성과를 차변에 비용, 대변에 수익으로 제시한다.

자료 2-3 포괄손익계산서

포괄손익계산서

부산(주) 제5기 20×5년 1월 1일~20×5년 12월 31일 (단위: 천원)

비용	금액	수익	금액
매출원가	1,000	매 출 액	2,000
이자비용	200		
당기순이익	800		
	2,000		2,000

차변(借邊)과 대변(貸邊)의 유래

차변과 대변에 관한 유래는 고대 로마시대로 거슬러 올라간다. 당시 전쟁에서 붙잡힌 포로 중에는 상당한 교육을 받은 사람들이 있어서 이들은 주인의 재산을 관리하는 임무(수탁책임)을 받기도 하였다. 노예의 생명은 주인의 말 한마디에 달려 있으므로 재산관리의 책임을 맡은 노예는 자신의 생명을 지키기 위해 주인의 재산을 잘 관리하고 있다는 것을 보여주어야 했을 것이다. 이들은 주인이 맡긴 재산을 자신이 주인에게 진 빚으로 장부의 왼쪽에 표시하고, 또한 그것을 주인이 자신에게 빌려준 것으로 장부의 오른쪽에 표시했다. 이와 같이 이중으로 기록하는 것은 수탁책임과 그것의 해제를 표현한 것으로 오늘날의 복식부기의 기본적인 사고이기도 한다.

오늘날 회계에서 차변과 대변은 단순히 왼쪽과 오른쪽을 구분하는 말에 불과하다.

2.2 재무제표 사이의 관계

네 장의 재무제표는 서로 밀접하게 관련되어 있다. 포괄손익계산서, 자본변동표, 현금흐름표는 기초와 기말의 재무상태표 사이의 손익, 자본, 현금의 변동을 각각 제시한다. 이러한 재무제표 사이의 관계를 **재무제표의 연계성**(articulation)이라 한다.

[자료 2-4]의 예시를 통해 재무제표 사이의 관계를 살펴보자.

당기순이익과 이익잉여금

당기순이익(또는 당기순손실)은 주주의 몫이므로 재무상태표의 자본에 옮겨 적는다. 이때 이익을 누적하는 계정이 자본 내의 **이익잉여금**이다. 이익잉여금은 배당의 재원으로 사용된다. 이익잉여금을 주주에게 환원하는 것이다.

(예시)의 포괄손익계산서에 따르면 당기순이익은 60원이다. 기초이익잉여금 270원에 당기순이익 60원이 누적되고 30원이 현금으로 배당되어 기말이익잉여금이 300원으로 제시되어 있다.

이익잉여금은 당기순이익(당기순손실)에 의해 증가(감소)하고 현금배당에 의해 감소한다. 이러한 관계를 식으로 나타내면 다음과 같다.

$$\text{기초이익잉여금} \pm \text{당기순손익} - \text{현금배당} = \text{기말이익잉여금}$$

자료 2-4 재무제표 사이의 관계 (예시)

(단위: 원)

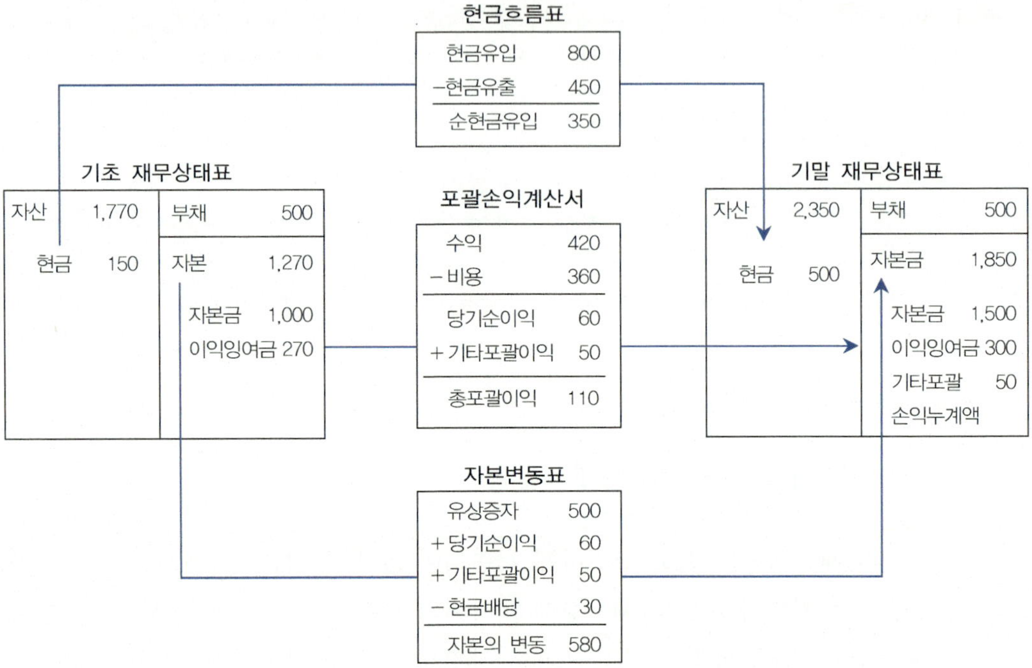

예제 3

재무제표의 빈 칸을 채우시오. 기중 당기순이익은 300원, 현금배당은 100원이다. 단, 자본은 자본금과 이익잉여금으로 구성되어 있으며, 기타포괄손익누계액은 없다.

기초 재무상태표

자산	2,800	부채	( )
		자본	1,200
		자본금	1,000
		이익잉여금	200

기말 재무상태표

자산	( )	부채	2,600
		자본	( )
		자본금	1,000
		이익잉여금	( )

[풀이]

기초 부채 = 2,800 - 1,200 = 1,600

기말 이익잉여금 = 200 + 300 - 100 = 400

기말 자본 = 1,000 + 400 = 1,400

기말 자산 = 2,600 + 1,400 = 4,000

총포괄손익과 자본의 변동

포괄손익계산서는 당기순손익에 **기타포괄손익**을 더해서 **총포괄손익**을 제시한다. 수익과 비용 중에 일부는 당기순손익 계산에 포함되지 않는데, 이를 **기타포괄손익**이라 한다. 가령 **재평가이익**은 건물이나 토지의 재평가에서 발생한 이익이지만 당기순손익 계산에 포함하지 않고 별도로 기타포괄손익으로 분류한다.

당기순손익은 자본 내 이익잉여금에 대체되고, 기타포괄손익은 자본 내 **기타포괄손익누계액**에 대체된다. 모든 이익은 주주의 몫이므로 자본에 옮겨 적는 것이다.

(예시)에는 당기순이익 60원과 기타포괄이익 50원을 합쳐 총포괄이익이 110원으로 제시되어 있다. 당기순이익 60원은 이익잉여금에 누적되고 기타포괄이익 50원은 기타포괄손익누계액에 누적되었다. 기초 기타포괄손익누계액은 0원이고 기타포괄손익 50원이므로 기말 기타포괄손익누계액은 50원이다.

당기순손익 + 기타포괄손익 = 총포괄손익
↓ (대체) ↓
이익잉여금 기타포괄손익누계액

자본변동표는 기중 자본변동의 내역을 제시하는 재무제표이다. 자본은 자본금, 이익잉여금, 기타포괄손익누계액 등으로 구성되므로, 자본은 이들 항목의 변화에 의해 증감하게 된다.

(예시)에서는 기초 자본 1,270원, 기말 자본 1,850원으로 기중에 580원의 자본 증가가 있었다. 이익잉여금 30원 증가(당기순익에 의한 60원 증가와 현금배당에 의한 30원 감소), 기타포괄손익누계액 50원 증가 외에 유상증자에 의해 자본금 500원이 증가하였다.

따라서 기말 자본과 기초 자본의 차이 즉, 자본변동은 기중에 발생한 유상증자, 당기순손익, 현금배당, 기타포괄손익 등에 의해 발생한다. 유상증자는 자본금을 증가시키고, 당기순손익과 현금배당은 이익잉여금을 증감시키며, 기타포괄손익은 기타포괄손익누계액을 증감시킨다. 이러한 관계를 식으로 나타내면 [자료 2-5]와 같다.

자료 2-5 재무제표 사이의 관계

자산	부채
	자본 자본금 이익잉여금 기타포괄손익누계액

+ 유상증자
± 당기순손익 - 현금배당 =
± 기타포괄손익

자산	부채
	자본 자본금 이익잉여금 기타포괄손익누계액

기초자본 + 유상증자 ± <u>당기순손익 ± 기타포괄손익</u> - 현금배당 = 기말자본
총포괄손익

예제 4

재무제표의 빈 칸을 채우시오. 기중 당기순이익 100원, 기타포괄이익 50원, 유상증자 300원이며, 이 외에 자본에 영향을 미치는 거래는 없다.

기초 재무상태표

자산 1,700	부채	900
	자본	800
	자본금	1,000
	이익잉여금	-300
	기타포괄 손익누계액	100

기말 재무상태표

자산 2,250	부채	( )
	자본	( )
	자본금	( )
	이익잉여금	( )
	기타포괄 손익누계액	( )

[풀이]

기말 자본금 = 1,000 + 300 = 1,300
기말 이익잉여금 = -300 + 100 = -200
기말 기타포괄손익누계액 = 100 + 50 = 150
기말 자본 = 1,300 - 200 + 150 = 1,250
기말 부채 = 2,250 - 1,250 = 1,000

현금의 증감과 현금흐름표

현금흐름표는 자산 중에서 기초현금과 기말현금 사이의 변화를 제시하는 재무제표이다.

(예시)에서는 기초 현금 150원, 기말 현금 500원으로 기중에 350원의 현금이 증가

하였다. 현금유입액 800원과 현금유출액 450원의 차이인 현금증가액 350원을 순현금 유입액이라 한다.

제3절 재무제표 요소의 인식과 측정

3.1 재무제표 요소의 인식

인식기준

인식(recognition)은 거래에 대해서 재무제표 요소를 식별하고 기록하는 과정이다. 이는 재무제표 요소 중 하나의 정의를 충족하는 항목을 재무상태표나 손익계산서에 포함하기 위하여 포착하는 과정으로, 재무제표에 어떤 항목을 명칭과 화폐금액으로 나타내는 것과 관련있다.

재무제표 요소가 다음 기준을 충족할 경우 인식한다.

① 자산, 부채, 자본, 수익 또는 비용과 같은 재무제표 요소의 정의를 충족할 것
② 의사결정에 목적적합한 정보이고 충실한 표현을 지닌 정보일 것
③ 정보의 효익이 그 정보를 제공하고 사용하는 원가를 정당화할 것

의사결정에 목적적합하고 충실한 표현을 지닌 정보는 의사결정에 유용하다. 정보이용자의 의사결정에 유용하지 않거나 정보의 효익보다 정보원가가 더 큰 경우에는 재무제표 요소의 정의를 충족하더라도 인식하지 않는다.

발생기준

발생기준에 따른 수익과 비용은 현금 수취와 지급보다 기업의 과거 및 미래 성과를 평가하는 데 더 나은 근거를 제공하므로, 회계에서는 수익과 비용을 현금기준이 아니라 발생기준을 적용하여 인식한다. **발생기준**(accrual basis)이란 수익이나 비용을 현금이 유입되거나 유출되는 기간이 아니라 해당 거래나 사건이 발생한 기간에 인식하는 것을 말한다. 대개 수익과 비용은 현금의 유입 유출과 다르다.

그리고 발생기준에 따라 수익이 인식되면 이 수익에 대응하는 관련 비용을 수익

비용대응기준에 따라 같은 시점에 인식한다.

손익계산서의 수익과 비용은 발생기준에 따른 재무성과를 제시하는 반면, 현금흐름표의 현금유입과 현금유출은 **현금기준**에 따른 현금흐름 정보를 제시한다.

예제 5

다음 독립적인 각 상황에서 수익 또는 현금유입, 비용 또는 현금유출은 각각 얼마인가?

① 당기의 매출은 현금매출 250,000원과 외상매출 300,000원이다.
② 당기분 종업원 급여는 100,000원이며 이 중 90,000원은 현금으로 지출하였다.
③ 당기에 제공한 용역의 대가는 400,000원이지만 대금은 차기에 회수할 예정이다.
④ 당기의 사무실 임차비용은 100,000원인데 이 중에서 20,000원은 미지급 상태이다.

[풀이]

① 수익 550,000원, 현금유입 250,000원
② 비용 100,000원, 현금유출 90,000원
③ 수익 400,000원, 현금유입 0원
④ 비용 100,000원, 현금유출 80,000원

3.2 재무제표 요소의 측정

측정(measurement)은 재무제표 요소의 화폐금액을 결정하는 과정이다. 재무제표에 인식된 요소들은 화폐금액으로 표시되므로 측정기준을 선택해야 한다. 자산이나 부채에 측정기준을 적용하면 해당 자산이나 부채, 관련 수익과 비용의 측정치가 산출된다. 자산과 부채를 측정하는 주요 기준은 역사적 원가와 공정가치이다.

역사적 원가

자산의 역사적 원가는 자산을 취득 또는 창출하기 위하여 지급한 대가이다. 부채의 역사적 원가는 부채를 부담하면서 수취한 대가이다.

공정가치

공정가치는 측정일에 시장참여자 사이의 정상거래에서 자산을 매도할 때 받거나 부채를 이전할 때 지급하게 될 가격이다.

역사적 원가로 측정하는 것이 공정가치로 측정하는 것보다 더 단순하고 비용이 적게 든다. 또한, 일반적으로 잘 이해되며 대부분 검증가능하다. 반면, 공정가치는 측정일의 현행가치를 제공하므로 의사결정에 시의성 높은 정보이다. 공정가치로 측정된 동일한 자산이나 부채는 기간 간 또는 기업 간 비교가능성이 높다.

측정기준으로서 역사적 원가와 공정가치는 서로 보완적으로 사용되며, 국제회계기준에서는 공정가치에 의한 평가정보를 포괄적으로 도입하고 있다.

학·습·정·리

01 (　　　　　)은 재무제표 뒷 부분에 재무제표 항목에 대해 설명을 덧붙인 것으로 재무제표의 일부이다.

02 재무제표를 작성하는 일정 시점을 결산일 또는 재무상태표일이라 하며 일정기간을 (　　　　　)이라 한다.

03 (　　　　　)은 자산 중 주주에게 귀속될 부분으로 순자본, 순자산, 주주지분, 소유주지분 또는 자기자본이라고도 한다.

04 (　　　　　)은 자산의 유입이나 증가 또는 부채의 감소에 따라 자본의 증가를 초래하는 특정 회계기간 동안에 발생한 경제적 효익의 증가로서 지분참여자에 의한 출연과 관련된 것은 제외한다.

05 기초 재무상태표와 기말 재무상태표 사이의 변화를 포괄손익계산서, 현금흐름표, 자본변동표가 설명하는데 재무제표 사이의 이러한 관계를 재무제표의 (　　　　　)이라 한다.

06 (　　　　　)은 재무제표 요소 중 하나의 정의를 충족하는 항목을 재무상태표나 손익계산서에 포함하기 위하여 포착하는 과정이다.

07 (　　　　　)이란 수익이나 비용을 현금이 유입되거나 유출되는 기간이 아니라 해당 거래나 사건이 발생한 기간에 인식 하는 것을 말한다.

08 당기순이익은 재무상태표의 자본 내 (　　　　　) 계정에 누적한다.

09 포괄손익계산서에 제시되는 (　　　　　)은 당기순손익에 당기순손익 계산에 포함되지 않는 기타포괄손익을 합한 손익이다.

10 (　　　　　)란 시장참여자 사이의 정상거래에서 자산을 매도하면서 수취하거나 부채를 이전하면서 지급될 가격으로 정상가격을 의미한다.

풀이

01 주석 **02** 회계기간 **03** 자본 **04** 수익 **05** 연계성 **06** 인식 **07** 발생기준
08 이익잉여금 **09** 총포괄손익 **10** 공정가치

기·본·문·제

01 다음을 자산, 부채, 자본, 수익, 비용으로 구분하시오.

① 타인에게 빌려준 대여금
② 대여금에 대한 이자
③ 본사건물
④ 보유하고 있는 유가증권의 발행회사로부터 받은 배당금
⑤ 이익잉여금
⑥ 금융기관으로부터의 차입금
⑦ 차입금에 대한 이자
⑧ 상품을 매입하고 지급하지 아니한 외상대금
⑨ 상품을 판매하기 전에 미리 받은 선수금
⑩ 주식을 발행하여 조달한 자본금
⑪ 판매 목적으로 매입한 상품
⑫ 신기술 개발에 따라 취득한 특허권
⑬ 직원에게 지급한 급여
⑭ 금융기관에 예치한 예금

02 재무제표 요소 또는 재무제표 사이의 관계를 고려하여 다음 괄호 안에 들어갈 금액을 계산하시오.

	기초이익잉여금	기말이익잉여금	수익	비용	당기순이익
①	( )	95,000	17,000	( )	3,000
②	84,500	( )	( )	45,000	-2,500

	자본 증가	당기순이익	기타포괄이익	유상증자	현금배당금
③	86,500	( )	2,000	80,000	3,000
④	2,800	3,300	1,000	0	( )

03 재무제표의 괄호 안에 들어갈 금액을 적으시오. 기중 당기순이익 100원, 현금배당 60원, 기타포괄손실 40원이며, 순현금유입액은 80원이다. 이 외 재무상태표 요소에 영향을 미치는 다른 거래는 없다.

기초 재무상태표

자산	2,900	부채	( )
현금	200	자본	1,400
현금 외	2,700	자본금	1,000
		이익잉여금	300
		기타포괄 손익누계액	100

기말 재무상태표

자산	( )	부채	1,500
현금	( )	자본	( )
현금 외	( )	자본금	1,000
		이익잉여금	( )
		기타포괄 손익누계액	( )

04 다음 독립적인 각 상황에서 당기의 수익 또는 현금유입, 비용 또는 현금유출은 각각 얼마인가?

① 당기의 매출은 320,000원이며 외상대금 중 80,000원은 당기에 현금으로 회수하지 못하였다.
② 당기분 임대수익 50,000원 중에서 40,000원만 현금으로 수령하였다.
③ 당기분 급여 중에서 80,000원은 현금 지급하였으나 20,000원이 미지급 상태이다.
④ 당기분 이자비용은 30,000원인데 당기에 모두 현금으로 지급하였다.

풀이

01

자산-①, ③, ⑪, ⑫, ⑭
부채-⑥, ⑧, ⑨
자본-⑤, ⑩
수익-②, ④
비용-⑦, ⑬

02

① 92,000,　14,000
② 82,000,　42,500
③ 7,500
④ 1,500

03

기초 부채 = 2,900 - 1,400 = 1,500

기말 이익잉여금 = 300 + 100 - 60 = 340

기말 기타포괄손익누계액 = 100 - 40 = 60

기말 자본 = 1,000 + 340 + 60 = 1,400

기말 자산 = 1,500 + 1,400 = 2,900

기말 현금 = 200 + 80 = 280

기말 현금 외 자산 = 2,900 - 280 = 2,620

04

① 수익 320,000원, 현금유입 240,000원

② 수익 50,000원, 현금유입 40,000원

③ 비용 100,000원, 현금유출 80,000원

④ 비용 30,000원, 현금유출 30,000원

연·습·문·제

01 재무제표 중에서 일정 기간 즉, 회계기간 동안의 회계정보를 제공하는 것이 아닌 것은?

① 재무상태표 ② 포괄손익계산서
③ 현금흐름표 ④ 자본변동표

02 발생기준에 기초하여 작성되는 재무제표가 아닌 것은?

① 재무상태표 ② 포괄손익계산서
③ 현금흐름표 ④ 자본변동표

03 다음의 문장에서 설명하는 것을 적절하게 짝지은 것은 ?

가. 과거 사건의 결과로 기업에 의하여 통제되는 현재의 경제적 자원
나. 과거 사건의 결과로 경제적 자원을 이전할 기업의 현재 의무
다. 자산의 유입이나 증가 또는 부채의 감소에 따라 자본의 증가를 초래하는 특정 회계기간 동안에 발생한 경제적 효익의 증가
라. 순자산 또는 잔여지분

	가	나	다	라
①	자산	자본	부채	비용
②	수익	부채	자산	자본
③	자산	부채	수익	자본
④	자산	비용	수익	부채

04 재무상태표에 표시하는 자산에 해당하지 않는 것은?

① 판매용 상품 ② 경영자의 경영능력
③ 보유하고 있는 현금 ④ 영업용 차량

05 재무상태표에 표시하는 부채에 해당하지 않는 것은?

① 상품의 구입자로부터 미리 받은 계약금 ② 은행으로부터 조달한 차입금
③ 종업원에 대한 대여금 ④ 미지급한 기계장치의 구입대금

06 다음 재무상태표에 대한 설명으로 옳은 것은?

재무상태표

서울(주) 제5기 20×5년 12월 31일 현재 (단위: 천원)

자산	금액	부채와 자본	금액
현금	4,500	차입금	100,000
재고자산	9,000	**부채총계**	100,000
매출채권	7,500	자본금	100,000
보증금	100,000	이익잉여금	1,000
비품	80,000	**자본총계**	101,000
자산총계	201,000	**부채와 자본총계**	201,000

① 순자산은 2억 1백만원이다.
② 타인자본은 1억원이다.
③ 소유주지분은 2억 1백만원이다.
④ 자본은 1억원이다.

07 미래기업의 기초이익잉여금은 120,000원이었으며, 당기 수익과 비용은 각각 280,000원과 230,000원이었다. 그리고 기초현금은 200,000원이고 당기 순현금유입액은 40,000원이었다. 다음 설명 중 잘못된 것은?

① 당기순이익은 50,000원이다.
② 기말현금은 240,000원이다.
③ 당기 자본의 증가는 40,000원이다.
④ 기말이익잉여금은 170,000원이다.

08 이익에 대한 설명으로 옳지 않은 것은?

① 당기순이익으로 인해 이익잉여금이 증가한다.
② 기타포괄손익은 당기순이익에 포함되지 않는 손익이다.
③ 기타포괄이익으로 총포괄이익이 증가한다.
④ 당기순이익만큼 당기에 현금이 증가한다.

09 지난 한 해 동안 자산은 100,000원 증가하고 부채는 30,000원 감소하였다면, 지난 한 해 동안 자본은 얼마나 변하였는가?

① 70,000원 증가 ② 70,000원 감소
③ 130,000원 증가 ④ 130,000원 감소

10 기초자본 150,000원, 유상증자 80,000원, 현금배당액 20,000원, 당기순이익 45,000원인 경우 기말자본은 얼마인가? 단, 주어진 자료 외에 자본의 변화를 일으키는 거래는 없다.

① 195,000 ② 230,000
③ 255,000 ④ 275,000

11 다음 자료에서 기말 부채는 얼마인가? 단, 기중에 유상증자 110, 당기순이익 20이 있었으며, 이 외에 자본에 영향을 미치는 다른 거래는 없었다.

	기초	기말
자산	430	520
부채	270	?

① 130 ② 160
③ 230 ④ 340

12 다음 자료에서 기말 자산은 얼마인가? 단, 기중에 당기순이익 30, 현금배당 10, 재평가이익 20이 있었으며, 이 외에 자본에 영향을 미치는 다른 거래는 없었다.

	기초	기말
자산	770	?
부채	460	390

① 680 ② 700
③ 720 ④ 740

[13-14] 다음은 (주)하니의 당기 재무제표 자료이다.

기초자산	15,000	기말자산	25,000
기초부채	12,500	기말부채	16,500
유상증자	4,000	당기순이익	?
현금배당	500	재평가이익	3,000

13 총포괄이익은 얼마인가?

① 2,000 ② 2,500
③ 3,000 ④ 3,500

14 당기순이익은 얼마인가?

① -1,000 ② -500
③ 500 ④ 1,000

15 재무제표 요소의 인식기준이 아닌 것은?

① 재무제표 요소의 정의를 충족할 것
② 의사결정에 목적적합한 정보이고 충실한 표현을 지닌 정보 일 것
③ 정보의 효익이 그 정보를 제공하고 사용하는 원가보다 클 것
④ 공정가치로 측정가능할 것

16 당기 매출은 현금매출 150,000원과 외상매출 200,000원으로 이루어져 있다. 그리고 대여금에 대한 당기 이자는 30,000원인데 아직 받지는 못하였다. 당기의 수익은 얼마인가?

① 150,000 ② 180,000
③ 350,000 ④ 380,000

17 차입금에 대한 당기 이자 15,000원은 아직 지급하지 않은 상태이다. 그리고 사무실 임차비용 6개월치 180,000원을 지급하였는데, 이중 2개월치는 당기 분이고 4개월치는 차기 분이다. 당기의 비용은 얼마인가?

① 15,000 ② 60,000
③ 75,000 ④ 195,000

18 역사적 원가에 대비한 공정가치 측정기준의 특징이 아닌 것은?

① 측정에 단순하고 비용이 적게 소요됨
② 측정일의 현행가치를 제공함
③ 시의성이 높은 정보를 제공함
④ 기간 간 또는 기업 간 비교가능성이 높음.

19 의미가 다른 재무제표요소는?

① 순자산 ② 소유주지분
③ 타인자본 ④ 주주지분

20 4월 1일 김 선생은 강의 시간당 30원을 받고 총 1,000시간의 인터넷 강의를 제공하기로 인강업체와 계약을 맺었다. 계약금으로 10,000원을 받고 나머지 강의 대금은 3개월 단위로 후불로 정산하기로 하였다. 4월에 김 선생이 100시간의 강의를 제공하였다면, 김 선생의 4월 수익은 얼마인가?

① 0 ② 3,000
③ 10,000 ④ 30,000

풀이

01 ①

02 ③

03 ③

04 ②

05 ③

06 ② 자기자본, 소유주지분, 순자산은 자본을 의미하며, 타인자본은 부채를 의미한다.

07 ③ 수익 280,000 - 비용 230,000 = 이익 50,000
기말현금 - 기초현금 200,000 = 순현금유입액 40,000, 기말현금 = 240,000
기말 이익잉여금 = 기초 이익잉여금 120,000 + 순이익 50,000 = 170,000
순이익 50,000 만큼 자본이 증가한다.

08 ④ 순이익은 발생기준에 따라, 현금흐름은 현금기준에 따라 계산된다.

09 ③ 자산 = 부채 + 자본
자산 변화(100,000) = 부채변화(-30,000) + 자본변화
자본변화 = 130,000

10 ③ 기말자본 = 150,000 + 80,000 + 45,000 - 20,000 = 255,000

11 ③ 기초자본 = 430 - 270 = 160
기중 자본의 변동 = 110 + 20 = 130
기말자본 290 = 520 - 부채, 부채 = 230

12 ④ 기초자본 = 770 - 460 = 310
기중 자본의 변동 = 30 - 10 + 20 = 40
기말자본 350 = 자산 - 390, 자산 = 740

13 ② 기초자본 = 15,000 - 12,500 = 2,500
기말자본 = 25,000 - 16,500 = 8,500
기중 자본의 변동 6,000 = 4,000 + 순이익 - 500 + 3,000, 순이익 = -500
총포괄이익 = -500 + 3,000 = 2,500

14 ②

15 ④

16 ④ 매출수익 = 150,000 + 200,000 = 350,000
이자수익 = 30,000

17 ③ 이자비용 15,000 + 임차비용 60,000 = 75,000

18 ①

19 ③

20 ② 수익 = 100시간 × 30원 = 3,000원

MEMO

Chapter

03

거래의 기록

◉ 주요 학습 내용

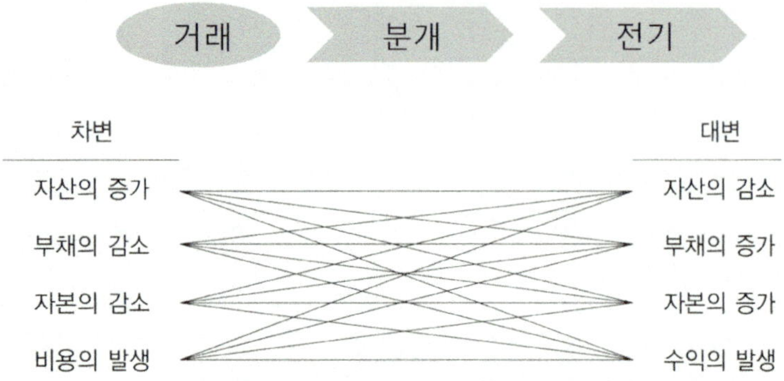

◉ 김소호 커피전문점 이야기

김소호 씨는 커피전문점을 창업한 후 거래를 모두 현금출납장에 기록하였다. 점포의 보증금과 임차료, 내부시설 투자비, 커피의 구입과 판매 대금, 아르바이트생의 급여, 각종 공과금의 지출, 이자의 지급 등에서 오고 가는 현금을 일목요연하게 정리하였다. 성격이 꼼꼼한 편이라 현금출납장을 잘 유지할 자신이 있었다.

하지만 김소호 씨는 얼마 지나지 않아 현금이 들어오고 나가는 것만으로 커피전문점의 모든 자산을 기록하고 관리하는데 문제가 있음을 알게 되었다. 각종 외상 거래, 채권과 채무, 설비, 커피, 미리 지급한 임차료, 미지급한 급여, 차입금의 상환 의무, 설비나 커피머신의 사용과 관리 등 많은 항목들을 기록하는데 현금출납장만으로는 충분하지 않았다. 그리고 이런 항목들의 변화를 알기도 쉽지 않았다. 시간이 흘러가면서 점점 더 늘어나는 일들을 본인의 기억에만 의존해서 정리한다는 것이 매우 어려운 일임을 깨닫게 되었다. 커피전문점을 꾸려나가는 것보다 기록을 정리하는 일이 더 큰 비중을 차지하기도 하였다.

회계에서는 부기(book-keeping)라는 도구를 통해 사업을 하는 과정에서 발생하는 거래를 체계적으로 기록하고 거래를 정리 요약한다. 거래의 기록은 매출, 매입, 차입금, 재고자산, 급여, 공과금, 설비, 이자비용 등 계정별로 이루어지므로 변동 내역을 파악하기가 쉽다.

제1절 거래의 의의

1.1 거 래

회계의 첫 단계는 거래를 기록하는 것이다. 그런데 회계 거래는 일상적인 의미의 거래와 차이가 있으므로 장부에 기록하기에 앞서 회계상 거래인지를 판단해야 한다. 일반적인 의미의 거래는 상품을 사고팔거나 돈을 주고받는 것과 같이 거래상대방 서로의 이해관계가 걸린 영리 목적의 경제 행위를 말한다. 반면 회계에서 거래(transaction)란 재무제표의 요소나 그 항목의 변화를 가져오는 사건을 말한다.

예를 들어 상품을 매매하기로 한 약속은 일반적인 의미의 거래이지만, 회계상 거래는 아니다. 약속 자체가 자산, 부채, 자본, 수익, 비용 등의 변화를 야기하지 않기 때문이다. 하지만 건물이 소실되거나 기계를 사용하는 것은 자산의 변화를 야기하고, 빚을 면제받는 것은 부채의 변화를 야기하므로 이러한 사건들은 회계상 거래에 해당된다.

예제 1

다음 각 항목이 회계상 거래에 해당되는지를 판단하시오.

① 상품의 판매주문을 받다.
② 차입금의 상환을 면제받다.
③ 주주로부터 현금을 증여받다.
④ 보관중인 현금을 은행에 예금하나.
⑤ 매월 급여를 지급하기로 하고 직원을 채용하다.
⑥ 화재로 인하여 상품이 소실되다.
⑦ 상품을 현금으로 매입하다.
⑧ 상품을 외상으로 매입하다.
⑨ 급여 지급일에 종업원급여를 현금으로 지급하다.
⑩ 급여 지급일에 종업원급여를 지급하지 못하다.
⑪ 주주들로부터 현금으로 출자를 받다.
⑫ 차입금 이자를 현금으로 지급하다.
⑬ 은행예금에 대한 이자를 현금으로 받다.

[풀이]

거래인 것-②, ③, ④, ⑥, ⑦, ⑧, ⑨, ⑩, ⑪, ⑫, ⑬
거래가 아닌 것-①, ⑤

1.2 거래의 이중성

회계 거래는 최소 두 가지 이상의 재무제표 요소에 영향을 미치거나 각 요소 내의 항목에 변화를 야기하는데, 이를 **거래의 이중성**이라 한다.

예를 들어 '상품을 외상으로 매입하다'라는 거래를 보면 상품이라는 자산이 증가하고 동시에 매입채무라는 부채가 증가한다. '예금에 대한 이자를 현금으로 받다'라는 거래의 경우에는 현금이라는 자산이 증가하고 동시에 이자수익이라는 수익이 발생한다. 또한 '상품을 현금 지급하고 매입하다'라는 거래를 보면 상품이라는 자산이 증가하고 현금이라는 자산이 감소한다.

회계에서는 거래의 이중성을 모두 기록하는 **복식부기**(double entry system)를 사용한다. 복식부기는 거래를 차변과 대변으로 구분하여 이중으로 기록하는 방식으로, **단식부기**에 상대되는 개념이다.

제2절 거래요소의 결합관계와 계정

2.1 거래요소의 결합관계

회계에서 거래는 재무제표 요소에 변화를 일으키는 사건이다. 거래는 자산, 부채, 자본, 수익, 비용의 변화를 가져온다. 거래가 이러한 재무제표 요소에 어떻게 영향을 미치는지를 이해하기 위해 **재무상태표 등식**과 **손익계산서식**으로 돌아가 보자.

재무상태표 등식: 자산 = 부채 + 자본
손익계산서식: 수익 - 비용 = 이익

수익은 일정 기간 동안 주요 경영활동의 결과로 기업에 귀속될 경제적 효익의 증가이며, 비용은 일정 기간 동안 주요 경영활동의 결과로 기업에 귀속될 경제적 효익의 감소이다. 수익과 비용의 차이인 이익은 주주의 자본에 대한 대가이므로 자본(이익잉여금계정)에 대체한다.

따라서 위 두 식은 다음과 같이 정리할 수 있을 것이다. 이 식을 **시산표 등식**이라 한다.

자산 = 부채 + 자본 + (수익 − 비용)
자산 + 비용 = 부채 + 자본 + 수익 ········· (시산표 등식)

시산표 등식에서 비용을 대변으로 옮겨서 수익에서 차감하면 이익이 계산된다. 이 이익은 자본에 포함되어 자본이 증가하게 된다. 물론 수익보다 비용이 커서 손실이 발생하면 자본이 감소하게 될 것이다. 이러한 관계를 그림으로 나타내면 다음과 같다. 2장에서 다룬 **재무제표의 연계성**을 다시 확인해보도록 하자.

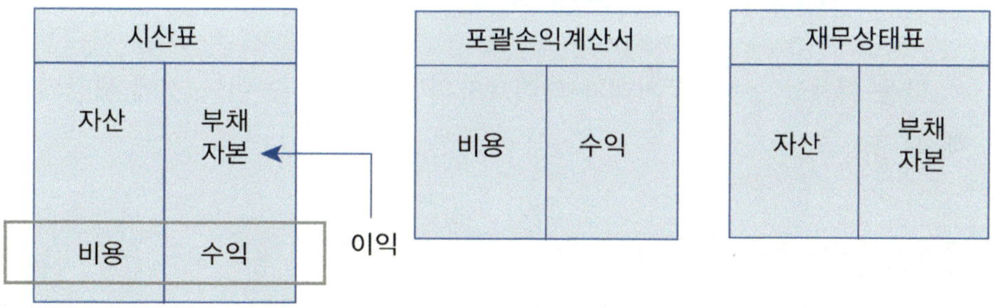

시산표를 보면, 자산이 증가하거나 비용이 발생하면 차변에 기록하고 부채나 자본이 증가하거나 수익이 발생하면 대변에 기록한다. 재무상태표에서 자산은 차변에 부채와 자본은 대변에 기록되고 포괄손익계산서에서 비용은 차변에 수익은 대변에 기록된다. 차변과 대변에 기록되는 재무제표 요소는 시산표에서도 확인할 수 있다.

회계에서는 특정 재무제표 요소가 감소하는 경우 음수(−)로 표시하지 않고 이를 상대편에 표시한다. 즉, 자산의 증가는 차변에 기록하고 자산이 감소하게 되면 대변에 기록한다. 부채와 자본이 증가하는 경우에는 대변에 기록하고 부채와 자본이 감소하는 경우에는 차변에 기록한다. 따라서 자산이 대변에 기록되어 있다면 자산이 감소한 것으로 해석하고, 부채가 차변에 기록되어 있다면 부채가 감소한 것으로 해석한다.

거래가 자산, 부채, 자본, 수익, 비용에 미치는 영향은 [자료 3-1]과 같이 16가지의 경우가 있을 수 있다. 이를 **거래요소의 결합관계**라 한다.

자료 3-1 거래요소의 결합관계

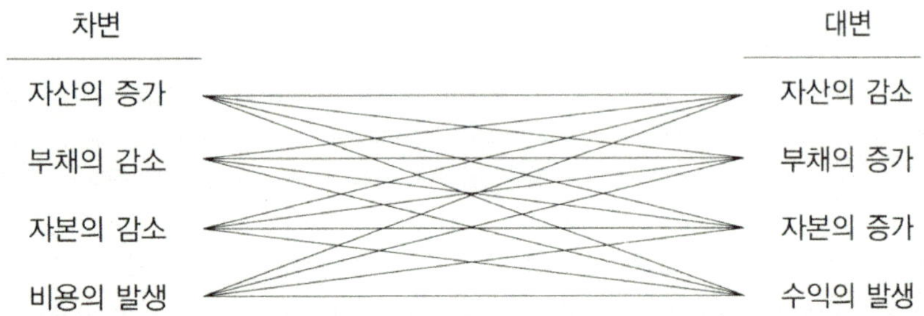

2.2 거래요소의 결합관계 사례

다음 사례를 통해 각 거래가 거래요소의 결합관계 중 어느 것에 해당되는지 확인해 보자.

(사례) 거래요소의 결합관계

1월 초에 설립된 퀵서비스 업체 ㈜바람돌이의 1월 한 달 간 거래 내역은 다음과 같다.

① 1/1 현금 10,000원을 자본금으로 출자하여 주식회사를 설립하다.
② 1/1 은행에서 현금 12,000원을 차입하다.
③ 1/3 사무실 사용 대가인 임차비용 900원을 현금으로 지급하다.
④ 1/6 퀵서비스용 오토바이를 7,600원에 외상으로 취득하다
⑤ 1/10 퀵서비스를 제공하고 대금 1,800원을 현금으로 받다.
⑥ 1/15 퀵서비스를 제공하고 대금 1,000원을 외상으로 하다.
⑦ 1/20 퀵서비스를 제공하고 대금 1,200원을 어음으로 받다.
⑧ 1/21 퀵서비스 외상대금 800원을 현금으로 회수하다.
⑨ 1/23 차입금 중 2,000원을 현금으로 상환하다.
⑩ 1/25 직원에 대한 급여 1,700원을 현금으로 지급하다.

① (차변) 자산의 증가 (대변) 자본의 증가

현금이라는 자산이 증가하며, 자산의 증가는 차변에 기록한다. 주주에게 투자받은 자본금은 자본이며, 자본의 증가는 대변에 기록한다.

② (차변) 자산의 증가 (대변) 부채의 증가

현금이라는 자산이 증가하며, 자산의 증가는 차변에 기록한다. 차입금이라는 부채가 증가하며, 부채의 증가는 대변에 기록한다.

③ (차변) 비용의 발생 (대변) 자산의 감소

임차비용이라는 비용이 발생하며, 비용의 발생은 차변에 기록한다. 현금이라는 자산이 감소하며, 자산의 감소는 대변에 기록한다.

④ (차변) 자산의 증가 (대변) 부채의 증가

차량운반구라는 자산이 증가하며, 자산의 증가는 차변에 기록한다. 미지급금이라는 부채가 증가하며, 부채의 증가는 대변에 기록한다.

⑤ (차변) 자산의 증가 (대변) 수익의 발생

현금이라는 자산이 증가하며, 자산의 증가는 차변에 기록한다. 용역수익이라는 수익이 발생하며, 수익의 발생은 대변에 기록한다.

⑥ (차변) 자산의 증가 (대변) 수익의 발생

매출채권이라는 자산이 증가하며, 자산의 증가는 차변에 기록한다. 용역수익이라는 수익이 발생하며, 수익의 발생은 대변에 기록한다.

⑦ (차변) 자산의 증가 (대변) 수익의 발생

매출채권이라는 자산이 증가하며, 자산의 증가는 차변에 기록한다. 어음도 외상거래이다. 용역수익이라는 수익이 발생하며, 수익의 발생은 대변에 기록한다.

⑧ (차변) 자산의 증가	(대변) 자산의 감소

현금이라는 자산이 증가하며, 자산의 증가는 차변에 기록한다. 매출채권이라는 자산이 감소하며, 자산의 감소는 대변에 기록한다.

⑨ (차변) 부채의 감소	(대변) 자산의 감소

차입금이라는 부채가 감소하며, 부채의 감소는 차변에 기록한다. 현금이라는 자산이 감소하며, 자산의 감소는 대변에 기록한다.

⑩ (차변) 비용의 발생	(대변) 자산의 감소

급여라는 비용이 발생하며, 비용의 발생은 차변에 기록한다. 현금이라는 자산이 감소하며, 자산의 감소는 대변에 기록한다.

2.3 계 정

2.3.1 계정의 의의

거래요소의 결합관계를 통해 거래가 자산, 부채, 자본, 수익, 비용으로 기록됨을 살펴보았다. 그런데 모든 거래를 자산, 부채, 자본, 수익, 비용 등 다섯 가지로만 기록하는 것은 정보의 손실이 너무 크므로 회계에서는 각 재무제표 요소의 세부 항목인 계정이라는 것을 사용한다.

계정(計定 ; account)이란 재무상태표와 포괄손익계산서와 같은 재무제표에 표시되는 최소 단위로서 기업에서 발생한 거래를 기록할 때 차변과 대변에 기록하는 자산, 부채, 자본, 수익, 비용의 특정한 항목을 말한다. 자산, 부채, 자본, 수익, 비용의 특정 항목을 구분하여 이를 계정으로 설정함으로써 기업의 재무정보를 보다 상세하게 파악할 수 있게 된다.

은행에서 현금을 빌린 경우를 생각해보자. 현금을 보유하게 되므로 자산이 증가하고, 은행에 빚이 생기므로 부채가 증가한다. 거래요소의 결합관계에 따라 자산의 증가는 차변에 기록하고 부채의 증가는 대변에 기록한다. 하지만 이러한 기록은 어떠한 항목에서 자산과 부채가 증가하였는지에 대한 정보를 제공하지 못한다.

(차변) 자산 (대변) 부채

계정 과목을 사용하여 기록하면 다음과 같다. 차변에는 현금이 기록되는데, 현금은 자산이므로 현금이라는 자산이 증가하였음을 알 수 있다. 그리고 대변에는 차입금이 기록되는데, 차입금은 부채이므로 차입금이라는 부채가 증가하였음을 알 수 있다.

(차변) 현금 (대변) 차입금

실무적으로 계정 형식은 다음과 같은 잔액식이 주로 사용된다.

계 정 과 목

일자		적요	전표 번호	차변	대변	잔액

그리고 교육목적으로는 약식으로 다음과 같은 T계정(T-account)을 이용하는데 이는 계정 형식이 영문자 T와 닮았기 때문이다.

계 정 과 목

(차변)	(대변)

계정의 왼쪽을 **차변**(借邊 ; debit)이라 하고 오른쪽을 **대변**(貸邊 ; credit)이라고 하는 것은 이미 설명한 바 있다. 차변은 단순히 차(借 ; Dr.)로 대변은 대(貸 ; Cr.)로 줄여서 표시하기도 한다. 그리고 계정의 차변에 기록하는 것을 **차기한다**(借記 ; debiting)고 표현하고, 대변에 기록하는 것은 **대기한다**(貸記 ; crediting)고 한다.

2.3.2 주요 계정

많은 거래들이 반복적으로 수행되므로 주요 계정의 사용 빈도가 높은 편이다. 재무제표 요소별로 자주 사용되는 계정을 살펴보면 [자료 3-2]와 같다. 이 계정들과 그 외의 계정들에 대해서는 점차 다루게 될 것이다.

자료 3-2 주요 계정

재무제표 요소	계정	설명
자산	현금	현금
	매출채권	일반적 상거래의 외상거래에서 발생한 받을 대금
	미수금	일반적 상거래 외의 외상거래에서 발생한 받을 대금
	대여금	자금의 대여
	유형자산	영업활동에 장기간 사용하는 토지, 건물, 기계장치, 차량운반구 등
부채	매입채무	일반적 상거래의 외상거래에서 발생한 갚을 대금
	미지급금	일반적 상거래 외의 외상거래에서 발생한 갚을 대금
	차입금	자금의 차입
	사채	사채를 발행하여 자금 차입
자본	자본금	주식을 발행하여 자금 조달(주식의 액면금액)
	이익잉여금	내부에 유보한 누적 이익
수익	용역수익	용역을 제공하여 발생한 영업수익
	매출	상품·제품을 판매하여 발생한 영업수익
	이자수익	이자수익
	임대수익	임대료
비용	매출원가	제공한 용역 또는 판매한 상품·제품의 원가
	판매비	판매활동에서 발생한 판매수수료, 광고비 등의 비용
	관리비	관리활동에서 발생한 비용
	이자비용	이자비용
	임차비용	임차료
	법인세비용	법인세비용

일반적 상거래란 용역의 제공, 상품 또는 제품의 매매를 의미한다. 예를 들어 용역을 외상으로 제공하거나 상품을 외상으로 판매하면 매출채권으로 기록하고, 건물이나 토지 등을 외상으로 매각하면 미수금으로 기록한다. 그리고 상품을 외상으로 매입하면 매입채무 계정을, 건물이나 토지 등을 외상으로 취득하면 미지급금 계정을 사용한다.

제3절 거래의 기록 : 분개

3.1 분 개

3.1.1 분개의 의의

회계처리의 첫단계는 회계상 거래를 분개를 하는 것이다. **분개**(journal entry)란 거래의 정리도구로서 거래가 발생하면 차변 요소와 대변 요소를 구분하고 이를 적절한 계정과목으로 분류하여 차변과 대변에 각각 계정과목과 금액을 기입하는 것이다.

예를 들어, '주주에게 주식을 발행하여 현금 10,000원을 출자받다' 라는 거래를 살펴보면 차변 요소에는 현금이라는 자산이 증가하고 대변 요소에는 자본금이라는 자본이 증가한다. 이를 분개하면 다음과 같다.

(차변) 현금	10,000	(대변) 자본금	10,000

그리고 '은행에서 12,000원을 차입하다' 라는 거래는, 현금이라는 자산이 증가하고 차입금이라는 부채가 증가하므로 차변에는 현금을 기록하고 대변에는 차입금을 기록한다.

(차변) 현금	12,000	(대변) 차입금	12,000

모든 거래는 **거래의 이중성**에 의해 차변 계정에 기입된 금액과 같은 금액이 상대 계정의 대변에 기입된다. 그러므로 어떤 거래이건 거래 전체를 보면 차변 금액과 대변 금액이 일치하게 된다. 이를 **대차평균의 원리**(principle of equilibrium)라 한다. 이 원

리는 복식부기의 특징으로서 모든 거래에 대해 성립한다. 복식부기는 단식부기와 상대되는 개념으로 거래를 차변과 대변으로 나누어 기록하는 방식이다. 이러한 대차평균의 원리에서 복식부기의 자기검증기능이 비롯된다.

거래 중에서 수익 또는 비용이 발생하는 거래를 손익거래라 하며, 이 거래로 인해 당기순이익이 영향을 받는다. 자본거래는 손익에 영향을 미치지 않고 자본에 영향을 미치는 거래이다. 주식을 발행하고 자본을 조달하는 거래는 손익과는 관련없는 자본거래이다.

3.1.2 분개장

분개장(journal)은 거래를 분개하여 기록하는 장부이다. 분개장에는 각 거래별로 거래일자 순서대로 기입된다. 분개장에 표시되는 정보는 ① 거래일자, ② 차변과 대변에 기록할 계정 및 금액, ③ 거래에 대한 간단한 설명으로 구성되는데 거래에 대한 설명은 생략되기도 한다. 일반적인 분개장의 형식 및 기입 방법은 다음과 같다.

분 개 장

20××년 1월 1일부터
20××년 1월 31일까지

(주)바람돌이 (1)

일자		적 요	원면	차 변	대 변
1	1	(현금)	1	10,000	
		(자본금)	5		10,000
		현금을 출자하여 회사설립			
	1	(현금)	1	12,000	
		(차입금)	4		12,000
		은행에서 현금 차입			

모든 장부에는 각 면마다 장부의 명칭 또는 계정과목, 회계연도, 쪽 번호가 표시되어 있다. 위 분개장에도 장부의 명칭, 회계연도, 쪽 번호가 기록되어 있다. 일자란에는 거래가 발생한 월일을 기입한다. 대부분의 기업에서 장부는 매년 새로운 것으로 바뀌기 때문에 연도는 흔히 생략한다.

분개장의 적요란에는 차변과 대변의 계정과목을 기록하고 거래의 내용을 간략하게 설명한다. 원면란에는 분개의 내용을 총계정원장에 기록할 때(이를 "전기"라 한다.) 해당하는 총계정원장의 쪽 번호를 기입한다. 차변란과 대변란에는 각각에 해당하는 금액을 기록한다.

그리고 하나의 거래에 대해 분개가 끝나면 적요란에 밑줄을 그어 다른 거래와 구분한다. 만일 분개장의 한 면이 전부 기록되면 맨 마지막 줄에 '차면으로'라는 말과 함께 차변과 대변의 합계 금액을 기록하고 위쪽에 한 줄을 긋고, 아래쪽에는 두 줄을 긋는다. 물론 다음 면에는 맨 위 줄에 '전면에서'라는 말과 함께 전면에 기록된 합계 금액과 동일한 금액이 차변과 대변에 기록된다.

3.2 분개 사례

앞서 살펴본 ㈜바람돌이 퀵서비스 업체의 사례를 분개해 보자.

(사례) 거래요소의 결합관계

1월 초에 설립된 퀵서비스 업체 ㈜바람돌이의 1월 한 달 간 거래 내역은 다음과 같다.

① 1/1 현금 10,000원을 자본금으로 출자하여 주식회사를 설립하다.
② 1/1 은행에서 현금 12,000원을 차입하다.
③ 1/3 사무실 사용 대가인 임차비용 900원을 현금으로 지급하다.
④ 1/6 퀵서비스용 오토바이를 7,600원에 외상으로 취득하다
⑤ 1/10 퀵서비스를 제공하고 대금 1.800원을 현금으로 받다.
⑥ 1/15 퀵서비스를 제공하고 대금 1.000원을 외상으로 하다.
⑦ 1/20 퀵서비스를 제공하고 대금 1,200원을 어음으로 받다.
⑧ 1/21 퀵서비스 외상대금 800원을 현금으로 회수하다.
⑨ 1/23 차입금 중 2,000원을 현금으로 상환하다.
⑩ 1/25 직원에 대한 급여 1,700원을 현금으로 지급하다.

① (차변) 자산의 증가		(대변) 자본의 증가	
→ (차변) 현금	10,000	(대변) 자본금	10,000

현금이라는 자산이 증가하며, 자본금이라는 자본이 증가한다.

② (차변) 자산의 증가		(대변) 부채의 증가	
→ (차변) 현금	12,000	(대변) 차입금	12,000

현금이라는 자산이 증가하며, 차입금이라는 부채가 증가한다.

③ (차변) 비용의 발생		(대변) 자산의 감소	
→ (차변) 임차비용	900	(대변) 현금	900

임차비용이라는 비용이 발생하며, 현금이라는 자산이 감소한다.

④ (차변) 자산의 증가		(대변) 부채의 증가	
→ (차변) 차량운반구	7,600	(대변) 미지급금	7,600

차량운반구라는 자산이 증가하며, 미지급금이라는 부채가 증가한다.

⑤ (차변) 자산의 증가		(대변) 수익의 발생	
→ (차변) 현금	1,800	(대변) 용역수익	1,800

현금이라는 자산이 증가하며, 용역수익이라는 수익이 발생한다.

⑥ (차변) 자산의 증가		(대변) 수익의 발생	
→ (차변) 매출채권	1,000	(대변) 용역수익	1,000

매출채권이라는 자산이 증가하며, 용역수익이라는 수익이 발생한다.

⑦ (차변) 자산의 증가		(대변) 수익의 발생	
→ (차변) 매출채권	1,200	(대변) 용역수익	1,200

매출채권이라는 자산이 증가하며, 용역수익이라는 수익이 발생한다.

⑧ (차변) 자산의 증가		(대변) 자산의 감소	
→ (차변) 현금	800	(대변) 매출채권	800

현금이라는 자산이 증가하며, 매출채권이라는 자산이 감소한다.

⑨ (차변) 부채의 감소		(대변) 자산의 감소	
→ (차변) 차입금	2,000	(대변) 현금	2,000

차입금이라는 부채가 감소하며, 현금이라는 자산이 감소한다.

⑩ (차변) 비용의 발생 (대변) 자산의 감소
→ (차변) 급여 1,700 (대변) 현금 1,700

급여라는 비용이 발생하며, 현금이라는 자산이 감소한다.

위 거래를 분개한 분개장은 다음과 같다.

분개장

번호	날짜	차변		대변	
①	1/1	현금	10,000	자본금	10,000
②	1/1	현금	12,000	차입금	12,000
③	1/3	임차비용	900	현금	900
④	1/6	차량운반구	7,600	미지급금	7,600
⑤	1/10	현금	1,800	용역수익	1,800
⑥	1/15	매출채권	1,000	용역수익	1,000
⑦	1/20	매출채권	1,200	용역수익	1,200
⑧	1/21	현금	800	매출채권	800
⑨	1/23	차입금	2,000	현금	2,000
⑩	1/25	급여	1,700	현금	1,700

예제 2

3.2 분개 사례를 기록한 분개장의 분개에서 손익거래와 자본거래를 고르시오.

[풀이]

손익거래 : ③ ⑤ ⑥ ⑦ ⑩
자본거래 : ①

제4절 거래의 기록: 전기

4.1 전 기

4.1.1 전기의 의의

앞서 살펴본 것처럼 거래가 발생하면 분개장에 거래를 기록한다. 분개장의 거래는 일자별로 발생순서에 따라 기록되어 있어서 거래를 확인하는데 유용하다. 그런데 특정 계정의 증감과 잔액을 확인하기는 상당히 번거롭다. 예를 들어 현금이 들어오고 나간 금액과 잔액을 확인하려면 분개장에 현금 계정이 사용된 모든 거래를 찾아서 계산해야 하기 때문이다.

따라서 분개 내용을 계정별로 다시 정리하는 과정이 필요하다. **전기**(轉記 ; posting)란 분개장의 분개를 계정별로 분류하는 과정이다. 기중에 거래가 발생하면 분개장에 분개를 하고 원장에 전기를 한다.

4.1.2 원 장

원장(元帳 ; ledger)이란 분개장의 내용을 재정리하여 기록하는 장부로 기업은 각 계정별로 원장을 만들어 사용한다. 그리고 각 계정별 원장을 하나의 장부로 보은 것을 **총계정원장**(總計定元帳 ; general ledger)이라 하는데 원장과 총계정원장의 용어는 보통 구분하지 않고 사용된다. 원장에는 자산, 부채, 자본, 수익, 비용의 순서로 계정이 배열되어 있다.

원장은 특정 계정과목의 잔액이나 변동 금액에 관한 정보를 한 곳에 모은 장부이다. 분개장은 거래가 자산, 부채, 자본, 수익, 비용과 같은 계정에 미치는 영향을 보여주는데 비해 원장은 하나의 계정에 미치는 영향만을 보여준다는 특징이 있다.

분개장에 기록된 분개의 내용을 원장에 옮겨 적는 전기가 이루어지는지는 과정은 다음과 같다.

분 개 장

20××년 1월 1일부터
20××년 1월 31일까지

(주)바람돌이 (1)

일자		적 요	원면	차 변	대 변
1	1	(현금)	1	10,000	
		(자본금)	5		10,000
		현금을 출자하여 회사설립			
	1	(현금)	1	12,000	
		(차입금)	4		12,000
		은행에서 현금 차입			

총 계 정 원 장

현 금

20××년 1월 1일부터
20××년 1월 31일까지

(주)바람돌이 (1)

일자		적 요	분면	차변	대변	잔액
1	1	자본금	1	10,000		10,000
1	1	차입금	1	12,000		22,000

자 본 금

20××년 1월 1일부터
20××년 1월 31일까지

(주)바람돌이 (5)

일자		적 요	분면	차변	대변	잔액
1	1	현금	1		10,000	10,000

차 입 금

20××년 1월 1일부터
20××년 1월 31일까지

(주)바람돌이 (4)

일자		적 요	분면	차변	대변	잔액
1	1	현금	1		12,000	12,000

분개의 내용을 총계정원장에 전기하는 방법은 분개장에 거래를 기록하는 방법과 유사하다. 다만 적요란에는 분개장과는 달리 거래의 모든 계정과목을 기록하는 것이 아니라 상대편 계정과목만을 기록한다. 또한 분개장에 원면란이 있듯이 원장에는 분면란이 있다. 이는 전기의 과정에서 오류가 발생한 경우 그 내용을 확인하기 위해 거래가 최초로 기록된 분개장으로 쉽게 찾아갈 수 있도록 고안된 장치이다.

모든 거래에 대해 분개장에서 원장으로 전기가 끝나면 회계기간 중에 있었던 거래의 기록이 끝나게 된다.

4.2 전기 사례

앞서 살펴본 ㈜바람돌이 퀵서비스 업체의 분개장의 분개를 원장에 전기해 보자. 해당 계정을 찾아서 차변의 금액은 차변에, 대변의 금액은 대변에 옮겨 적는다. 이때 계정은 상대 계정을 적도록 한다.

예를 들어 1/1 거래에서 차변의 현금 10,000원은 현금 계정 차변에 10,000원을 적고, 계정은 상대 계정인 자본금을 적는다. 그리고 대변의 자본금 10,000원은 자본금 계정 대변에 10,000원을 적고, 계정은 상대 계정 현금을 적는다. 아래 원장에서 현금 계정 차변의 1/1 자본금 10,000원과 자본금 계정 대변의 1/1 현금 10,000원을 확인하기 바란다. 다른 분개들도 같은 방법으로 반복하면 된다.

원 장

현금

1/1	자본금	10,000	1/3	임차비용	900
1/1	차입금	12,000	1/23	차입금	2,000
1/10	용역수익	1,800	1/25	급여	1,700
1/21	매출채권	800			

매출채권

1/15	용역수익	1,000	1/21	현금	800
1/20	용역수익	1,200			

차량운반구

1/6	미지급금	7,600			

차입금				
1/23 현금	2,000	1/1	현금	12,000

미지급금				
		1/6	차량운반구	7,600

자본금				
		1/1	현금	10,000

용역수익				
		1/10	현금	1,800
		1/15	매출채권	1,000
		1/20	매출채권	1,200

임차비용				
1/3 현금	900			

급여				
1/25 현금	1,700			

제5절 수정전 시산표

5.1 시산표의 의의

시산표(試算表 ; trial balance, T/B)란 일정 시점에서 각 계정의 잔액 또는 합계 금액을 집계한 표이다. 시산표를 작성하는 목적은 시산표 등식에 따라 각 계정의 차변과 대변의 금액의 합계가 일치하는지를 검사하기 위한 것이다. 회계에서 모든 분개는 대차평균의 원리에 의해 차변과 대변에 동일한 금액이 기록되기 때문에 모든 차변 계정의 합계 금액은 모든 대변 계정의 합계 금액과 같아야 하고, 각각의 잔액의 합계 또한 일치해야 한다. 만일 일치하지 않는다면 어딘가 오류가 있다는 것을 의미한다. 이를 복식부기의 **자기검증기능**이라 한다. 시산표를 작성하면 이러한 오류를 발견할 수 있으며, 또한 재무상태표와 포괄손익계산서를 작성하는데도 유용하다.

시산표의 양식에는 **합계시산표**, **잔액시산표**, 그리고 이를 하나의 표에 표시한 **합계잔액시산표**가 있는데 일반적으로 합계잔액시산표가 사용된다.

합 계 시 산 표

20××년 1월 31일

(주)바람돌이

차변	계정과목	대변

잔 액 시 산 표

20××년 1월 31일

(주)바람돌이

차변	계정과목	대변

합 계 잔 액 시 산 표

20××년 1월 31일

(주)바람돌이

<table>
<tr><th colspan="2">차변</th><th rowspan="2">계정과목</th><th colspan="2">대변</th></tr>
<tr><th>잔액</th><th>합계</th><th>합계</th><th>잔액</th></tr>
<tr><td></td><td></td><td></td><td></td><td></td></tr>
</table>

5.2 수정전 시산표 사례

수정전 시산표는 기중에 거래의 분개와 전기가 정확한 지를 검토하기 위해 결산 수정사항을 반영하기 전에 작성하는 시산표이다.

㈜바람돌이의 총계정원장의 계정별 금액을 기초로 1월 31일 자 수정전 시산표를 잔액 형식으로 작성하면 다음과 같다. 잔액시산표이므로 자산과 비용은 차변에 잔액이 남고, 부채, 자본, 수익은 대변에 잔액이 남는다. 차변의 합계와 대변의 합계가 같음을 확인할 수 있다.

수정전 시산표

20××년 1월 31일

㈜바람돌이 (단위: 원)

차변	계정과목	대변
20,000	현금	
1,400	매출채권	
7,600	차량운반구	
	차입금	10,000
	미지급금	7,600
	자본금	10,000
	용역수익	4,000
900	임차비용	
1,700	급여	
31,600	합계	31,600

5.3 시산표 오류의 수정

시산표의 차변과 대변의 합계 금액이 일치하지 않을 때는 분개 및 전기에 있어서 어딘가에 오류가 있음을 의미한다. 이 경우에는 그 원인을 찾아서 오류를 수정해야 한다. 이러한 오류에는 시산표 자체에서의 계산 오류뿐만 아니라 시산표가 작성되기

예제 3

(주)반달곰의 경리부장인 이영이 씨는 신입사원인 나그래 씨가 작성한 전표를 검토하던 중 다음과 같은 오류를 발견하였다. 오류를 수정하기 위한 분개를 하시오.

거래 내용	분개
거래처로부터 매출채권 50,000원을 회수하다.	차) 현금 50,000 대) 매출액 50,000

[풀이]

-올바른 분개

차) 현금	50,000	대) 매출채권	50,000

-틀린 분개

차) 현금	50,000	대) 매출액	50,000

-정정 분개

차) 매출액	50,000	대) 매출채권	50,000

이전의 원시 문서인 증빙서류, 분개장(전표), 원장, 보조부 등에서 발생한 오류도 포함된다.

그런데 시산표의 차변과 대변 금액이 일치하더라도 오류가 있을 수 있다. 차변과 대변에서 같은 금액의 오류가 발생하면 차변과 대변의 금액이 일치하기 때문이다. 시산표에서 발견할 수 없는 오류에는 다음과 같은 것이 있다.

① 거래 전체의 분개가 누락되거나 전기가 이루어지지 않은 경우
② 하나의 거래가 두 번 분개되거나 두 번 전기된 경우
③ 분개나 전기가 엉뚱한 계정에 이루어진 경우
④ 차변과 대변에 틀린 금액이 동일하게 기록된 경우

[부록] 전 표

앞에서 살펴본 분개장은 몇 가지 약점을 가지고 있다. 우선 분개장에 기록된 거래의 내용이 실제 발생한 거래의 내용과 일치하는지에 대해 즉각적인 확인이 어렵다는 것이다. 물론 분개를 할 때는 영수증이나 세금계산서와 같은 증빙과 대조하겠지만 만일 거래에 어떤 문제가 발생하여 그 거래에 대한 증빙을 다시 찾아야 할 때는 분개장만으로는 해결되지 않는다. 둘째, 분개장의 기입 방법에서 살펴보았듯이 그 절차가 복잡하다는 것이다. 특히 정보기술이 발달된 시대에 분개장을 기록하는 절차는 상당히 지루하다.

이와 같은 약점을 극복하는 방법으로 기업에서 널리 이용되는 것이 전표제도이다. **전표**란 거래의 승인 및 기록을 위한 것으로 거래의 종류에 따라 입금거래를 기록하기 위한 **입금전표**, 출금거래를 기록하기 위한 **출금전표**, 대체거래를 기록하기 위한 **대체전표**로 구분된다.

다음 [자료 3-3]은 입금전표, 출금전표 및 대체전표의 일반적인 양식이다.

자료 3-3 전표의 종류

입 금 전 표 No.

일자 년 월 일

과 목	적 요	금 액	이사
			부장
			과장
			담당
합 계			

출 금 전 표 No.

일자 년 월 일

과 목	적 요	금 액	이사
			부장
			과장
			담당
합 계			

담당	과장	부장	이사

대 체 전 표

(차변) 일자 년 월 일 No. (대변)

과 목	금 액	적 요	과 목	금 액
		합 계		

전표의 뒷면에는 거래의 증빙을 첨부함으로써 전표만으로 거래의 내용과 증빙을 확인할 수 있다. 또한 전산시스템이 갖추어진 기업에서는 분개를 컴퓨터에 입력하는 것만으로도 전표가 자동으로 출력되므로 수작업으로 작성하는 데 따른 오류를 막을 수 있다. 수작업으로 분개를 하는 경우에는 대차 일치 여부를 일일이 확인해야 하지만, 컴퓨터에 입력하는 경우에는 차변과 대변이 일치하지 않으면 자동적으로 입력되지 않도록 되어 있다.

전표에 표시되는 정보는 거래일자, 계정과목, 거래의 내용 등 분개장에 표시되는 정보와 유사하다. 한편 하나의 거래는 하나의 전표에 기록하는 것이 원칙이다. 앞의 분개장에 표시된 분개를 전표에 기록하면 다음과 같다.

입 금 전 표

No. 2

일자 20××년 1월 1일

과 목	적 요	금 액
차입금	은행에서 12,000원을 차입	12000
합 계		12000

이사
부장
과장
담당

학·습·정·리

01 회계에서 (　　　　　)란 재무제표의 요소나 그 항목의 변화를 가져오는 사건을 말한다.

02 회계 거래는 최소 두 가지 이상의 재무제표 요소에 영향을 미치거나 각 요소 내의 항목에 변화를 야기하는데, 이를 거래의 (　　　　　)이라 한다.

03 자산, 비용의 합계가 부채, 자본, 수익의 합계와 같음을 보여주는 식을 (　　　　　)등식이라 한다.

04 (　　　　　)이란 재무상태표와 포괄손익계산서와 같은 재무제표에 표시되는 최소 단위로서 자산, 부채, 자본, 수익, 비용의 특정한 항목을 말한다.

05 (　　　　　)란 거래의 정리도구로서 거래가 발생하면 차변 요소와 대변 요소를 구분하고 이를 적절한 계정과목으로 분류하여 차변과 대변에 각각 계정과목과 금액을 기입하는 것이다.

06 거래 전체를 보면 차변 금액과 대변 금액이 일치하게 되는데, 이를 (　　　　　)의 원리라 한다.

07 (　　　　　)는 단식부기와 상대되는 개념으로 거래의 이중성에 따라 거래를 차변과 대변으로 나누어 기록하는 방식이다.

08 분개장에 기록된 분개의 내용을 원장에 옮겨 적는 것을 (　　　　　)라 한다.

09 (　　　　　)는 일정 시점에서 각 계정의 잔액 또는 합계 금액을 집계한 표로, 각 계정의 차변과 대변의 금액의 합계가 일치하는지를 검사하기 위한 것이다.

10 전표란 거래의 승인 및 기록을 위한 것으로 거래의 종류에 따라 입금전표, 출금전표, (　　　　　)로 구분된다.

풀이

01 거래 **02** 이중성 **03** 시산표 **04** 계정 **05** 분개 **06** 대차평균 **07** 복식부기
08 전기 **09** 시산표 **10** 대체전표

기·본·문·제

01 각 거래에 대해 거래요소의 결합관계를 적으시오.

① 주식을 발행하고 자본을 납입받다.
② 현금을 차입하다.
③ 용역을 제공하고 대금은 추후에 받기로 하다.
④ 외상 용역대금을 현금으로 회수하다.
⑤ 토지를 외상으로 취득하다.
⑥ 차입금 일부를 현금으로 상환하다.
⑦ 임직원에 현금을 대여하다.
⑧ 차입금에 대한 이자를 지급하다.

02 수정전 시산표를 올바로 작성하고, 용역수익이 얼마인지를 계산하시오.

	차변	대변
현금	1,200	
매출채권		950
매입채무	400	
차입금		1,100
대여금		850
미수금	800	
미지급금		650
자본금	1,000	
이익잉여금		400
용역수익		(　　)
판매비	450	
급여	600	
합계	4,450	(　　)

03 다음은 12월 결산법인인 우리컨설팅(주)의 거래 내역이다. 거래를 분개장에 분개하고 원장에 전기하시오. 그리고 분개와 전기의 정확성을 확인하기 위한 수정전 시산표를 작성하시오. 다만, 편의상 날짜는 거래 번호로 대신한다.

① 주주로부터 15,000원의 현금을 자본금으로 납입받다.
② 사채를 발행하고 현금 10,000원을 조달하다.
③ 비품 3,000원을 취득하고 대금은 추후에 지급하기로 하다.
④ 용역 2,400원을 제공하고 대금은 외상으로 하다.

⑤ 사채에 대한 이자 1,000원을 현금으로 지급하다.
⑥ 종업원급여 800원을 현금으로 지급하다.
⑦ ④의 외상대금 중에서 700원을 현금으로 받다.
⑧ 현금 1,000원을 대여하다.
⑨ 용역 600원을 제공하고 대금은 현금으로 받다.
⑩ 대여금에 대한 이자 120원을 현금으로 받다.

풀이

01

① 차) 자산 증가　　대) 자본 증가
'현금'이라는 자산이 증가하고, '자본금'이라는 자본이 증가하다.
② 차) 자산 증가　　대) 부채 증가
'현금'이라는 자산이 증가하고, '차입금'이라는 부채가 증가하다.
③ 차) 자산 증가　　대) 수익 발생
'매출채권'이라는 자산이 증가하고, '용역수익'이라는 수익이 발생하다.
④ 차) 자산 증가　　대) 자산 감소
'현금'이라는 자산이 증가하고, '매출채권'이라는 자산이 감소하다.
⑤ 차) 자산 증가　　대) 부채 증가
'토지'라는 자산이 증가하고, '미지급금'이라는 부채가 증가하다.
⑥ 차) 부채 감소　　대) 자산 감소
'차입금'이라는 부채가 감소하고, '현금'이라는 자산이 감소하다.
⑦ 차) 자산 증가　　대) 자산 감소
'대여금'이라는 자산이 증가하고, '현금'이라는 자산이 감소하다.
⑧ 차) 비용 발생　　대) 자산 감소
'이자비용'이라는 비용이 발생하고, '현금'이라는 자산이 감소하다.

02

	차변	대변
현금	1,200	
매출채권	950	
매입채무		400
차입금		1,100
대여금	850	
미수금	800	
미지급금		650
자본금		1,000
이익잉여금		400
용역수익		(1,300)
판매비	450	
급여	600	
합계	4,850	(4,850)

03

분개장

번호	차변		대변	
①	현금	15,000	자본금	15,000
②	현금	10,000	사채	10,000
③	비품	3,000	미지급금	3,000
④	매출채권	2,400	용역수익	2,400
⑤	이자비용	1,000	현금	1,000
⑥	급여	800	현금	800
⑦	현금	700	매출채권	700
⑧	대여금	1,000	현금	1,000
⑨	현금	600	용역수익	600
⑩	현금	120	이자수익	120

원 장

현금

차변		대변	
① 자본금	15,000	⑤ 이자비용	1,000
② 사채	10,000	⑥ 급여	800
⑦ 매출채권	700	⑧ 대여금	1,000
⑨ 용역수익	600		
⑩ 이자수익	120		

매출채권

차변		대변	
④ 용역수익	2,400	⑦ 현금	700

대여금

⑧ 현금	1,000		

비품

③ 미지급금	3,000		

미지급금

		③ 비품	3,000

사채

		② 현금	10,000

자본금

		① 현금	15,000

용역수익

		④ 매출채권	2,400
		⑨ 현금	600

이자수익

		⑩ 현금	120

급여

⑥ 현금	800		

이자비용

⑤ 현금	1,000		

수정전 시산표

20××년 12월 31일

(주)우리컨설팅 (단위: 원)

차변	계정과목	대변
23,620	현금	
1,700	매출채권	
1,000	대여금	
3,000	비품	
	미지급금	3,000
	사채	10,000
	자본금	15,000
	용역수익	3,000
	이자수익	120
800	급여	
1,000	이자비용	
31,120	합계	31,120

연·습·문·제

01 거래에 해당하지 않는 것은?

① 상품을 매입하기 위해 거래처에 주문을 하다.
② 비품을 취득하고 대금은 미지급하다.
③ 직원 급여를 현금으로 지급하다.
④ 상품을 외상으로 판매하다.

02 수익과 비용에 영향을 미치는 거래를 의미하는 손익거래가 아닌 것은?

① 대여금에 대한 이자를 현금으로 수령하다.
② 매입채무를 현금으로 지급하다.
③ 현금을 분실하다.
④ 차입금 이자를 현금으로 지급하다.

03 자본거래에 해당하는 거래는?

① 설비를 외상으로 취득하다.
② 주식을 발행하고 현금을 조달하다.
③ 매입채무를 현금으로 지급하다.
④ 상품 판매 계약을 맺다.

04 자산의 증가와 동시에 나타날 수 없는 재무제표 요소의 변화는?

① 자산의 감소 ② 부채의 증가
③ 자본의 감소 ④ 수익의 발생

05 원장의 계정에 대한 설명으로 옳지 않은 것은?

① 분개장의 분개를 계정별로 분류한 정보를 제공한다.
② 각 계정의 원면은 분개장의 분면과 대조를 통해 기록의 정확성을 확인할 수 있다.
③ 전체 계정의 차변의 합과 대변의 합은 같아야 한다.
④ 자산과 비용 계정은 차변에 잔액이 남는다.

06 '은행으로부터 예금이자를 받다'를 거래요소의 결합관계로 바르게 나타낸 것은?

차변	대변
① 자산의 증가	자산의 감소
② 부채의 감소	자산의 감소
③ 자산의 증가	부채의 증가
④ 자산의 증가	수익의 발생

07 장부의 작성과 관련한 설명으로 바르지 않은 것은?

① 분개장의 거래 기록은 날짜 순으로 작성한다.
② 분개장에 기록된 내용을 보면 거래의 내용을 파악할 수 있다.
③ 전기란 분개장의 내용을 원장에 옮겨 적는 절차이다.
④ 전표는 원장의 계정을 대체하기 위한 용도이다.

08 다음 분개로부터 거래를 바르게 추정한 것은?

(차)	차입금	10,000	(대)	용역수익	10,000

① 10,000원의 현금을 빌리다.
② 단기차입금 10,000원을 현금 상환하다.
③ 용역 10,000원을 제공하고 대금은 차입금으로 상계하다.
④ 재화 10,000원을 판매하고 동 금액을 빌리다.

09 은행에서 현금 10만원을 차입하면서 다음과 같이 분개하였다. 이 거래가 재무제표에 미치는 영향으로 옳은 것은?

(차)	현금	100,000	(대)	대여금	100,000

① 자산이 과대 기록된다.
② 부채가 과대 기록된다.
③ 순자산에는 변화가 없다.
④ 계정의 단순 오류로 자산, 부채, 자본에는 영향이 없다.

10 미지급금 20만원을 현금으로 상환하는 분개를 누락하였다. 이 기록의 누락이 재무제표에 미치는 영향으로 옳지 않은 것은?

① 자산이 과대 기록된다.
② 부채가 과대 기록된다.

③ 순자산에는 변화가 없다.
④ 계정의 단순 오류로 자산, 부채, 자본에는 영향이 없다.

11 원장의 현금 계정에서 거래를 추정한 것으로 옳지 않은 것은?

현금

날짜	과목	금액	날짜	과목	금액
1/10	용역수익	1,800	1/11	차입금	1,700
1/21	매출채권	800	1/25	급여	900

① 1월 10일 용역을 제공하고 현금 1,800원을 받다.
② 1월 11일 차입금 1,700원을 현금으로 상환하다.
③ 1월 21일 용역을 제공하고 대가 800원은 외상으로 하다.
④ 1월 25일 급여 900원을 현금으로 지급하다.

12 다음 원장 계정 과목으로 가장 적절한 것은?

(　　　)

날짜	과목	금액	날짜	과목	금액
6/4	용역수익	6,300	8/3	현금	1,600

① 용역수익　　② 현금
③ 미지급금　　④ 매출채권

13 시산표의 작성을 통하여 발견할 수 있는 오류인 것은?
① 거래 전체의 분개가 누락된 경우
② 전기가 차변이나 대변에만 이루어진 경우
③ 전기가 엉뚱한 계정에 이루어진 경우
④ 차변과 대변에 틀린 금액이 동일하게 기록된 경우

14 1월 4일 매입채무 1,000원을 현금으로 지급한 거래를 원장에 바르게 전기한 것을 모두 고르면?

㉠ 매입채무

차변	대변
1/4 현금 1,000	

㉡ 매입채무

차변	대변
	1/4 현금 1,000

㉢ 현금

차변	대변
1/4 매입채무 1,000	

㉣ 현금

차변	대변
	1/4 매입채무 1,000

① ㉠, ㉣
② ㉡, ㉢
③ ㉠, ㉢
④ ㉡, ㉣

15 다음 계정을 이용하여 수정전 시산표를 작성할 경우 ( )에 들어갈 금액은 얼마인가?

현금	( )	기계장치	1,700	대여금	450
매입채무	850	미지급금	250	이익잉여금	500
용역수익	2,100	자본금	1,000	급여	1,650

① 600
② 650
③ 750
④ 900

16 자산 총액에 변화를 야기하지 않는 거래는?

① 용역을 제공하고 현금을 받다.
② 건물을 현금으로 취득하다.
③ 차입금을 현금으로 상환하다.
④ 이익잉여금의 일부를 현금으로 배당하다.

17 전표에 대한 설명으로 적절하지 않은 것은?

① 거래가 발생할 때마다 그 내용을 기록하기 위한 양식이다.
② 분개장을 대신하여 장부 작성을 간소화할 수 있다.
③ 하나의 전표에 여러 개의 거래를 기록할 수 있는 장점이 있다.
④ 전표에 거래 증빙을 전표에 첨부함으로써 거래의 내용과 증빙 역할을 한다.

18 대체전표에 기록되는 거래인 것은?

① 급여일에 종업원 급여를 현금 지급하다.
② 매출채권을 현금으로 회수하다.
③ 용역을 제공하고 대가는 추후에 받기로 하다.
④ 만기가 되어 차입금을 상환하다.

19 분개와 전기 후 작성한 시산표이다. 시산표를 정확하게 작성할 경우 차변 금액은 얼마인가?

차변	계정과목	대변
18,150	현금	
	매출채권	2,250
900	대여금	
6,700	건물	
	미지급금	6,200
	차입금	6,000
(　　)	자본금	
	용역수익	9,500
450	임대수익	
	이자비용	550
	급여	3,600
(　　)	합계	(　　)

① 31,700　　② 32,050

③ 32,150　　④ 32,600

20 다음 전표에서 추정한 거래의 내용으로 옳은 것은?

입 금 전 표

No. 1

일자 20×3년 12월 19일

이사	부장	과장	담당

과 목	적 요	금 액
토지	토지 처분	120000
합 계		120000

대 체 전 표

담당	과장	부장	이사

일자 20×3년 12월 19일

(차변)　　No. 1　　(대변)

과 목	금 액	적 요	과 목	금 액
미수금	480000	토지 처분	토지	480000
	480000	합 계		480000

① 토지를 600,000원에 취득하다.

② 토지 취득과 관련하여 현금 120,000원을 지급하다.

③ 토지 600,000원을 처분하다.

④ 이 거래로 인하여 자산은 600,000원이 증가한다.

풀이

01 ①

02 ②

03 ②

04 ③ 자산의 증가와 자본의 감소는 모두 차변에 기록되므로 같이 나타날 수 없다.

05 ② 분개장에는 원면, 원장에는 분면이 적혀 서로 대조하는 기능을 한다.

06 ④

07 ④

08 ③

09 ③ 정확한 분개는 '(차) 현금 100,000 (대) 차입금 100,000'이다.
차입금 누락으로 부채가 100,000원 적게 기록되고, 대여금 감소 기록으로 자산이 100,000원 적게 기록된다. 부채 과소 기록, 자산 과소 기록으로 자본에는 변화가 없다.

10 ④ 정확한 분개는 '(차) 미지급금 200,000 (대) 현금 200,000'이다.
미지급금 감소 기록의 누락으로 부채가 200,000원 많게 기록되고, 현금 감소 기록 누락으로 자산이 200,000원 많게 기록 된다. 부채 과대 기록, 자산 과대 기록으로 자본에는 변화가 없다.

11 ③ 매출채권 800원을 현금으로 회수하다.

12 ④ 원장 계정에는 상대 계정이 적히므로 용역수익과 현금은 될 수 없다. 용역수익과 관련된 계정은 매출채권이다.

13 ②

14 ① 차) 매입채무 1,000 대) 현금 1,000

15 ④ 자산+비용 = 부채+자본+수익

현금+1,700+450+1,650 = 850+250+1,000+500+2,100

16 ② 건물이라는 자산이 증가하고 현금이라는 자산이 감소하여 자산 총액에는 변화가 없다.

17 ③

18 ③ '매출채권 증가 / 수익 발생' 거래는 현금의 유출입이 없는 거래로 대체전표에 기록한다.

19 ③

차변	계정과목	대변
18,150	현금	
2,250	매출채권	
900	대여금	
6,700	건물	
	미지급금	6,200
	차입금	6,000
	자본금	(10,000)
	용역수익	9,500
	임대수익	450
550	이자비용	
3,600	급여	
(32,150)	합계	(32,150)

20 ③ 차) 현금 120,000 대) 토지 600,000
미수금 480,000

MEMO

Chapter

04

서비스기업의 회계순환

◉ 주요 학습 내용

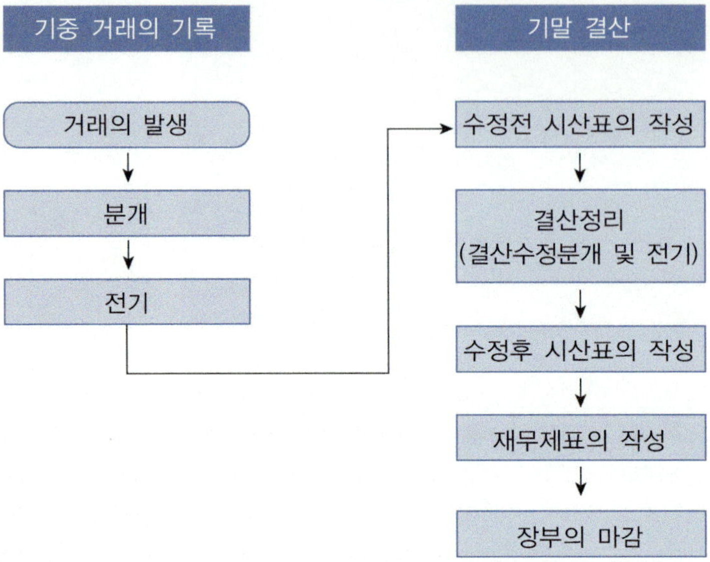

◉ 김소호 커피전문점 이야기

커피전문점 문을 연 지도 3개월이 다되어 가면서 김소호 씨는 분기 실적보고서를 준비 중이다. 지난 3개월 실적을 계산해서 사업이 정상궤도에 올랐는지 확인하고 주변 사람에게도 실적을 알려줘야 겠다는 생각이 들었나.

김소호 씨는 3개월간 기록한 장부를 살펴보았다. 모든 거래가 일자별로 기록되고 다시 항목별로 분류되어 깔끔하게 정리되어 있었다. 이제 항목별 정리된 내용을 집계하여 정리만 하면 실적보고서인 재무제표를 작성할 수 있을 것 같았다. 하지만 몇 가지 항목의 경우에는 수정이 필요하지 않을까 고민이 되었다. 이자 지급일이 도래하지는 않았지만 몇 달간 차입금도 사용하였고 직원들 급여도 지급하지 않은 부분이 있었다. 보유 중인 설비는 이미 몇 달을 사용하였고 커피 외상대금은 다 회수되지는 않을 것 같았다. 그러고 보면 청구되지 않았지만 이번 달에 사용한 공과금, 차량 보험료, 임차료 등도 금액이 적잖이 될 것이다.

기말에 한 회계기간 동안의 거래 기록으로부터 재무제표를 작성하는 과정을 결산이라 한다. 결산에서 정확한 재무제표가 작성되기 위해서는 각 계정들이 한 회계기간 동안의 실적을 반영하도록 수정을 해야 한다. 이를 결산정리라 하는데, 결산정리가 잘못되면 재무제표는 기업의 실제 실적을 반영하지 못하게 된다.

제1절 회계 순환과정

한 회계기간 동안 발생된 거래를 기록하고 재무제표를 작성하는 일련의 과정을 **회계 순환과정**(accounting cycle)이라 한다. 회계의 순환과정은 기중에 거래를 기록하는 절차와 기말에 결산을 하는 절차로 구분된다. 기중 거래의 기록 절차는 앞 장에서 살펴보았으므로 이 장에서는 결산 절차에 대해 살펴본다.

회계 기말이 되면 기업은 한 회계기간(fiscal year) 동안의 경영성과를 파악하고 회계기간 종료일의 재무상태를 측정하여 재무제표를 작성하게 되는데 이를 **결산**(closing)이라 한다. 이때 회계기간 종료일이 **결산일** 또는 **재무상태표일**이다.

결산과정은 기중 기록의 정확성을 확인하고(수정전 시산표), 수정 사항에 대해 수정을 한 후에(결산정리), 수정의 정확성을 재차 확인하여(수정후 시산표) 재무제표를 작성하고 장부를 마감하는 순서로 이루어진다. 결산은 재무제표를 작성하는데 목적이 있으며 정확한 재무제표의 작성을 위해서는 결산정리가 필수적이다.

자료 4-1 회계 순환과정

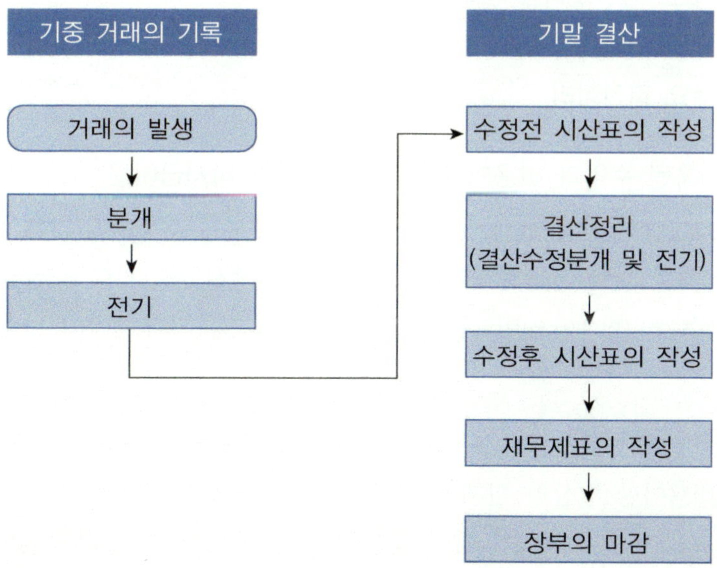

제2절 결산정리와 수정후 시산표

2.1 결산정리

2.1.1 결산정리의 의의

재무제표를 정확히 작성하기 위해서는 재무제표 요소가 정확한 금액으로 측정 또는 평가되어 있어야 한다. 자산, 부채, 자본은 결산일 시점의 실제 금액을 반영해야 하며 수익, 비용은 회계기간 동안의 실제 발생액을 반영해야 한다. 결산과정에서 자산, 부채, 자본, 수익, 비용 등 재무제표 요소의 장부금액을 **발생기준**에 따라 정확한 금액으로 수정하는 과정을 **결산정리**라 한다. 수익이나 비용은 현금의 수수와는 무관하게 발생기준에 따라 인식하며, 이를 통해 자산, 부채, 자본 또한 발생기준에 따라 수정된다.

결산정리는 대부분의 계정에 대해 필요하며 결산정리 사항은 분개장과 원장에 기록하여 장부를 수정한다. 계정별 결산정리 사항의 분개를 **결산정리분개**(또는 **결산수정분개**)라 한다. 결산정리의 자세한 내용은 각 계정의 회계처리에서 다루도록 하고, 여기에서는 주요 결산정리를 살펴본다.

2.1.2 주요 결산정리

① 미기록된 수익과 비용의 인식: 미수수익과 미지급비용

미수수익이란 결산일 현재 발생했지만 아직 장부에 기록되지 않은 수익으로 자산계정이다. 예를 들어 결산일 현재 이자수익이 발생하였으나 아직 현금으로 받지 않았다면 미수수익(미수이자)이라는 자산 계정으로 기록한다.

결산일	차) 미수수익	***	대) ○○수익	***

미지급비용이란 결산일 현재 지급할 의무는 있으나 아직 장부에 기록되지 않은 비용으로 부채계정이다. 예를 들어 결산일 현재 이자비용이 발생하였으나 아직 현금으로 지급하지 않았다면 미지급비용(미지급이자)이라는 부채 계정으로 기록한다.

결산일	차) ○○비용	***	대) 미지급비용	***

예제 1

결산일이 12월 말인 오리기업의 다음 각 사항에 대해 결산정리를 하시오.

① 종업원급여는 근무한 달의 다음 달 10일에 지급하고 있다. 직원들에게 12월 급여로 지급되어야 할 금액은 90,000원이다.

② 거위은행에 1,000,000원의 정기예금이 있으며, 이 정기예금에 대한 이자율은 연간 12%이다. 이자는 매 3개월마다 지급되며 최종 이자수취일은 10월 31일이었다.

[풀이]

① 차) 종업원급여 90,000 대) 미지급비용(미지급급여) 90,000
(발생한 비용을 기록하고, 지급하지 않았으므로 부채인 미지급비용 또는 미지급급여를 기록한다)

② 차) 미수수익(미수이자) 20,000 대) 이자수익 20,000
(발생한 수익을 기록하고, 수취하지 않았으므로 자산인 미수수익 또는 미수이자를 기록한다)

② 기록한 수익과 비용의 이연 : 선급비용과 선수수익

선급비용이란 인식한 비용 중에서 결산일 현재 차기에 속하는 부분으로 자산 계정이다. 예를 들어 12월 1일에 3개월분 이자를 미리 지급하고 이자비용으로 기록하였다면, 12월 말 결산일 시점에서는 당기의 이자가 아닌 2개월분 이자비용을 감소시키고 차기의 것을 미리 지급한 선급비용(선급이자)라는 자산으로 기록한다.

기중에 비용으로 인식한 것 중에서 차기에 속하는 부분은 결산일에 선급비용으로 인식한다.

기중	차) ○○비용	***	대) 현금	***
결산일	차) 선급비용	***	대) ○○비용	***

선수수익이란 인식한 수익 중에서 결산일 현재 차기에 속하는 부분으로 부채 계정이다. 예를 들어 12월 1일에 3개월분 이자를 미리 받고 이자수익으로 기록하였다면, 12월 말 결산일 시점에서는 당기의 이자가 아닌 2개월분 이자수익을 감소시키고 차기의 것을 미리 받은 선수수익(선수이자)라는 부채로 기록한다.

기중에 수익으로 인식한 것 중에서 차기에 속하는 부분은 결산일에 선수수익으로 인식한다.

기중	차) 현금	***	대) ○○수익	***
결산일	차) ○○수익	***	대) 선수수익	***

예제 2

결산일이 12월 말인 오리기업의 다음 각 사항에 대해 결산정리를 하시오.

① 11월 1일에 임차비용 3개월분 60,000원을 현금지급하고 다음과 같이 기록하였다.

차) 임차비용 60,000 대) 현금 60,000

② 12월 1일에 임대수익 3개월분 90,000원을 현금으로 받고 다음과 같이 기록하였다.

차) 현금 90,000 대) 임대수익 90,000

[풀이]

① 차) 선급비용(선급임차비용) 20,000 대) 임차비용 20,000

(당기 분 임차비용은 2개월치인 40,000원이므로, 임차비용 20,000원을 감소시키고 자산인 선급비용 또는 선급임차비용으로 기록한다)

② 차) 임대수익 60,000 대) 선수수익(선수임대수익) 60,000

(당기 분 임대수익은 1개월치인 30,000원이므로, 임대수익 60,000원을 감소시키고 부채인 선수수익 또는 선수임대수익으로 기록한다)

③ 유형자산의 감가상각비

건물, 비품, 기계장치 같은 유형자산은 영업활동에 장기간 사용되므로 취득 시점에 전액 비용처리하는 것이 아니라 사용기간에 걸쳐 나누어 비용으로 인식한다. 유형자산의 취득원가를 사용기간 동안 합리적이고 체계적인 방법을 사용하여 비용으로 배부하는 과정을 **감가상각**(depreciation)이라 한다.

감가상각에 의해 계산된 비용을 **감가상각비**라 하며, 매년 이 감가상각비를 누적한 **감가상각누계액**은 유형자산에서 차감하는 형식으로 표시한다. 건물, 비품, 기계장치, 비품 등의 계정을 대변에 직접 사용하는 대신에 감가상각누계액 계정을 사용하는 것은 해당 자산의 취득원가와 그 차감 내역을 설명하기 위해서이다.

결산일	차) 감가상각비	***	대) 감가상각누계액	***

④ 매출채권의 대손상각비

외상거래를 하면 일부 매출채권은 현금으로 회수할 수 없는 경우가 생기게 된다. 매출채권에서 회수가 어려울 것으로 예상되는 금액을 추정하여 **대손상각비**로 인식한다. 매출채권의 차감 계정으로 **대손충당금**을 사용한다. 매출채권 계정을 대변에 직접 사용하는 대신에 대손충당금 계정을 사용하는 것은 매출채권과 그 차감 내역을 설명하기 위해서이다.

결산일	차) 대손상각비	***	대) 대손충당금	***

예제 3

결산일이 12월 말인 오리기업의 다음 각 사항에 대해 결산정리를 하시오.
① 건물에 대한 당기 감가상각비는 25,000원이다.
② 기말 매출채권 300,000원에 대해 12,000원이 대손될 것으로 추산되었다.

[풀이]

①	차) 감가상각비	25,000	대) 감가상각누계액	25,000
②	차) 대손상각비	12,000	대) 대손충당금	12,000

(감가상각누계액은 건물의 차감계정이며, 대손충당금은 매출채권의 차감계정이다)

2.2 수정후 시산표

결산정리 사항 역시 거래이므로 분개장에 분개하고 원장에 전기한다. 이 과정을 통해 원장의 계정들은 기말 시점으로 수정된다. 결산정리를 마치면 분개와 전기의 정확성을 확인하고 이후 재무제표 작성을 위해서 수정후 시산표를 작성하여 대차 합계가 일치하는지를 확인한다.

2.3 결산정리와 수정후 시산표 사례

2.3.1 결산정리의 분개

앞서 살펴본 ㈜바람돌이 퀵서비스 업체의 1월 말 결산일 기준 결산과정에 대해 살펴보자.

(사례) 결산정리의 분개와 전기

1월 초에 설립된 퀵서비스 업체 ㈜바람돌이의 1월 말 현재 결산정리가 필요한 사항은 다음과 같다.

ⓐ 1/1에 차입한 차입금의 1월분 이자는 100원이나 아직 지급하지 않았다.
ⓑ 1/3에 지급한 임차비용 중에서 1월분은 300원이다.
ⓒ 퀵서비스용 오토바이의 1월분 감가상각비는 400원이다.
ⓓ 매출채권 잔액에 대한 대손상각비는 50원이다.

결산정리 사항을 분개하면 다음과 같다.

분개장

번호	날짜	차변		대변	
ⓐ	1/31	이자비용	100	미지급비용(미지급이자)	100
ⓑ	1/31	선급비용(선급임차비용)	600	임차비용	600
ⓒ	1/31	감가상각비	400	감가상각누계액	400
ⓓ	1/31	대손상각비	50	대손충당금	50

결산정리 ⓐ : 당기 분 이자비용은 100원이며, 지급할 의무가 있으므로 미지급비용(또는 미지급이자)을 기록한다.

결산정리 ⓑ : 1/3에 임차비용 900원을 기록하였으나 1월분 임차비용은 300원이므로 600원의 임차비용을 감소시킨다. 이 600원은 자산인 선급비용(또는 선급임차비용)이다.

결산정리 ⓒ : 당기 분 오토바이 사용액은 400원이며, 차감 내역을 설명하기 위해 차량운반구 계정 대신 감가상각누계액 계정을 사용한다. 1월 말 차량운반구의 장부금액은 7,200원(= 7,600원 − 400원)이다.

결산정리 ⓓ : 당기분 매출채권의 대손상각비는 50원이며, 차감 내역을 설명하기 위해 매출채권 대신 대손충당금 계정을 사용한다. 1월말 매출채권의 장부금액은 1,350원(= 1,400원 − 50원)이다.

2.3.2 결산정리의 전기

결산정리 분개를 원장에 전기하면 다음과 같다. 기중의 원장 기록에 결산정리분개를 전기하면 기말 시점으로 원장이 수정된다.

원 장

현금

1/1	자본금	10,000	1/3	임차비용	900
1/1	차입금	12,000	1/23	차입금	2,000
1/10	용역수익	1,800	1/25	급여	1,700
1/21	매출채권	800			

매출채권

1/15	용역수익	1,000	1/21	현금	800
1/20	용역수익	1,200			

대손충당금

			ⓓ	대손상각비	50

차량운반구

1/6	미지급금	7,600			

감가상각누계액

			ⓒ	감가상각비	400

선급비용

ⓑ	임차비용	600			

차입금

1/23	현금	2,000	1/1	현금	12,000

미지급금

			1/6	차량운반구	7,600

미지급비용

			ⓐ	이자비용	100

자본금

			1/1	현금	10,000

용역수익

		1/10 현금	1,800
		1/15 매출채권	1,000
		1/20 매출채권	1,200

임차비용

1/3 현금	900	ⓑ 선급비용	600

급여

1/25 현금	1,700		

이자비용

ⓐ 미지급비용	100		

감가상각비

ⓒ 감가상각누계액	400		

대손상각비

ⓓ 대손충당금	50		

2.3.3 수정후 시산표

결산정리가 반영된 원장의 계정으로부터 수정후 시산표를 잔액시산표 형식으로 작성하면 다음과 같다. 수정후시산표를 통해서 차변 잔액의 합과 대변 잔액의 합이 일치함을 확인한다.

수정후 시산표

20××년 1월 31일

(주)바람돌이 (단위: 원)

차변		대변	
현금	20,000	대손충당금	50
매출채권	1,400	감가상각누계액	400
차량운반구	7,600	차입금	10,000
선급비용	600	미지급금	7,600
임차비용	300	미지급비용	100
급여	1,700	자본금	10,000
이자비용	100	용역수익	4,000
감가상각비	400		
대손상각비	50		
합계	32,150	합계	32,150

제3절 재무제표 작성

3.1 재무제표 작성 방법

수정후 시산표는 자산, 부채, 자본을 제시하는 재무상태표와 비용, 수익을 제시하는 포괄손익계산서 두 부분으로 나눌 수 있다. 수정후 시산표로부터 재무제표를 작성하는 과정은 다음과 같다.

① 수정후 시산표의 수익과 비용 계정으로 포괄손익계산서를 작성한다.
② 포괄손익계산서에서 순이익을 계산하여, 자본의 이익잉여금 계정에 대체한다.
③ 자산, 부채, 자본 계정으로 재무상태표를 작성한다.

이러한 과정을 그림으로 나타내면 다음과 같다. 수정후 시산표 중간에 표시된 선 아래 부분으로 포괄손익계산서를 작성하고, 순이익을 계산하여 자본의 이익잉여금 계정에 대체한 후에, 중간에 표시된 선 위 부분으로 재무상태표를 작성한다.

수정후 시산표

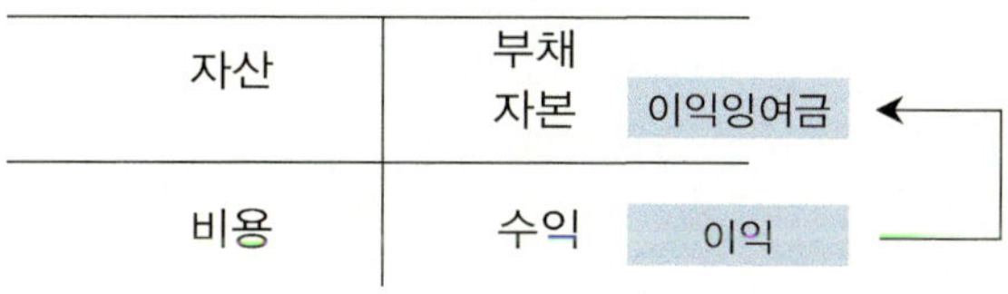

시산표 등식으로부터 재무제표를 작성하는 과정을 살펴보면 다음과 같다.

시산표 등식: 자산 + 비용 = 부채 + 자본 + 수익
자산 = 부채 + 자본 + 수익 − 비용
= 이익 (포괄손익계산서)
자산 = 부채 + 자본(이익 포함) (재무상태표)

3.2 재무제표 작성 사례

(주)바람돌이의 수정후 시산표에서 수익과 비용 계정으로 포괄손익계산서를 작성하고, 자산, 부채, 자본 계정으로 재무상태표를 작성하면 다음과 같다.

수정후 시산표의 대변에서 수익 계정은 용역수익이고, 차변에서 비용 계정은 임차비용, 급여, 이자비용, 감가상각비, 대손상각비이다. 수익과 비용 계정으로 포괄손익계산서를 작성하면 다음과 같다.

포괄손익계산서

20××년 1월 1일 ~ 1월 31일

(주)바람돌이 (단위: 원)

비용		수익	
임차비용	300	용역수익	4,000
급여	1,700		
이자비용	100		
감가상각비	400		
대손상각비	50		
당기순이익	**1,450**		
합계	4,000	합계	4,000

포괄손익계산서에서 계산된 이익 1,450원을 자본의 이익잉여금 계정으로 옮겨 적는다.

수정후 시산표에서 자산과 부채, 자본 계정으로 재무상태표를 작성하면 다음과 같다. 대손충당금은 매출채권의 차감계정이므로 매출채권에서 차감하는 형식으로 표시하고, 감가상각누계액은 차량운반구의 차감계정이므로 차량운반구에서 차감하는 형식으로 표시한다.

재무상태표

20××년 1월 31일

(주)바람돌이 (단위: 원)

자산		부채와 자본	
현금	20,000	차입금	10,000
매출채권	1,400	미지급금	7,600
(대손충당금)	(50)	미지급비용	100
차량운반구	7,600	부채 합계	17,700
(감가상각누계액)	(400)	자본금	10,000
선급비용	600	이익잉여금	1,450
		자본 합계	11,450
자산 합계	29,150	자산과 부채 합계	29,150

제4절 정산표에 의한 결산

4.1 정산표의 의의

기말 결산과정은 수정전 시산표를 시작으로 재무제표 작성에 이르는 일련의 과정으로 이루어져 있다. 이러한 과정은 별개로 순차적으로 이루어지므로 작업에 번거로운 측면이 있다.

정산표(work sheet)는 일련의 결산과정을 하나의 표에서 수행하도록 고안된 표이다. 이 표는 반드시 작성해야 하는 것은 아니지만 결산과정을 일목요연하게 보여준다는 점에서 유용하다. 일반적인 정산표의 양식은 [자료 4-2]와 같다.

정산표는 수정전 시산표, 결산정리분개, 수정후 시산표, 재무제표 등 결산 순서에 따라 구성되어 있다. 재무제표는 포괄손익계산서를 먼저 작성하는데 이는 이익을 계산하여 재무상태표의 이익잉여금으로 대체하기 위해서이다.

자료 4-2 정산표 양식

정 산 표

계정과목	수정전 시산표		결산정리분개		수정후 시산표		포괄손익계산서		재무상태표	
	차변	대변	차변	대변	차변	대변	차변	대변	차변	대변
현금 매출채권 상품 기계 매출 이자비용 …										
합계										
[수정분개] 미지급비용 선수수익 …										
합계										
당기순이익										
합계										

정산표의 작성 절차는 다음과 같다.

① 잔액 형식의 수정전 시산표를 작성한다.

② 결산정리 분개를 해당 계정을 찾아 기입한다. 만약 해당 계정과목이 없는 경우에는 추가로 계정과목을 설정하여 기입하면 된다.

③ 수정후 시산표를 작성한다. 수정전 시산표에 결산정리 분개를 반영하여 작성한다.

④ 수정후 시산표의 금액을 포괄손익계산서와 재무상태표로 나누어 옮겨 적는다. 해당 계정이 수익과 비용 계정인 경우에는 포괄손익계산서로, 자산, 부채, 자본 계정인 경우에는 재무상태표로 옮겨 적는다.

⑤ 포괄손익계산서와 재무상태표에서 차변과 대변을 일치시키는 금액을 당기순이익 또는 당기순손실로 기입한다.

4.2 정산표 작성 사례

(주)바람돌이의 정산표를 작성하면 다음과 같다. 수정전 시산표와 결산정리를 정산표에 기입한 후 나머지 부분도 순차적으로 작성한다.

① 수정전 시산표는 3장에서 작성한 (주)바람돌이의 수정전 시산표이다. 수정전 시산표에서 차변의 합계와 대변의 합계는 각각 31,600원으로 일치하였다.

② 다음 칸에 결산정리를 기입하였다. 결산과정에서 새롭게 등장한 계정이 있어서 하단에 계정 이름을 적고 차변과 대변을 구분하여 기입하였다.

③ 수정전 시산표에 결산정리를 반영하여 수정후 시산표를 작성하였다. 차변의 합계액과 대변의 합계액은 각각 32,150원으로 일치하였다.

④ 수정후 시산표 계정 중에서 수익과 비용 계정은 손익계산서로 옮겨 적고 자산, 부채, 자본 계정은 재무상태표로 옮겨 적었다.

⑤ 손익계산서에서 수익은 4,000원, 비용은 2,550원이므로 순이익은 1,450원으로 계산되었다. 순이익은 주주의 몫이므로 재무상태표의 대변으로 대체하였다. 순손익 대체 후 재무제표의 차변과 대변 금액이 일치하였다.

계정과목	수정전 시산표		결산정리		수정후 시산표		포괄손익계산서		재무상태표	
	차변	대변	차변	대변	차변	대변	차변	대변	차변	대변
현금	20,000				20,000				20,000	
매출채권	1,400				1,400				1,400	
차량운반구	7,600				7,600				7,600	
차입금		10,000				10,000				10,000
미지급금		7,600				7,600				7,600
자본금		10,000				10,000				10,000
용역수익		4,000				4,000		4,000		
임차비용	900			600	300		300			
급여	1,700				1,700		1,700			
합계	31,600	31,600								
이자비용			100		100		100			
미지급비용				100		100				100
선급비용			600		600				600	
감가상각비			400		400		400			
감가상각누계액				400		400				400
대손상각비			50		50		50			
대손충당금				50		50				50
합계			1,150	1,150	32,150	32,150				
당기순이익							**1,450**			**1,450**
합계							4,000	4,000	29,600	29,600

학·습·정·리

01 회계 기말이 되면 기업은 한 회계기간 동안의 경영성과를 파악하고 회계연도 종료일의 재무상태를 측정하여 재무제표를 작성하게 되는데 이를 (   )이라 한다.

02 결산과정에서 자산, 부채, 자본, 수익, 비용 등 재무제표 요소의 장부금액을 발생기준에 따라 정확한 금액으로 수정하는 과정을 (   )라 한다.

03 (   )이란 결산일 현재 발생했지만 아직 장부에 기록되지 않은 수익을 말한다.

04 (   )이란 결산일 현재 지급할 의무는 있으나 아직 장부에 기록되지 않은 비용을 말한다.

05 (   )이란 인식한 수익 중에서 결산일 현재 차기에 속하는 부분을 부채로 표시한 것을 말한다.

06 (   )이란 인식한 비용 중에서 결산일 현재 차기에 속하는 부분을 자산으로 표시한 것을 말한다.

07 유형자산의 취득원가를 사용기간 동안 합리적이고 체계적인 방법을 사용하여 비용으로 배부하는 과정을 (   )이라 한다.

08 매출채권에서 회수가 어려울 것으로 예상되는 금액을 추정하여 대손상각비로 인식하며, 매출채권의 차감 계정으로 (   )을 사용한다.

09 결산정리를 마치면 분개와 전기의 정확성을 확인하고 이후 재무제표 작성을 위해서 (   )를 작성하여 대차 합계가 일치하는지를 확인한다.

10 (   )는 일련의 결산과정을 하나의 표에서 수행하도록 고안된 표로써, 반드시 작성해야 하는 것은 아니지만 결산과정을 일목요연하게 보여준 다는 점에서 유용하다.

풀이

01 결산 **02** 결산정리 **03** 미수수익 **04** 미지급비용 **05** 선수수익 **06** 선급비용
07 감가상각 **08** 대손충당금 **09** 수정후 시산표 **10** 정산표

기·본·문·제

01 컨설팅 업체인 (주)도약의 설립 첫해 결산정리사항은 다음과 같다. 결산일(12월 31일)에 재무제표 작성을 위한 결산정리분개를 하시오.

① 1월 1일 비품을 5,000원에 취득하였으며, 5년간 매년 1/5씩 감가상각하기로 하였다.

② 4월 1일 보험에 가입하면서 1년치 보험료 1,200원을 지급하고 보험료로 기록하였다.

③ 7월 1일 10,000원을 차입하였으며, 원금과 연이자 5%는 1년 후에 일시불로 상환하기로 하였다.

④ 9월 1일 사무실을 빌려주면서 6개월치 1,800원을 받아 임대수익으로 기록하였다.

⑤ 10월 1일 컨설팅을 제공하고 대가 4,000원은 추후에 받기로 하였다. 결산일 현재 매출채권은 4,000원이 유일하며, 이에 대한 대손충당금으로 400원을 설정하였다.

02 다음은 결산에 앞서 작성된 수정전 시산표이다. 결산정리로 감가상각비 1,000원과 대손상각비 500원을 인식해야 한다. 결산정리 사항을 반영하여 수정후 시산표를 작성하고, 기말 이익잉여금을 계산하시오.

수정전 시산표

(단위: 원)

차변		대변	
현금	2,000	대손충당금	500
매출채권	4,500	감가상각누계액	3,000
건물	11,000	자본금	5,000
급여	7,000	이익잉여금	3,200
임차료	1,350	용역수익	15,000
법인세비용	850		
합계	26,700	합계	26,700

03 다음은 (주)보라여행의 제5기 사업연도(20×1년 1/1～12/31) 결산을 위한 정산표이다. 결산정리 분개를 하고 정산표를 작성한 후 재무제표를 작성하시오.

계정	수정전 시산표		결산정리		수정후 시산표		포괄손익계산서		재무상태표	
	차변	대변	차변	대변	차변	대변	차변	대변	차변	대변
현금	20,020									
매출채권	1,800									
대여금	1,000									
비품	5,000									
미지급금		3,000								
사채		10,000								
자본금		12,000								
이익잉여금		2,000								
용역수익		3,000								
이자수익		120								
급여	1,300									
이자비용	1,000									
합계	30,120	30,120								
대손상각비										
대손충당금										
감가상각비										
감가상각누계액										
선급비용										
선수수익										
합계										
당기순이익										
합계										

결산정리 사항

ⓐ 매출채권에 대해 170원이 대손될 것으로 추정되었다.

ⓑ 비품의 당기 감가상각비는 200원이다.

ⓒ 이자비용 1,000원은 사채를 7/1에 발행하면서 1년 치 이자를 같은 날 미리 지급한 것이다.

ⓓ 이자수익 120원은 9/1에 자금을 대여하면서 같은 날 1년 치 이자를 미리 받은 것이다.

풀이

01

기중 분개		차변		대변	
①	1/1	비품	5,000	현금	5,000
②	4/1	보험료	1,200	현금	1,200
③	7/1	현금	10,000	차입금	10,000
④	9/1	현금	1,800	임대수익	1,800
⑤	10/1	매출채권	4,000	용역수익	4,000

결산정리분개		차변		대변	
①	12/31	감가상각비	1,000	감가상각누계액	1,000
②	12/31	선급비용(선급보험료)	300	보험료	300
③	12/31	이자비용	250	미지급비용(미지급이자)	250
④	12/31	임대수익	600	선수수익(선수임대수익)	600
⑤	12/31	대손상각비	400	대손충당금	400

02

결산정리

차) 감가상각비 1,000 대) 감가상각누계액 1,000

차) 대손상각비 500 대) 대손충당금 500

수정후 시산표

차변		대변	
현금	2,000	대손충당금	1,000
매출채권	4,500	감가상각누계액	4,000
건물	11,000	자본금	5,000
급여	7,000	이익잉여금	3,200
임차료	1,350	용역수익	15,000
법인세비용	850		
감가상각비	1,000		
대손상각비	500		
합계	28,200	합계	28,200

당기순이익 = 15,000 -(7,000 + 1,350 + 850 + 1,000 + 500) = 4,300원

기말이익잉여금 = 3,200 + 4,300 = 7,500원

03

분개장

번호	날짜	차변		대변	
ⓐ	12/31	대손상각비	170	대손충당금	170
ⓑ	12/31	감가상각비	200	감가상각누계액	200
ⓒ	12/31	선급비용(선급이자)	500	이자비용	500
ⓓ	12/31	이자수익	80	선수수익(선수이자)	80

정산표

계정	수정전 시산표		결산정리		수정후 시산표		포괄손익계산서		재무상태표	
	차변	대변	차변	대변	차변	대변	차변	대변	차변	대변
현금	20,020				20,020				20,020	
매출채권	1,800				1,800				1,800	
대여금	1,000				1,000				1,000	
비품	5,000				5,000				5,000	
미지급금		3,000				3,000				3,000
사채		10,000				10,000				10,000
자본금		12,000				12,000				12,000
이익잉여금		2,000				2,000				2,000
용역수익		3,000				3,000		3,000		
이자수익		120	ⓓ 80			40		40		
급여	1,300				1,300		1,300			
이자비용	1,000			ⓒ 500	500		500			
합계	30,120	30,120								
대손상각비			ⓐ 170		170		170			
대손충당금				ⓐ 170		170				170
감가상각비			ⓑ 200		200		200			
감가상각누계액				ⓑ 200		200				200
선급비용			ⓒ 500		500				500	
선수수익				ⓓ 80		80				80
합계			950	950	30,490	30,490				
당기순이익							870			870
합계							3,040	3,040	28,320	28,320

포괄손익계산서

제5기 20×1년 1월 1일 ~ 12월 31일

(주)보라여행 (단위: 원)

비용		수익	
급여	1,300	용역수익	3,000
이자비용	500	이자수익	40
대손상각비	170		
감가상각비	200		
당기순이익	870		
합계	3,040	합계	3,040

재무상태표

제5기 20×1년 12월 31일

(주)보라여행 (단위: 원)

자산		부채와 자본	
현금	20,020	미지급금	3,000
매출채권	1,800	사채	10,000
(대손충당금)	(170)	선수수익	80
대여금	1,000	부채 합계	13,080
비품	5,000	자본금	12,000
(감가상각누계액)	(200)	이익잉여금	2,870
선급비용	500	자본 합계	14,870
자산 합계	27,950	자산과 부채 합계	27,950

* 이익잉여금 2,870 = 기초 이익잉여금 2,000 + 당기순이익 870

연·습·문·제

01 결산과정 순서를 가장 바르게 나열한 것은?

① 수정전 시산표－마감분개－결산정리－재무제표 작성
② 마감분개－결산정리－재무제표 작성－수정후 시산표
③ 수정전 시산표－결산정리－수정후 시산표－재무제표 작성
④ 마감분개－수정전 시산표－결산정리－재무제표 작성

02 결산정리의 의의를 설명한 것으로 가장 거리가 먼 것은?

① 거래의 분개와 전기
② 발생주의에 따른 재무제표 요소의 조정
③ 재무제표의 정확한 작성
④ 회계기간 이익의 정확한 측정

03 결산일의 결산수정분개에 해당하지 않는 것은?

① (차) 이자비용 (대) 미지급이자
② (차) 대손상각비 (대) 대손충당금
③ (차) 현금 (대) 임대수익
④ (차) 감가상각비 (대) 감가상각누계액

04 재무제표 요소가 상이한 계정 과목은?

① 선수수익 ② 미수수익
③ 소모품 ④ 선급비용

05 미수수익, 미지급비용, 선수수익, 선급비용 등의 결산계정과 관련이 있는 개념은?

① 현금기준 ② 발생기준
③ 실현기준 ④ 가득기준

06 20×1년 9월 1일에 거래처에 200,000원의 자금을 대여하였으며, 1년 후인 20×2년 8월 31일에 1년 치 이자 12,000원을 현금으로 받았다. 20×1년 12월 말에 이자와 관련된 결산정리 분개를 누락한 것이 재무제표에 미치는 영향으로 옳지 않은 것은?

① 수익 4,000원이 과소 기록된다.

② 자산 4,000원이 과소 기록된다.
③ 세전이익이 4,000원 과소 기록된다.
④ 자본이 4,000원 과대 기록된다.

07 8월 1일에 보험기간 1년의 보험에 가입하면서 지급한 보험료를 다음과 같이 기록하였다.

(차)	보험료	120,000	(대)	현금	120,000

기말인 12월 31일에 결산정리를 통해 선급보험료를 인식하는 분개를 누락하였다. 이 결산정리의 누락이 재무제표에 미치는 영향으로 옳지 않은 것은?

① 자산의 과소 계상
② 비용의 과대 계상
③ 이익의 과소 계상
④ 부채의 과소 계상

08 당기순이익에 미치는 영향이 다른 결산정리 사항은?

① 미수임대수익의 계상
② 감가상각비의 계상
③ 대손상각비의 계상
④ 미지급급여의 계상

09 당기에 소모품 1,000원을 구입하고 전액 소모품비로 처리하였다. 그런데 기말 재고조사 결과 미사용 소모품 200원이 남아 있는 것으로 확인되었다. 이에 대한 결산정리 분개로서 옳은 것은?

① (차)	소모품	200	(대)	소모품비	200
② (차)	소모품비	200	(대)	소모품	200
③ (차)	소모품	800	(대)	소모품비	800
④ (차)	소모품비	800	(대)	소모품	800

10 다음 항목에 대한 결산정리 전 당기순이익은 1,000원이었다. 결산정리 후 당기순이익은 얼마인가? 단, 세금은 고려하지 않는다.

- 당기에 이자비용으로 처리한 200원 중에서 120원은 기간 미경과분이다.
- 당기 급여 중에서 100원은 미지급 상태로 기록이 안 되어 있다.

① 980
② 1,000
③ 1,020
④ 1,180

11 다음 항목에 대한 결산정리 전 당기순이익은 1,000원이었다. 결산정리 후 당기순이익은 얼마인가? 단, 세금은 고려하지 않는다.

• 당기에 이자수익으로 처리한 200원 중에서 기간 경과 분은 120원이다.
• 임대수익 100원이 미수 상태로 기록이 안 되어 있다.

① 980
② 1,000
③ 1,020
④ 1,180

12 다음은 수정후 시산표이다. 기말 재무상태표 자본은 얼마인가?

자산	550	부채	270
비용	230	자본	?
		수익	320

① 230
② 280
③ 320
④ 370

13 정산표를 설명한 것으로 적절하지 않은 것은?

① 결산과정에서 필수적인 양식이다.
② 결산과정을 하나의 표에서 수행하도록 고안된 표이다.
③ 수정전 시산표, 결산정리, 수정후 시산표, 재무제표의 순으로 작성된다.
④ 재무제표 작성 과정을 이해하기 쉽다.

[14-15] 다음은 결산과정에서 작성된 것으로 이익을 이익잉여금으로 대체하기 전 수정후 시산표 자료이다.

현금	3,500	매출채권	1,600	대손충당금	350
차량운반구	3,200	감가상각누계액	600	선수수익	300
자본금	6,000	이익잉여금	600	용역수익	2,500
급여	1,700	감가상각비	250	대손상각비	100

14 자산은 얼마인가?

① 7,350
② 8,300
③ 9,250
④ 10,350

15 기말 이익잉여금은 얼마인가?

① 450
② 600
③ 900
④ 1,050

16 결산시 자본에 영향을 미치지 않는 거래는?

① 미수이자를 계상하다.
② 기계장치에 대한 감가상각비를 인식하다.
③ 매입채무 지급 누락을 기록하다.
④ 미지급급여를 계상하다.

17 수정후 시산표 자료가 다음과 같을 때, 기초 이익잉여금은 얼마인가?

(단위 : 원)

현금	50	매출	700	상품	250
매출원가	350	매출채권	100	매입채무	150
급여	200	선수수익	200	미지급비용	50
토지	650	자본금	300	이익잉여금	( )

① 100 ② 200
③ 300 ④ 400

18 장부마감 과정에서 집합손익 계정으로 옮겨지는 계정인 것은?

① 대손상각비 ② 매출채권
③ 선수수익 ④ 미지급비용

19 10월 1일 차입금 10,000원을 조달하였다. 만기는 1년이며, 이자는 연이자율 6%로 원금 상환시에 함께 상환하기로 하였다. 12월 말 결산시 필요한 수정분개로 옳은 것은?

① 이자지급 시점이 도래하지 않아 수정분개는 필요 없음
② (차) 이자비용 150 (대) 미지급비용 150
③ (차) 이자비용 450 (대) 미지급비용 450
④ (차) 이자비용 600 (대) 미지급비용 600

20 9월 1일 사무실을 임대하면서 연간 사무실 임대료 24,000원을 현금으로 수취하고 임대수익으로 기록하였다. 12월 말 결산시 필요한 수정분개로 옳은 것은?

① (차) 선수수익 8,000 (대) 임대수익 8,000
② (차) 선수수익 16,000 (대) 임대수익 16,000
③ (차) 임대수익 8,000 (대) 선수수익 8,000
④ (차) 임대수익 16,000 (대) 선수수익 16,000

풀이

01 ③

02 ①

03 ③

04 ① 선수수익은 부채이며, 나머지는 자산이다.

05 ②

06 ④ 결산정리 차) 미수수익 4,000 대) 이자수익 4,000

07 ④ 결산정리 차) 선급비용 70,000 대) 보험료 70,000

08 ① 감가상각비, 대손상각비, 급여는 비용 항목이며, 임대수익은 수익 항목이다.

09 ① 당기 소모품비는 800원이므로 소모품비 200원을 줄이고 소모품으로 계상한다.

10 ③ 1,000+120−100 = 1,020

11 ③ 1,000−(200−120)+100 = 1,020

12 ② 780 = 270+자본+320, 기초자본 = 190, 기말자본 = 190+(320−230) = 280

13 ①

14 ① 수정후 시산표를 작성하면 다음과 같다.

차변	계정	대변
3,500	현금	
1,600	매출채권	
	대손충당금	350
3,200	차량운반구	
	감가상각누계액	600
	선수수익	300
	자본금	6,000
	이익잉여금	600
	용역수익	2,500
1,700	급여	
250	감가상각비	
100	대손상각비	
10,350	합계	10,350

자산 = 3,500+(1,600−350)+(3,200−600) = 7,350

15 ④ 순이익 = 2,500−1,700−250−100 = 450

이익잉여금 = 600+450 = 1,050

16 ③

17 ②

차변		대변	
현금	50	매입채무	150
상품	250	선수수익	200
매출채권	100	미지급비용	50
토지	650	자본금	300
매출원가	350	이익잉여금	(200)
급여	200	매출	700
합계	1,600	합계	1,600

18 ①

19 ② 이자비용 = 10,000×0.06×3/12

20 ④

9월 1일	차) 현금	24,000	대) 임대수익	24,000
12월 31일	차) 임대수익	16,000	대) 선수수익	16,000

* 당기분 임대수익 = 24,000×4/12 = 8,000

Chapter

05

상기업의 회계순환

◉ 주요 학습 내용

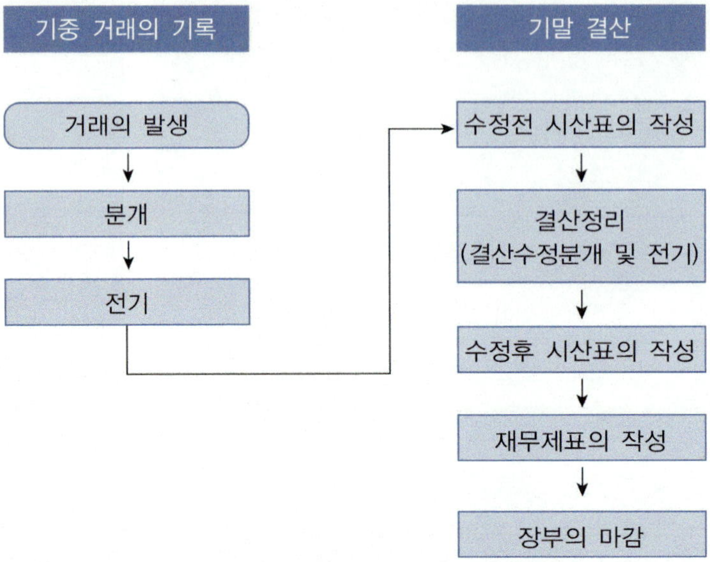

◉ 김소호 커피전문점 이야기

김소호 커피 전문점은 주변에 비슷한 커피 전문점이 늘어나면서 그들과 사업 내용을 달리 하기로 하였다. 단순히 원두를 갈아주거나 블렌딩을 해주던 것에서 커피 완제품과 개인용 커피머신 판매를 확대하기로 한 것이다. 전문가의 손길을 기대하는 고객이 많은 것도 사실이지만 아무래도 경쟁을 피하고 마진을 얻기는 이 편이 나을 듯 싶었다.

회계처리와 재무제표 작성 과정은 이전과 달라진 것은 없다. 다만 김소호 사장은 상품을 매매하는데 치중하기로 하였으므로 상품의 매출원가와 매출을 잘 기록하고 매출총이익을 정확히 계산하는 것이 중요할 것이다.

제1절 상품 거래의 기록

지금까지는 서비스를 제공하는 서비스기업의 회계에 대해 살펴보았으며, 5장에서는 상품의 매매가 주된 영업활동인 상기업의 회계에 대해 살펴본다. 상기업의 회계처리는 서비스기업의 회계처리에 상품의 매매에 대한 회계처리를 추가로 고려하면 된다.

용역은 제공 정도에 따라 용역수익으로 인식하는 반면, 상품은 판매시점에 매출로 인식한다. 상품의 매입과 판매를 기록하는 방법에는 계속기록법과 실지재고조사법이 있다.

1.1 계속기록법

1.1.1 계속기록법

계속기록법은 상품의 매매에 따른 상품의 변화를 계속해서 기록하는 방법이다. 상품을 매입하면 상품의 증가로 기록하고 상품을 판매하면 상품의 감소로 기록한다.

예를 들어 기초 상품이 8,000원인 상황에서 원가 30,000원의 상품을 외상 매입하여 그 중 20,000원어치를 35,000원에 현금을 받고 판매하였다면 분개와 원장의 상품 계정은 다음과 같다.

(재고자산 매입)	차) 상품	30,000	대) 매입채무	30,000
(재고자산 판매)	차) 현금	35,000	대) 매출	35,000
	매출원가	20,000	상품	20,000

상 품

기초	8,000	매출원가	20,000
매입채무	30,000		

1.1.2 계속기록법의 특징

계속기록법에서는 분개장과 원장 등의 장부에서 상품, 매출원가, 매출이익 등을 확인할 수 있는 특징이 있다. 위 예시에서 상품의 매출원가는 20,000원이고 상품의 매출이익은 15,000원이다. 그리고 상품의 기말재고는 18,000원이다.

- 상품계정에서 상품의 재고를 확인할 수 있다.
- 장부에서 상품의 매출원가를 확인할 수 있다.
- 상품의 판매에 따른 매출이익을 확인할 수 있다.

상품과 매출원가 사이의 관계는 다음과 같다. 기초상품 8,000원에 당기상품매입액 30,000원을 더한 **당기판매가능액**이 38,000원인 상황에서, 매출원가 20,000원의 상품을 판매하였으므로 기말상품은 18,000원(=8,000+30,000−20,000)이 된다.

기초상품재고액 + 당기상품매입액 − 매출원가 = 기말상품재고액
(= 당기판매가능액)

계속기록법에서는 기중에 발생한 재고자산에 대한 거래 내역을 기록하기 위해 **재고장**(在庫帳) 또는 **수불부**(受拂簿)를 작성한다. 이 장부는 매입하거나 판매한 재고자산의 수량이나 금액을 기록하여 재고자산의 수량에 관한 정보를 실시간으로 제공한다.

상품수불부

20×1년 1월 1일부터
20×1년 12월 31일까지

품명:

일자		적요	입고			출고			재고		
			수량	단가	금액	수량	단가	금액	수량	단가	금액

1.2 실지재고조사법

1.2.1 실지재고조사법

실지재고조사법은 상품의 매매에 따른 상품의 변화를 기록하지 않고 기말상품을 실지재고조사를 통해 파악하는 방법이다. 상품을 매입할 때에는 상품 대신 매입이라

는 계정을 사용하고, 상품을 판매할 때는 상품의 감소를 기록하지 않는다.

예를 들어 기초 상품이 8,000원인 상황에서 원가 30,000원의 상품을 외상 매입하여 그 중 20,000원어치를 35,000원에 현금을 받고 판매하였다면 분개와 원장의 관련 계정은 다음과 같다.

(재고자산 매입)	차) 매입	30,000	대) 매입채무	30,000
(재고자산 판매)	차) 현금	35,000	대) 매출	35,000

상품

기초	8,000	

매입

매입채무	30,000	

1.2.2 실지재고조사법의 특징

실지재고조사법에서는 계속기록법과 달리 분개장과 원장 등의 장부에서 상품, 매출원가, 매출이익 등을 확인할 수 없다. 위 예시에서 상품의 매출원가는 기록되지 않았으며, 상품 계정은 기초상품으로 기말상품을 나타내지 않는다. 기말상품은 실지재고조사를 통해 확인하고 매출원가는 결산정리를 통해 측정한다.

- 장부에서 매출원가, 매출이익, 기말상품을 확인할 수 없다.
- 기말상품은 실지재고조사를 통해 확인한다.
- 매출원가를 계산하기 위한 결산정리가 필요하다.

1.3 두 방법의 비교

계속기록법은 실지재고조사법에 비해 재고를 판매할 때마다 매출원가와 매출이익을 계산할 수 있고 장부상으로 재고자산의 변동을 파악할 수 있다는 점에서 우월한 방법이다. 기중에는 재고조사없이 재고자산을 파악하고 매출원가와 매출이익을 계산할 수 있으며, 기말에는 재고조사 결과와 장부상 재고자산 금액을 비교함으로써 **재고자산감모손실**을 파악할 수 있다. 그럼에도 계속기록법은 정교한 회계시스템을 유지하는데 많은 비용과 노력, 시간이 필요하다는 단점이 있다. 실지재고조사법이 선호되는 이유 중의 하나는 회계처리의 단순함에 있다.

계속기록법은 보유하고 있는 재고자산의 수량에 대한 정보를 제공하고 실지재고조사법은 계속기록법에 의한 장부상의 수량이 적정한지에 대한 정보를 제공하므로 두 방법은 상호보완적으로 사용된다.

제2절 실지재고조사법에 따른 상품의 결산정리

실지재고조사법에서는 기말에 실사를 통해 상품의 기말재고액을 확정하고, 매출원가를 계산하는 결산정리가 필요하다. 계속기록법에서는 상품, 매출원가, 매출이익이 모두 기록되는 반면, 실지재고조사법에서는 이를 확인할 수 없기 때문이다.

기초상품 8,000원에 당기상품매입액 30,000원을 더한 **당기판매가능액**이 38,000원인 상황에서, 상품의 기말재고액이 실사 결과 18,000원이었다고 하자. 그러면 다음과 같이 매출원가는 20,000원(=8,000+30,000−18,000)이 된다.

기초상품재고액 + 당기상품매입액 - 기말상품재고액 = 매출원가
(= 당기판매가능액)

실지재고조사를 통해 매출원가를 계산하는 이러한 결산정리 과정을 분개로 나타내면 다음과 같다. 이 결산정리 분개는 매출원가를 계산하는 식을 분개로 나타낸 것이다.

먼저 ⓐ, ⓑ와 같이 기초상품 8,000원과 당기상품매입액 30,000원이 판매된 것으로 보아 매출원가로 기록한다. 그리고 실지재고조사로 18,000원의 상품이 남아있는 것을 확인하고 이를 매출원가를 감소시키는 것으로 기록한다.

분개를 전기하면, 상품은 기말상품 18,000원으로 매출원가는 20,000원으로 수정된다.

분개장

번호	날짜	차변		대변	
ⓐ	12/31	매출원가	8,000	상품	8,000
ⓑ	12/31	매출원가	30,000	매입	30,000
ⓒ	12/31	상품	18,000	매출원가	18,000

원 장

상품

기초	8,000	ⓐ 매출원가	8,000
ⓒ 매출원가	18,000		

매입

매입채무	30,000	ⓑ 매출원가	30,000

매출원가

ⓐ 상품	8,000	ⓒ 상품	18,000
ⓑ 매입	30,000		

예제 1

다음은 20×1년 9월 한 달간의 꼭집어(주)의 매입, 매출에 관한 거래 내역이다. 20×1년 8월 31일 현재 A형 집게의 수량은 40개이며, 단가는 60원이다.
꼭집어(주)는 실지재고조사법에 따라 재고자산을 회계처리하고 있다고 한다. 각 일자별로 거래를 분개하고, 9월말 실사 결과 기말재고가 4,200원일 때 매출원가 계산을 위한 결산정리분개를 한 후, 매출총이익을 계산하시오. 상품의 매출단가는 개당 200원이다.

9/ 4 A형 집게 60개 @90원 (주)강북에서 외상매입
9/ 7 A형 집게 50개 (주)강남에 외상매출
9/17 A형 집게 50개 @100원 (주)이북에서 현금매입
9/23 A형 집게 40개 (주)남산에 현금매출

[풀이]

	차변		대변	
9/ 4	매입	5,400	매입채무	5,400
9/ 7	매출채권	10,000	매출	10,000
9/17	매입	5,000	현금	5,000
9/23	현금	8,000	매출	8,000
9/30 결산정리	매출원가 매출원가 상품	2,400 10,400 4,200	상품 매입 매출원가	2,400 10,400 4,200

매출원가 = 기초재고 2,400 + 당기순매입액 10,400 - 기말재고 4,200 = 8,600원
매출총이익 = 매출 18,000 - 매출원가 8,600 = 9,400원

제3절 상기업의 회계순환 사례

3.1 기중 거래의 기록

㈜보부상은 상품을 매매하는 상기업이다. 기중에는 거래별로 분개와 전기를 한다.

(사례)

12월 초에 설립된 ㈜보부상은 상품 매매를 주된 영업으로 하는 상기업이다. 12월 한 달간 거래 내역은 다음과 같다. ㈜보부상은 상품의 매매를 실지재고조사법으로 회계 처리하고 있다.

① 12/ 1 자본금 100,000원을 현금으로 출자받다.
② 12/ 1 사무실을 임차하고 임차비용 9,000원을 현금으로 지급하다.
③ 12/ 6 비품 30,000원을 구입하고 대금은 현금으로 지급하다.
④ 12/ 8 상품 10,000원을 매입하고 대금은 현금으로 지급하다.
⑤ 12/ 9 상품을 판매하고 대가 12,000원은 현금으로 받다.
⑥ 12/10 상품 5,000원을 매입하고 대금은 외상으로 하다.
⑦ 12/14 12/10 외상대금 중 3,000원을 현금으로 지급하다.
⑧ 12/17 상품을 판매하고 대가 13,000원은 외상으로 하다.
⑨ 12/30 직원에 대한 급여 4,000원을 현금으로 지급하다.

3.1.1 분개

거래를 분개장에 분개하면 다음과 같다.

분개장

번호	날짜	차변		대변	
①	12/1	현금	100,000	자본금	100,000
②	12/1	임차비용	9,000	현금	9,000
③	12/6	비품	30,000	현금	30,000
④	12/8	매입	10,000	현금	10,000
⑤	12/9	현금	12,000	매출	12,000
⑥	12/10	매입	5,000	매입채무	5,000
⑦	12/14	매입채무	3,000	현금	3,000
⑧	12/17	매출채권	13,000	매출	13,000
⑨	12/30	급여	4,000	현금	4,000

3.1.2 전기

분개장의 분개를 원장의 계정별로 전기하면 다음과 같다.

원 장

현금

12/1	자본금	100,000	12/1	임차비용	9,000
12/9	매출	12,000	12/6	비품	30,000
			12/8	매입	10,000
			12/14	매입채무	3,000
			12/30	급여	4,000

매출채권

12/17	매출	13,000			

비품

12/6	현금	30,000			

매입채무

12/14	현금	3,000	12/10	매입	5,000

자본금

			12/1	현금	100,000

매출	
	12/9 현금 12,000
	12/17 매출채권 13,000

매입	
12/8 현금 10,000	
12/10 매입채무 5,000	

임차비용	
12/1 현금 9,000	

급여	
12/30 현금 4,000	

3.2 기말 결산

기말이 되면 결산을 한다. (주)보부상은 기말에 수정전 시산표, 결산정리, 수정후 시산표, 재무제표 순으로 결산을 한다.

3.2.1 수정전 시산표

원장의 계정별 잔액으로부터 수정전 시산표를 작성하면 다음과 같다.

수정전 시산표

20××년 12월 31일

(주)보부상 (단위: 원)

계정과목	차변	대변
현금	56,000	
매출채권	13,000	
비품	30,000	
매입채무		2,000
자본금		100,000
매출		25,000
매입	15,000	
임차비용	9,000	
급여	4,000	
합계	127,000	127,000

3.2.2 결산정리

결산정리 사항이 다음과 같다면, 이를 분개하고 전기한다.

결산정리 사항

ⓐ 비품의 한 달 감가상각비는 2,000원이다.
ⓑ 12/1 지급한 임차비용은 3개월 분이다.
ⓒ 기말 상품은 실지재고조사 결과 2,500원이었다.

분개장

번호	날짜	차변		대변	
ⓐ	12/31	감가상각비	2,000	감가상각누계액	2,000
ⓑ	12/31	선급비용(선급임차비용)	6,000	임차비용	6,000
ⓒ	12/31	매출원가 매출원가 상품	0 15,000 2,500	상품 매입 매출원가	0 15,000 2,500

원 장

현금

12/1	자본금	100,000	12/1	임차비용	9,000
12/9	매출	12,000	12/6	비품	30,000
			12/8	매입	10,000
			12/14	매입채무	3,000
			12/30	급여	4,000

매출채권

12/17	매출	13,000			

상품

ⓒ	매출원가	2,500	ⓒ	매출원가	0

선급비용

ⓑ	임차비용	6,000			

비품

12/6	현금	30,000			

감가상각누계액

			ⓐ	감가상각비	2,000

매입채무

12/14	현금	3,000	12/10	매입	5,000

자본금

			12/1	현금	100,000

매출

			12/9	현금	12,000
			12/17	매출채권	13,000

매입

12/8	현금	10,000	ⓒ	매출원가	15,000
12/10	매입채무	5,000			

매출원가

ⓒ	상품	0	ⓒ	상품	2,500
ⓒ	매입	15,000			

임차비용

12/1	현금	9,000	ⓑ	선급비용	6,000

급여

12/30	현금	4,000			

감가상각비

ⓐ	감가상각 누계액	2,000			

3.2.3 수정후 시산표

결산정리를 반영한 원장의 계정 잔액들로부터 수정후 시산표를 작성하면 다음과 같다.

수정후 시산표

20××년 12월 31일

(주)보부상 (단위: 원)

계정과목	차변	대변
현금	56,000	
매출채권	13,000	
상품	2,500	
선급비용	6,000	
비품	30,000	
감가상각누계액		2,000
매입채무		2,000
자본금		100,000
매출		25,000
매출원가	12,500	
임차비용	3,000	
급여	4,000	
감가상각비	2,000	
합계	129,000	129,000

3.2.4 재무제표 작성

수정후 시산표로부터 포괄손익계산서와 재무상태표를 작성하면 다음과 같다.

포괄손익계산서

20××년 12월 1일 ~ 12월 31일

(주)보부상 (단위: 원)

비용		수익	
매출원가	12,500	매출	25,000
임차비용	3,000		
급여	4,000		
감가상각비	2,000		
당기순이익	**3,500**		
합계	25,000	합계	25,000

재무상태표

20××년 12월 31일

(주)보부상 (단위: 원)

자산		부채와 자본	
현금	56,000	매입채무	2,000
매출채권	13,000	부채 합계	2,000
상품	2,500	자본금	100,000
선급비용	6,000	**이익잉여금**	**3,500**
비품	30,000		
(감가상각누계액)	(2,000)	자본 합계	103,500
자산 합계	105,500	자산과 부채 합계	105,500

수정후 시산표에서 수익과 비용으로 포괄손익계산서를 작성하면 당기순이익은 3,500원이다. 이를 자본의 이익잉여금에 대체하고 자산, 부채, 자본으로 재무상태표를 작성한다.

3.3 정산표에 의한 결산

정산표에 의한 결산과정을 정리하면 다음과 같다. 수정전 시산표에 결산정리분개를 반영하여 수정후 시산표를 작성한다. 수정후 시산표의 수익과 비용 계정을 포괄손익계산서로 옮기고 자산, 부채, 자본 계정을 재무상태표로 옮긴다. 포괄손익계산서로부터 당기순손익을 계산하여 이를 재무상태표의 이익잉여금으로 대체한다.

계정	수정전시산표		결산정리		수정후시산표		포괄손익계산서		재무상태표	
	차	대	차	대	차	대	차	대	차	대
현금	56,000				56,000				56,000	
매출채권	13,000				13,000				13,000	
비품	30,000				30,000				30,000	
매입채무		2,000				2,000				2,000
자본금		100,000				100,000				100,000
매출		25,000				25,000		25,000		
매입	15,000			15,000						
임차비용	9,000			6,000	3,000		3,000			
급여	4,000				4,000		4,000			
합계	127,000	127,000								
감가상각비			2,000		2,000		2,000			
감가상각누계액				2,000		2,000				2,000
선급비용			6,000		6,000				6,000	
매출원가			0	2,500	12,500		12,500			
			15,000							
상품			2,500	0	2,500				2,500	
합계			25,500	25,500	129,000	129,000				
당기순이익							3,500			3,500
합계							25,000	25,000	107,500	107,500

[부록] 주요 장부와 장부의 마감

1. 장 부

장부는 주요부와 보조부로 나뉜다. **주요부**(main book)란 거래를 분개하여 각 계정에 기록하기 위해 필요한 필수 장부로서 분개장(전표)과 원장이 있다. 분개장 또는 전표는 거래를 발생일자에 따라 분개의 형식으로 기록하는 장부이며, 원장은 계정별로 변동 내역을 기입하는 장부이다.

보조부(subsidiary book)는 주요부에 요약해서 기록되어 있는 거래를 보다 상세하게 기록하는 장부로써 주요부에서 설명할 수 없는 정보를 알려준다. 예를 들어 매입채무나 매출채권과 같은 계정과목을 생각해 보자. 일반적으로 기업의 거래처는 한 곳일 수는 없으므로 매입채무나 매출채권은 여러 거래처에 대한 채권과 채무이다. 만일 각 거래처별로 채무 금액과 채권 금액을 알고자 할 때 이를 거래처별로 기록해 두지 않는다면(즉, 전표와 원장만이 있다면), 그 금액을 계산하는 데 상당한 시간이 소요될 것이다. 그러므로 거래처별 장부를 별도로 만들고 이들 거래처와 관련된 거래가 발생하면 분개와 전기를 하면서 동시에 거래처별 장부에 거래 내용을 기록하여 이와 같은 문제점을 해결한다. 보조부에는 **보조기입장**(subsidiary register)과 **보조원장**(subsidiary ledger)이 있다.

자료 5-1 주요부와 보조부

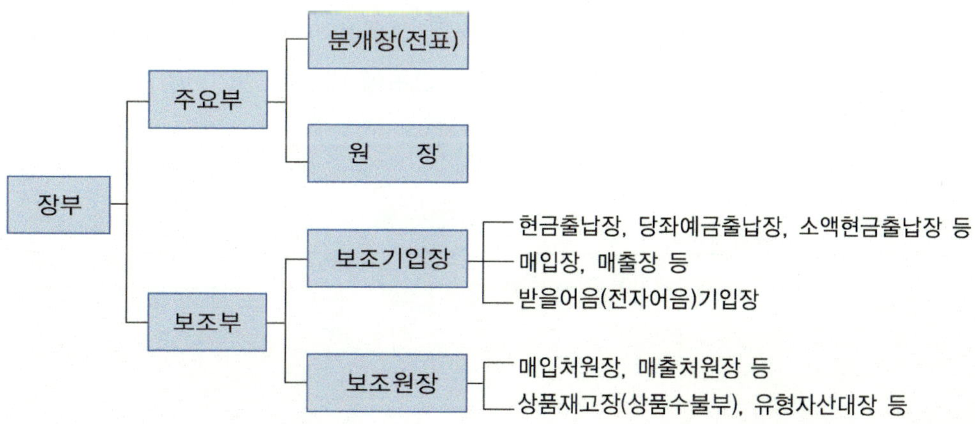

보조기입장은 분개장을 보조하는 장부로서 특정 거래를 발생일자에 따라 기록하며, 보조원장은 원장을 보조하는 장부로서 원장의 특정 계정 명세를 기록한다. 예를 들어 매입과 매출 거래는 각각 매입장과 매출장에 분개하고, 거래처별 매입과 매출 내역은 각각 매입처원장과 매출처원장에 전기한다.

2. 장부의 마감

결산이 마무리되면 장부를 마감한다. **장부 마감**은 한 회계기간의 기록과 다음 회계기간의 기록을 구분하는 절차이다.

손익계산서 계정의 마감

차기에는 수익과 비용이 '0'부터 다시 시작하므로 수익과 비용 계정을 **명목 계정** 또는 **임시 계정**이라 한다. 수익과 비용 계정을 **집합손익** 계정에 모아서 이익을 계산하고 이익잉여금 계정에 옮겨 적는 것으로 계정을 마감한다.

수익과 비용의 차이인 당기순손익을 이익잉여금에 대체함으로써 수익과 비용 계정은 '0'으로 마감되는 것이다.

재무상태표 계정의 마감

자산, 부채, 자본은 차기에도 계속 이어지는 계정이므로 **실질 계정** 또는 **영구 계정**이라 한다. 각 계정의 잔액을 **차기이월**, **전기이월**로 표시하여 장부를 마감한다.

예를 들어 매출채권은 잔액이 차변에 남으므로 대변에 차기이월하고 다음 기초에 차변에 전기이월로 표시하여, 차변 매출채권 잔액을 이월한다. 미지급금의 잔액은 대변에 남으므로 차변에 차기이월하고 다음 기초에 대변에 전기이월로 표시하여, 대변 미지급금 잔액을 이월한다.

매출채권			
		차기이월	***
전기이월	***		

미지급금			
차기이월	***		
		전기이월	***

학·습·정·리

01 상품의 매입과 판매를 기록하는 방법에는 계속기록법과 (   )이 있다.

02 (   )은 상품의 매매에 따른 상품의 변화를 계속해서 기록하는 방법으로, 상품을 매입하면 상품의 증가로 기록하고 상품을 판매하면 상품의 감소로 기록한다.

03 계속기록법에서는 기중에 발생한 재고자산에 대한 거래 내역을 기록하기 위해 (   ) 또는 수불부를 작성한다.

04 기말에는 재고조사 결과와 장부상 재고자산 금액을 비교함으로써 (   )을 파악할 수 있다.

05 실지재고조사법에서는 기말에 실사를 통해 상품의 기말재고액을 확정하고, (   )를 계산하는 결산정리가 필요하다.

06 기초상품에 당기상품매입액을 더한 (   )에서 기말상품의 실사액을 차감하면 매출원가가 계산된다.

07 주요부란 거래를 분개하여 각 계정에 기록하기 위해 필수적으로 필요한 장부로서 분개장(전표)과 (   )이 있다.

08 (   )는 주요부에 요약해서 기록되어 있는 거래를 보다 상세하게 기록하는 장부로서 주요부에서 설명할 수 없는 정보를 알려준다.

09 결산이 마무리되면 장부를 마감한다. (   )은 한 회계기간의 기록과 다음 회계기간의 기록을 구분하는 절차이다.

10 수익과 비용 계정을 명목 계정 또는 임시 계정이라 하며 자산, 부채, 자본 계정을 실질 계정 또는 (   )이라 한다.

풀이

01 실지재고조사법 **02** 계속기록법 **03** 재고장 **04** 재고자산감모손실 **05** 매출원가
06 당기판매가능액 **07** 원장 **08** 보조부 **09** 장부 마감 **10** 영구 계정

기·본·문·제

01 다음은 ㈜주고받기의 1월 상품 매매 거래내역이다. 모든 거래는 외상거래이며, 월 단위로 결산을 한다. 계속기록법을 사용할 경우와 실지재고조사법을 사용할 경우에 수행할 기중, 기말 분개를 하시오. 단, 실지재고조사법에 따른 1월말 상품재고는 14개였다.

	수량(개)	단가(원)	금액
기초상품(1/1)	20	10	200
당기상품매입액(1/10)	30	10	300
매출(1/18)	36	15	540

02 기업별 주어진 자료에 빈 칸을 채우시오.

(단위: 원)	A기업	B기업	C기업
기초상품	120	60	( )
당기상품매입액	( )	330	480
당기판매가능액	450	( )	700
기말상품	90	90	60
매출액	660	280	( )
매출원가	( )	( )	( )
매출총이익	( )	( )	85

03 다음은 ㈜대박상점의 제3기 사업연도(20×1년 1/1 ~ 12/31) 결산을 위한 정산표이다. 결산정리 분개를 하고 정산표를 작성한 후 재무제표를 작성하시오.

계정	수정전 시산표		결산정리		수정후 시산표		포괄손익계산서		재무상태표	
	차변	대변	차변	대변	차변	대변	차변	대변	차변	대변
현금	3,000									
매출채권	3,200									
상품	400									
건물	5,000									
매입채무		1,000								
차입금		2,500								
자본금		6,000								
이익잉여금		1,400								
매출액		5,600								
매입	2,600									
급여	1,800									
소모품비	300									
이자비용	200									
합계	16,500	16,500								
감가상각비										
감가상각누계액										
소모품										
매출원가										
합계										
당기순이익										
합계										

결산정리 사항

ⓐ 매출채권에 대한 대손은 없는 것으로 추정되었다.

ⓑ 건물의 당기 감가상각비는 500원이다.

ⓒ 소모품비 300원 중에서 사용하지 않은 소모품이 100원어치 남아있다.

ⓓ 상품의 기말재고는 실지재고조사 결과 300원이었다.

풀이

01

계속기록법		차변		대변	
1/10	매입	상품	300	매입채무	300
1/18	매출	매출채권 매출원가	540 360	매출 상품	540 360
1/31	분개없음				

실지재고조사법		차변		대변	
1/10	매입	매입	300	매입채무	300
1/18	매출	매출채권	540	매출	540
1/31	결산정리	매출원가 매출원가 상품	200 300 140	상품 매입 매출원가	200 300 140

02

(단위: 원)	A기업	B기업	C기업
기초상품	120	60	(220)
당기상품매입액	(330)	330	480
당기판매가능액	450	(390)	700
기말상품	90	90	60
매출액	660	280	(725)
매출원가	(360)	(300)	(640)
매출총이익	(300)	(-20)	85

03

<u>분개장</u>

번호	날짜	차변		대변	
ⓑ	12/31	감가상각비	500	감가상각누계액	500
ⓒ	12/31	소모품	100	소모품비	100
ⓓ	12/31	매출원가 매출원가 상품	400 2,600 300	상품 매입 매출원가	400 2,600 300

정산표

계정	수정전 시산표		결산정리		수정후 시산표		포괄손익계산서		재무상태표	
	차변	대변	차변	대변	차변	대변	차변	대변	차변	대변
현금	3,000				3,000				3,000	
매출채권	3,200				3,200				3,200	
상품	400		ⓓ 300	ⓓ 400	300				300	
건물	5,000				5,000				5,000	
매입채무		1,000				1,000				1,000
차입금		2,500				2,500				2,500
자본금		6,000				6,000				6,000
이익잉여금		1,400				1,400				1,400
매출액		5,600				5,600		5,600		
매입	2,600			ⓓ 2,600						
급여	1,800				1,800		1,800			
소모품비	300			ⓒ 100	200		200			
이자비용	200				200		200			
합계	16,500	16,500								
감가상각비			ⓑ 500		500		500			
감가상각누계액				ⓑ 500		500				500
소모품			ⓒ 100		100				100	
매출원가			ⓓ 400 ⓓ 2,600	ⓓ 300	2,700		2,700			
합계			3,900	3,900	17,000	17,000				
당기순이익							**200**			**200**
합계							5,600	5,600	11,600	11,600

포괄손익계산서

제3기 20×1년 1월 1일 ~ 12월 31일

(주)대박상점 (단위: 원)

비용		수익	
매출원가	2,700	매출	5,600
급여	1,800		
소모품비	200		
이자비용	200		
감가상각비	500		
당기순이익	**200**		
합계	5,600	합계	5,600

재무상태표

제3기 20×1년 12월 31일

(주)대박상점 (단위: 원)

자산		부채와 자본	
현금	3,000	매입채무	1,000
매출채권	3,200	차입금	2,500
상품	300	부채 합계	3,500
소모품	100	자본금	6,000
건물	5,000	**이익잉여금**	**1,600**
(감가상각누계액)	(500)	자본 합계	7,600
자산 합계	11,100	자산과 부채 합계	11,100

연·습·문·제

01 마감분개 후에 잔액이 남지 않는 계정은?

① 대손충당금　　② 선급비용
③ 자본금　　④ 임대수익

02 영구계정 또는 실질계정인 것은?

① 이자비용　　② 선수수익
③ 감가상각비　　④ 매출

03 (주)하나는 상품에 대해 실지재고조사법으로 회계처리하고 있다. 기초 상품이 1,000원, 당기 상품매입액이 9,000원이고, 기말 상품은 실사 결과 2,000원이었다. 매출원가 계산을 위한 결산정리 분개에서 빈칸에 들어갈 계정을 바르게 나열한 것은?

(차) 매출원가	1,000	(대) 상품	1,000
(차) (①)	9,000	(대) ( )	9,000
(차) (②)	2,000	(대) ( )	2,000

① 매출원가, 매출원가　　② 매출원가, 상품
③ 매입, 매출원가　　④ 매입, 상품

04 수정후 시산표에 나타나지 않는 계정과목은?

① 매출원가　　② 매입
③ 상품　　④ 대손상각비

[5–7] 다음은 결산에 앞서 작성된 수정전 시산표이다. 기말 재고자산은 실사결과 12,500원이며, 다른 결산정리 사항은 없다.

차변		대변	
현금	7,000	대손충당금	2,000
매출채권	15,500	매입채무	18,000
상품	14,500	자본금	17,000
매입	45,000	이익잉여금	3,000
임차비용	9,000	매출	55,000
급여	4,000		
합계	95,000	합계	95,000

05 매출원가는 얼마인가?

① 41,000 ② 43,000
③ 45,000 ④ 47,000

06 당기순이익은 얼마인가?

① -5,000 ② -3,000
③ 3,000 ④ 5,000

07 기말 자본은 얼마인가?

① 15,000 ② 17,000
③ 18,000 ④ 20,000

08 다음 분개를 누락할 때 재무제표에 미치는 영향으로 잘못된 것은?

(차)	매출채권	10,000	(대)	매출	10,000
	매출원가	8,000		재고자산	8,000

① 자본의 과대 보고 ② 수익의 과소 보고
③ 비용의 과소 보고 ④ 이익의 과소 보고

09 과일과 채소를 판매하는 아저씨네의 7월 거래 내역은 다음과 같다. 6월 말 재고자산이 23,000원일 때, 7월 말 재고자산은 얼마인가?

7월	1일	과일 32,000원을 현금으로 구입하다.
	2일	1일에 구입한 과일 중 3,000원을 반품하고 현금을 돌려받다.
	3일	채소 2,500원을 외상으로 구입하다.
	6일	과일 4,200원을 5,000원에 외상으로 판매하다.
	10일	채소 7,300원을 구입하고 대금은 외상으로 하다.
	16일	매입채무 중 5,100원을 현금으로 지급하다.
	28일	채소 12,000원을 13,500원에 판매하고 대금은 일주일 후에 받기로 하다.

① 40,500 ② 42,600
③ 45,600 ④ 47,900

[10-11] 다음은 결산 과정에서 작성된 것으로 이익을 이익잉여금으로 대체하기 전 수정후 시산표 자료이다.

현금	10,000	자본금	20,000
매출채권	6,500	이익잉여금	7,500
재고자산	23,000	매출	33,000
건물	50,500	매출원가	12,500
감가상각누계액	11,000	급여	11,000
매입채무	17,500	임차비용	4,000
장기차입금	30,000	이자비용	1,500

10 상품의 당기매입액이 13,200원이라면 기초 재고자산은 얼마인가?

① 22,300 ② 23,000
③ 23,700 ④ 24,300

11 기말 이익잉여금은 얼마인가?

① 4,000 ② 7,500
③ 11,500 ④ 13,000

12 다음 자료는 차입금과 감가상각비의 장부마감 전 원장의 계정 잔액이다. 각 계정의 장부를 마감하는 방법에 대한 설명으로 옳은 것은?

차입금	
	20,000

감가상각비	
1,200	

① 차입금 계정 차변에 차기이월 20,000원, 대변에 전기이월 20,000원을 기록한다.
② 차입금 계정 차변에 집합손익 20,000원을 기록한다.
③ 감가상각비 계정 대변에 차기이월 20,000원, 차변에 전기이월 20,000원을 기록한다.
④ 감가상각비 계정 대변에 집합손익 1,200원, 차변에 전기이월 1,200원을 기록한다.

13 분개장을 대신하는 보조기입장이 아닌 것은?

① 현금출납장 ② 매입장
③ 매출장 ④ 상품재고장

14 당기의 결산정리를 통해 당기순이익을 증가시키는 항목은?

① 미지급비용, 미수수익
② 미지급비용, 선수수익
③ 선급비용, 미수수익
④ 선급비용, 선수수익

15 당기의 결산정리를 통해 차기의 당기순이익을 감소시키는 항목은?

① 미지급비용
② 미수수익
③ 선급비용
④ 선수수익

16 실지재고조사법과 계속기록법에 대한 설명으로 옳지 않은 것은?

① 실지재고조사법은 기중에 장부상으로 재고자산의 현황을 파악할 수 있다.
② 실지재고조사법은 매출원가 계산을 위한 결산정리가 필요하다.
③ 계속기록법은 원장의 상품 계정에서 상품의 재고를 확인할 수 있다.
④ 계속기록법은 매출에 따른 매출이익을 파악할 수 있다.

17 우리기업의 상품 및 매입과 관련된 당기 자료는 다음과 같다. 모든 매입 거래는 외상으로 이루어지며, 매입채무 중에서 당기에 현금으로 지급한 것은 2,000원이다. 당기 매출원가는 얼마인가?

기초 재고자산	1,000	기말 재고자산	900
기초 매입채무	450	기말 매입채무	600

① 2,100
② 2,150
③ 2,200
④ 2,250

18 (주)하늘은 재고자산의 회계처리 방법으로 계속기록법을 사용하고 있다. 원장에서 확인한 바에 따르면 기초 상품은 800원이고 기중 상품 매입은 1,900원이었으며, 매출원가는 2,200원이었다. 그런데 이후 실지재고조사 결과 기말 상품은 450원으로 확인되었다, 재고자산감모손실은 얼마인가?

① 0
② 50
③ 100
④ 150

19 다음은 백두기업에 대한 한라기업의 매출처원장 기록이다. 다음 설명 중 올바른 것은?

매 출 처 원 장

20×4년 11월 1일부터 20×4년 11월 30일까지

백두기업

일 자		적 요	차 변	대 변	잔 액
11	1	전월 이월	234,000		234,000
	3	상품 판매	25,000		259,000
	9	대금 회수		210,000	49,000
	14	상품 판매	34,000		83,000
	25	상품 판매	45,000		128,000
	29	대금 회수		93,000	35,000
		월계	338,000	303,000	

① 11월 중 백두기업에 대한 상품 매출액은 338,000원이다.

② 11월 중 백두기업으로부터 회수한 판매대금은 303,000원이다.

③ 11월 9일의 백두기업에 대한 매출채권 잔액은 259,000원이다.

④ 11월 30일의 백두기업에 대한 매출채권 잔액은 0원이다.

20 다음은 현금출납장의 일부이다. 다음 설명 중 올바른 것은?

현 금 출 납 장

20×5년 12월 1일부터 20×5년 12월 31일까지

한강기업

일 자		적 요	차 변	대 변	잔 액
12	1	5천만원 현금출자	50,000,000		50,000,000
	5	보증금 지급		30,000,000	?
	7	비품구입		5,000,000	?
	10	재고자산 구입		2,200,000	?
	15	재고자산 판매	2,000,000		?
	14	매입채무 지급		1,400,000	?
		월계	52,000,000	38,600,000	

① 12월 7일에 비품을 구입한 후 현금잔액은 10,000,000원이다.

② 12월의 재고자산 구입액은 2,200,000원이다.

③ 12월의 매입채무 지급액은 1,400,000원이다.

④ 12월의 현금 잔액은 13,600,000원이다.

풀이

01 ④ 임대수익은 손익계산서 계정으로 임시계정이다.

02 ② 선수수익은 재무상태표 계정으로 영구계정이다.

03 ②

차변		대변	
매출원가	1,000	상품	1,000
매출원가	9,000	매입	9,000
상품	2,000	매출원가	2,000

04 ② 매입 계정은 매출원가 결산정리를 통해 사라진다.

05 ④ 매출원가 = 14,500+45,000−12,500 = 47,000

06 ① 순이익 = 55,000−(47,000+9,000+4000) = -5,000

07 ① 자본금 17,000

기말 이익잉여금 = 3,000−5,000 = -2,000

자본 = 17,000−2,000 = 15,000

08 ①

09 ③ 23,000+32,000−3,000+2,500−4,200+7,300−12,000 = 45,600

10 ① 기초재고액+13,200−23,000=12,500, 기초재고액 = 22,300

11 ③ 순이익 = 33,000−(12,500+11,000+4,000+1,500) = 4,000

기말 이익잉여금 = 7,500+4,000 = 11,500

12 ① 감가상각비는 대변에 집합손익 1,200을 적고 집합손익으로 대체하여 마감한다.

13 ④

14 ③ 차) 비용 대) 미지급비용 (이익감소)

차) 선급비용 대) 비용 (이익증가)

차) 미수수익 대) 수익 (이익증가)

차) 수익 대) 선수수익 (이익감소)

15 ③ ① 차) 비용 대) 미지급비용

② 차) 미수수익 대) 수익

③ 차) 선급비용 대) 비용→ 차기) 차) 비용 대) 선급비용 (이익감소)

④ 차) 수익 대) 선수수익→차기) 차) 선수수익 대) 수익 (이익증가)

16 ①

17 ④ 매입채무 증가액 150+매입채무 현금지급액 2,000 = 당기 매입액 2,150

기초재고자산 1,000+당기 매입액 2,150−기말재고자산 900 = 2,250

18 ② 800+1,900−2,200 = 기말 상품 500

재고자산감모손실 500−450 = 50

19 ②

20 ③ ②는 재고자산의 구입액 중에서 외상구입을 제외한 현금구입액 220만원이다.

Chapter

06

재무보고 개념 체계와 재무제표의 표시

제 1 절　재무보고를 위한 개념 체계
제 2 절　재무제표 작성과 표시의 일반 사항
제 3 절　재무제표의 표시

◉ 주요 학습 내용

재무상태표	
자 산	부 채
	유동부채
유동자산	비유동부채
	자 본
비유동자산	자본금
	자본잉여금
	기타자본요소
	이익잉여금

손익계산서	
비 용	수 익
매출원가	매출액
판매비와 관리비	
영업외비용	영업외수익
법인세비용	

◉ 김소호 커피전문점 이야기

김소호 씨는 자신의 커피전문점을 프랜차이즈 기업으로 키워 볼 포부를 가지고 있다. 그러기 위해서 우리나라 커피 산업 현황과 커피 프랜차이즈 회사의 재무 정보를 입수해 분석해 보기로 하였다. 그간 커피전문점 경영 경험과 그로부터 얻은 회계지식으로 판단하건대, 우선 재무제표에서 기업의 기본 정보를 얻는 것이 좋을 것 같았다. 그런데 막상 몇몇 관련 기업의 재무제표를 포함한 회계정보를 입수하기가 쉽지만은 않았다. 기업들의 홈페이지를 뒤져보기도 하고 포털 사이트를 검색해 보기도 했지만 재무제표가 없거나 일부 정보만 제공되는 경우가 많았다.

외부감사대상 기업의 회계정보는 금융감독원 전자공시시스템(DART)에서 쉽게 구할 수 있다. 재무제표는 정기보고서의 핵심 정보이다. 정기보고서는 재무제표 외에 기업에 대한 기본적이고 핵심적인 정보를 망라하고 있다. 재무제표는 일정한 양식에 따라 정보를 제공하므로 이를 이해하면 재무제표 비교와 분석에 큰 도움이 된다.

제1절 재무보고를 위한 개념 체계

1.1 재무보고의 목적

일반목적 재무보고의 목적은 현재 및 잠재적 투자자, 대여자 및 기타 채권자가 기업에 자원을 제공하는 것에 대한 의사결정을 할 때 유용한 재무정보를 제공하는 것이다.

재무제표는 재무보고의 대표적인 수단으로 기업의 재무상태와 재무성과를 체계적으로 표현한 것이다. 재무제표의 목적은 광범위한 정보이용자의 경제적 의사결정에 유용한 기업의 재무상태, 재무성과와 재무상태 변동에 관한 정보를 제공하는 것이다. 또한 재무제표는 위탁받은 자원에 대한 경영진의 **수탁책임** 결과도 보여준다.

1.2 유용한 재무정보의 질적 특성

유용한 재무정보의 질적 특성은 재무보고서에 포함된 재무정보에 근거하여 보고기업에 대한 의사결정을 할 때 가장 유용할 정보의 유형을 식별하는 것이다.

목적적합성과 표현충실성은 재무정보의 유용성을 판단하는 근본적 질적 특성이며 비교가능성, 검증가능성, 적시성 및 이해가능성은 정보의 유용성을 보강시키는 질적 특성이다.

1.2.1 근본적 질적 특성

목적적합성

목적적합한 재무정보는 정보이용자의 의사결정에 차이가 나도록 할 수 있다. 재무정보에 예측가치, 확인가치 또는 이 둘 모두가 있다면 의사결정에 차이가 나도록 할 수 있다.

표현충실성

재무정보는 나타내고자 하는 현상을 충실하게 표현하여야 한다. 표현의 충실성을 갖추기 위해서는 서술이 완전하고, 중립적이며, 오류가 없어야 한다.

1.2.2.보강적 질적 특성

비교가능성

정보는 정보이용자가 항목 간의 유사점과 차이점을 식별하고 이해할 수 있는 특성을 갖추어야 한다.

검증가능성

합리적인 판단력이 있고 독립적인 서로 다른 관찰자가 어떤 서술이 충실한 표현이라는데 대체로 의견이 일치할 수 있어야 한다.

적시성

의사결정에 영향을 미칠 수 있도록 의사결정자가 정보를 제때에 이용 가능해야 한다.

이해가능성

정보를 명확하고 간결하게 분류하고, 특징지으며, 표시하면 이해가능하게 된다.

1.2.3 유용한 재무보고에 대한 원가 제약

재무정보의 보고에는 원가가 소요되므로, 해당 정보 보고의 효익이 그 원가보다 커야 한다. 원가는 재무보고로 제공될 수 있는 정보에 대한 포괄적 제약요인이다.

자료 6-1 유용한 재무정보의 질적 특성

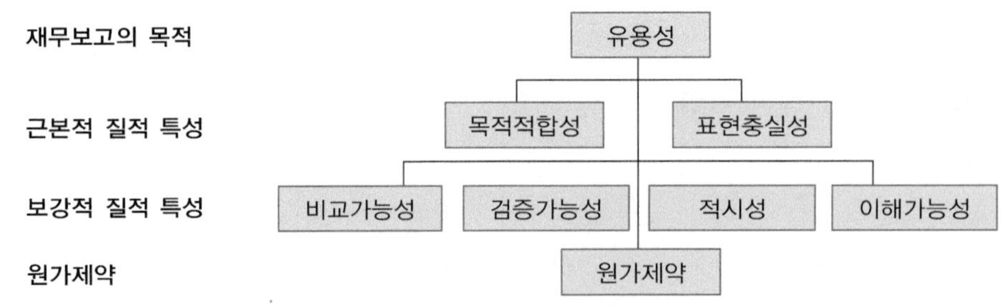

1.3 기본가정 : 계속기업

재무제표는 일반적으로 기업이 계속기업(going concern)이며 예상가능한 기간 동안 영업을 계속할 것이라는 가정 하에 작성된다.

제2절 재무제표 작성과 표시의 일반 사항

재무제표 작성과 표시에 대한 일반 사항은 다음과 같다.

공정한 표시와 한국채택국제회계기준의 준수

재무제표는 기업의 재무상태, 재무성과 및 현금흐름을 공정하게 표시해야 한다. 공정한 표시를 위해서는 자산, 부채, 수익 및 비용에 대한 정의와 인식요건에 따라 거래, 그 밖의 사건과 상황의 효과를 충실하게 표현해야 한다. 한국채택국제회계기준에 따라 작성된 재무제표는 공정하게 표시된 재무제표로 본다.

계속기업

경영진은 재무제표를 작성할 때 계속기업으로서의 존속가능성을 평가해야 한다. 경영진이 기업을 청산하거나 경영활동을 중단할 의도를 가지고 있지 않거나, 청산 또는 경영활동의 중단 외에 다른 현실적 대안이 없는 경우가 아니면 계속기업을 전제로 재무제표를 작성한다.

발생기준 회계

기업은 현금흐름 정보를 제외하고는 발생기준 회계를 사용하여 재무제표를 작성한다.

중요성과 통합표시

유사한 항목은 중요성 분류에 따라 재무제표에 구분하여 표시한다. 상이한 성격이나 기능을 가진 항목은 구분하여 표시한다. 다만 중요하지 않은 항목은 성격이나 기능이 유사한 항목과 통합하여 표시할 수 있다.

상계

한국채택국제회계기준에서 요구하거나 허용하지 않는 한, 자산과 부채 그리고 수익과 비용은 상계하지 아니한다.

보고빈도

전체 재무제표(비교정보를 포함)는 적어도 1년마다 작성한다.

비교정보

한국채택국제회계기준이 달리 허용하거나 요구하는 경우를 제외하고는 당기 재무제표에 보고되는 모든 금액에 대해 전기 비교정보를 공시한다. 당기 재무제표를 이해하는 데 목적적합하다면 서술형 정보의 경우에도 비교정보를 포함한다.

표시의 계속성

재무제표 항목의 표시와 분류는 매기 동일하여야 한다.

제3절 재무제표의 표시

3.1 재무상태표

3.1.1 재무상태표의 의의

재무상태표는 재무상태표일(또는 결산일)의 자산, 부채, 자본 등 재무상태를 제시하는 재무제표이다. 자산은 기업이 보유하고 있는 경제적 자원이며, 부채와 자본은 이러한 경제적 자원에 대한 청구권인 자금의 원천이다. 재무상태 정보는 기업의 유동성과 부채 상환능력을 평가하는 데 유용하다.

3.1.2 재무상태표 양식

재무상태표는 **계정식** 또는 **보고식**으로 제시된다. 계정식은 차변에 자산을 대변에 부채와 자본을 제시하는 양식이며, 보고식은 자산, 부채, 자본 순으로 작성되는 양식이다.

자료 6-2 계정식과 보고식 재무상태표

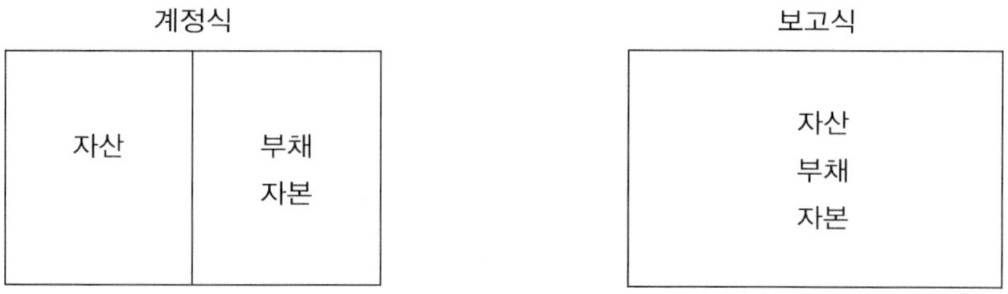

재무제표 요소를 배열하는 방법에는 다음 두 가지 방법이 있다.

- **유동성 · 비유동성 배열법**: 재무제표 요소는 자산을 유동자산과 비유동자산으로, 부채는 유동부채와 비유동부채로 재무상태표에 구분하여 표시한다.
- **유동성순서 배열법**: 자산 또는 부채의 전체 항목을 유동성 순서에 따라 나열한다.

유동성 · 비유동성 배열법이 일반적이지만, 금융회사와 같은 일부 기업의 경우에는 오름차순이나 내림차순의 유동성 순서에 따른 표시 방법으로 자산과 부채를 표시하는 것이 더 신뢰성 있고 더욱 목적 적합한 정보를 제공한다.

유동성 · 비유동성은 정상 영업주기를 기준으로 구분한다. **영업주기**는 영업활동을 위한 자산의 취득 시점부터 그 자산이 현금이나 현금성자산으로 실현되는 시점까지 소요되는 기간이다. 정상영업주기를 명확히 식별할 수 없는 경우에는 그 기간이 12개월인 것으로 가정한다. 예를 들어 정상 영업주기 또는 12개월 이내 상환할 부채는 유동부채로 분류한다.

회계기준에는 재무제표에 표시되어야 할 항목의 순서나 형식을 규정하고 있지 않다. 기업은 한 항목 또는 통합된 유사 항목의 크기, 성격 또는 기능상 기업의 재무상태를 이해하기 위해 구분 표시가 필요한 경우 그러한 항목을 추가로 재무상태표에 포함할 수 있다. 그리고 재무상태를 이해하는데 목적적합한 정보를 제공하기 위해 기업과 거래의 성격에 따라 사용된 용어와 항목의 순서, 또는 유사 항목의 통합 방법을 변경할 수 있다. 예를 들어 금융회사는 영업 목적에 적합한 정보를 제공하기 위해 용어를 변경할 수 있다.

자료 6-3 재무상태표 예시 : 유동성 · 비유동성 배열법, 보고식

재무상태표

제4기 20×2년 12월 31일 현재
제3기 20×1년 12월 31일 현재

(주)가나다 (단위: 원)

	20×2년 12월 31일	20×1년 12월 31일
자산		
유동자산		
현금 및 현금성자산		
단기금융상품		
매출채권		
기타채권		
재고자산		
비유동자산		
유형자산		
무형자산		
장기금융상품		
관계기업주식		
자산 총계		
부채		
유동부채		
매입채무		
기타채무		
단기금융부채		
비유동부채		
장기금융부채		
사채		
충당부채		
부채 총계		
자본		
자본금		
자본잉여금		
기타자본요소		
이익잉여금		
자본 총계		
부채 및 자본 총계		

3.1.3 재무상태표 예시

[자료 6-3]은 유동성·비유동성 배열법으로 작성된 보고식 재무상태표의 예시이다.

자산은 1년 이내에 현금으로 전환되거나 미래의 경제적 효익이 소멸하는지에 따라 **유동자산**(current assets)과 **비유동자산**(non-current assets)으로 분류한다. 부채는 1년 이내에 상환해야 하는지 여부에 따라 **유동부채**(current liabilities)와 **비유동부채**(non-current liabilities)로 분류한다. 자본은 **납입자본**을 의미하는 **자본금**과 **자본잉여금**, 손익거래에서 발생하는 **이익잉여금**, 그리고 **기타자본요소**로 분류한다.

예제 1

다음 각 상황에서 빈 칸에 적절한 금액을 적으시오.

① 유동자산 300	비유동자산 ( )	부채 450	자본 600	
② 유동자산 340	비유동자산 550	유동부채 ( )	비유동부채 460	자본 200
③ 유동자산 280	비유동자산 500	유동부채 120	비유동부채 200	
납입자본 300	이익잉여금 ( )			

[풀이]

① 750 ② 230 ③ 160

3.2 포괄손익계산서

3.2.1 포괄손익계산서의 의의

포괄손익계산서는 회계기간 동안의 수익, 비용, 이익 등 기업의 경영 성과를 제시하는 재무제표이다. 재무성과의 구성요소에 대한 공시는 재무제표 이용자가 달성된 재무성과를 이해하고 미래 재무성과를 예측하는데 도움을 준다.

3.2.2 포괄손익계산서 양식

포괄손익계산서 양식에는 보고식과 계정식이 있는데 **보고식**이 사용된다. 수익과 비용의 대응관계를 제시하기 위해서는 보고서 양식이 적합하기 때문이다.

포괄손익계산서에서 총포괄손익은 당기순손익에 기타포괄손익으로 구성되어 있다.

총포괄손익 = 당기순손익 + 기타포괄손익

당기순손익은 당기의 경영성과를 반영하는 이익이며 기타포괄손익은 당기순손익에 포함할 경우 당기의 경영성과를 왜곡할 수 있는 손익으로 실현이 유보되어 있는 손익이다. 예를 들어 유형자산재평가이익은 당기순손익 계산에 포함되지 않고 기타포괄손익으로 분류된다. 총포괄손익은 다음과 같이 두 가지 양식으로 제시하는 것이 가능하다.

- 단일 포괄손익계산서
- 두 개의 보고서 : 당기손익 부분을 표시하는 별개의 손익계산서와 포괄손익을 표시하는 보고서(이 보고서는 당기순손익으로부터 시작)

한편, 포괄손익계산서는 비용을 성격별 또는 기능별 분류방법 중에서 신뢰성 있고 더욱 목적적합한 정보를 제공할 수 있는 방법을 적용하여 당기손익으로 인식한 비용의 분석내용을 표시한다.

- 성격별 분류 : 감가상각비, 원재료의 구입, 운송비, 종업원급여와 광고비 등 비용을 성격별로 분류하여 제시한다.
- 기능별 분류 : (매출원가법) 매출원가, 물류원가, 관리활동원가 등과 같이 비용을 기능별로 분류하여 제시한다. 비용을 기능별로 분류하는 기업은 감가상각비, 기타 상각비와 종업원급여비용을 포함하여 비용의 성격에 대한 추가 정보를 주석으로 공시한다.

자료 6-4 비용의 분류

성격별 분류 (예시)	기능별 분류 (예시)
매출액	매출액
- 제품과 재공품의 변동	- 매출원가
- 원재료와 소모품의 사용액	매출총이익
- 종업원급여	- 물류원가
- 감가상각비와 기타 상각비	- 관리비
- 법인세비용	- 기타비용
당기순이익	당기순이익

3.2.3 포괄손익계산서 예시

수익은 발생 원천에 따라 매출액과 영업외수익으로 분류한다. **매출액**은 기업의 주된 영업활동, 즉 상품이나 제품의 판매 또는 용역의 제공에 의해 발생한 수익이다. **영업외수익**은 이자수익이나 임대수익처럼 기업의 주된 영업활동 이외에서 발생한 수익이다.

기능별 분류에 따른 비용은 매출원가, 판매비와 관리비, 영업외비용, 법인세비용으로 분류한다. **매출원가**는 매출에 대응되는 원가로 판매된 상품이나 제품의 매입원가 또는 제조원가, 제공한 용역의 원가를 말한다. **판매비와 관리비**는 각각 기업의 판매활동과 관리활동에서 발생한 원가이다. **영업외비용**은 이자비용이나 임차비용처럼 기업의 주된 영업활동 이외에서 발생한 비용이다.

포괄손익계산서는 일정 기간 동안 기업이 창출한 수익과 그와 관련한 비용을 대응하여 이익 또는 손실을 계산한다. 관련된 수익과 비용을 대응시킴으로써 이익을 단계적으로 제시한다. 이익은 **매출총이익**, **영업이익**, **법인세비용차감전순이익**, **당기순이익** 순서로 제시된다.

자료 6-5 수익과 비용의 분류와 대응

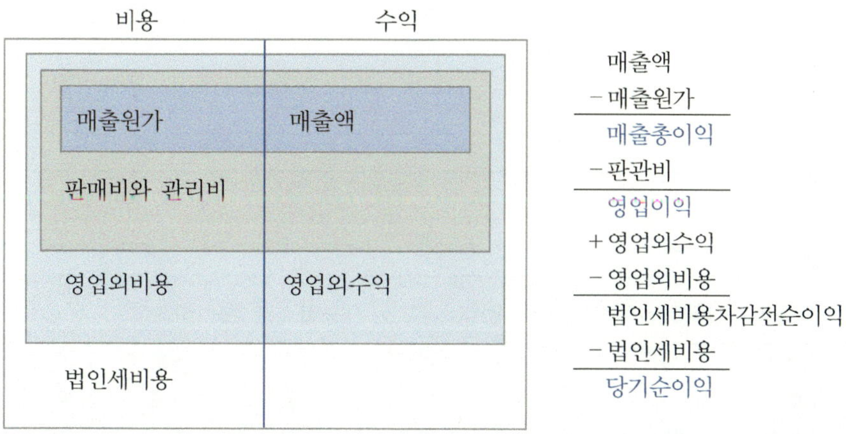

[자료 6-6]은 비용을 기능별로 분류한 보고식 포괄손익계산서의 예시이다.

자료 6-6 포괄손익계산서 예시 : 비용의 기능별 분류, 보고식

포괄손익계산서

제4기 20×2년 1월 1일 ~ 20×2년 12월 31일
제3기 20×1년 1월 1일 ~ 20×1년 12월 31일

(주)가나다 (단위: 원)

	20×2년 1월 1일 ~ 20×2년 12월 31일	20×1년 1월 1일 ~ 20×1년 12월 31일
매출액		
-매출원가		
매출총이익		
-판매비		
-관리비		
영업이익		
+금융수익		
+기타수익		
-금융원가		
-기타비용		
법인세비용차감전순이익		
-법인세비용		
당기순이익		

당기순이익		
±기타포괄손익		
총포괄이익		

예제 2

다음 자료를 이용하여 매출총이익, 영업이익, 당기순이익을 계산하시오.

매출액	8,000	영업외수익	2,000	매출원가	3,500
판매비	1,000	영업외비용	1,300	관리비	1,100
법인세비용	300	재평가이익	4,000		

[풀이]

매출총이익 4,500, 영업이익 2,400, 순이익 2,800
재평가이익은 당기순이익에 포함되지 않는 기타포괄손익 항목이다.

3.3 주 석

주석은 다음의 정보를 제공한다.

① 재무제표 작성 근거와 구체적인 회계정책에 대한 정보

② 한국채택국제회계기준에서 요구하는 정보이지만 재무제표 어느 곳에도 표시되지 않는 정보

③ 재무제표 어느 곳에도 표시되지 않지만 재무제표를 이해하는 데 목적적합한 정보

학·습·정·리

01 목적적합성과 (　　　　　　)은 재무정보의 유용성을 판단하는 근본적 질적 특성이다.

02 (　　　　　　)한 재무정보는 정보이용자의 의사결정에 차이가 나도록 할 수 있다. 재무정보에 예측가치, 확인가치 또는 이 둘 모두가 있다면 의사결정에 차이가 나도록 할 수 있다.

03 정보는 정보이용자가 항목 간의 유사점과 차이점을 식별하고 이해할 수 있는 특성을 갖추어야 하는데 이러한 보강적 특성을 (　　　　　　)이라 한다.

04 경영진이 기업을 청산하거나 경영활동을 중단할 의도를 가지고 있지 않거나, 청산 또는 경영활동의 중단 외에 다른 현실적 대안이 없는 경우가 아니면 (　　　　　　)을 전제로 재무제표를 작성한다.

05 유사한 항목은 (　　　　　　) 분류에 따라 재무제표에 구분하여 표시하지만, 상이한 성격이나 기능을 가진 항목은 구분하여 표시한다.

06 자산은 유동자산과 비유동자산으로 구분 표시하거나 자산 전체 항목을 (　　　　　　)순서에 따라 나열할 수 있다.

07 포괄손익계산서 양식에는 보고식과 계정식이 있는데 수익과 비용의 대응관계를 제시하기에 적합한 (　　　　　　)양식이 사용된다.

08 유형자산재평가이익은 당기순손익 계산에 포함되지 않고 (　　　　　　)으로 분류된다.

09 포괄손익계산서는 비용을 감가상각비, 원재료의 구입, 운송비, 종업원급여와 광고비 등과 같이 성격별로 분류하거나 매출원가, 물류원가, 관리활동원가 등과 같이 (　　　　　　)별로 분류하여 제시한다.

10 포괄손익계산서는 당기손익 부분을 표시하는 별개의 손익계산서와 (　　　　　　)을 표시하는 보고서로 구분하여 작성할 수 있다.

풀이

01 표현충실성 **02** 목적적합 **03** 비교가능성 **04** 계속기업 **05** 중요성 **06** 유동성
07 보고식 **08** 기타포괄손익 **09** 기능 **10** 포괄손익

기·본·문·제

01 다음 수정후 시산표의 잘못된 부분을 바로잡아 정확한 수정후 시산표를 작성하고, 기말 이익잉여금을 계산하시오.

수정후 시산표

제5기 20×1년 12월 31일 현재

(주)개울 (단위: 원)

계정과목	차변	계정과목	대변
현금및현금성자산	600	매입채무	660
매출채권	740	기타채무	230
사채	1,300	장기차입금	900
기타채권	330	자본금	2,000
재고자산	1,020	자본잉여금	500
유형자산	3,500	이익잉여금	(　)
매출원가	4,460	매출액	6,800
판매수수료	280	선급비용	900
미지급비용	210	금융수익	150
관리비	880	기타포괄이익	500
금융원가	330	법인세비용	220
기타비용	290		
합계	13,940	합계	–

02 다음은 (주)여울의 제6기 사업연도(20×1년 1/1 ~ 12/31) 원장의 계정별 잔액으로 작성한 수정후 시산표이다. 재무상태표와 포괄손익계산서를 양식에 따라 작성하라. 단, 포괄손익계산서에서 비용은 기능별 분류를 따른다.

수정후 시산표

제6기 20×1년 12월 31일 현재

(주)여울 (단위: 원)

계정과목	차변	계정과목	대변
현금및현금성자산	8,500	매입채무	5,280
매출채권	4,300	기타채무	1,200
기타채권	3,350	장기차입금	5,740
재고자산	8,920	사채	20,500
장기금융상품	10,030	장기충당부채	2,550
관계기업투자주식	5,470	자본금	10,000
유형자산	34,300	자본잉여금	8,200
무형자산	2,200	기타자본요소	2,150
매출원가	29,600	이익잉여금	5,570
물류비	5,620	매출액	49,300
관리비	4,400	영업외수익	2,230
금융원가	2,460	재평가이익	9,640
기타비용	880		
법인세비용	2,330		
합계	122,360	합계	122,360

풀이

01

수정후 시산표

제5기 20×1년 12월 31일 현재

(주)개울 (단위: 원)

계정과목	차변	계정과목	대변
현금및현금성자산	600	매입채무	660
매출채권	740	미지급비용	210
선급비용	900	기타채무	230
기타채권	330	장기차입금	900
재고자산	1,020	사채	1,300
유형자산	3,500	자본금	2,000
매출원가	4,460	자본잉여금	500
판매수수료	280	이익잉여금	(300)
관리비	880	매출액	6,800
금융원가	330	금융수익	150
기타비용	290	기타포괄이익	500
법인세비용	220		
합계	13,550	합계	13,550

* 당기순이익 = (6,800 + 150) − (4,460 + 280 + 880 + 330 + 290 + 220) = 490원
기말 이익잉여금 = 300 + 490 = 790원

02

포괄손익계산서

제6기 20×1년 1월 1일 ~ 20×1년 12월 31일

(주)여울 (단위: 원)

매출액	49,300	
매출원가	29,600	
매출총이익		19,700
물류비	5,620	
관리비	4,400	
영업이익		9,680
영업외수익	2,230	
금융원가	2,460	
기타비용	880	
법인세비용차감전순이익		8,570
법인세비용	2,330	
당기순이익		6,240
기타포괄손익		
재평가이익	9,640	
총포괄이익		15,880

재무상태표

20×1년 12월 31일

(주)여울 (단위: 원)

자산			부채와 자본		
유동자산		25,070	유동부채		6,480
현금 및 현금성자산	8,500		매입채무	5,280	
매출채권	4,300		기타채무	1,200	
기타채권	3,350		비유동부채		28.790
재고자산	8,920		장기차입금	5,740	
			사채	20,500	
비유동자산		52,000	장기충당부채	2,550	
장기금융상품	10,030		부채 합계		35,270
관계기업투자주식	5,470		자본금		10,000
유형자산	34,300		자본잉여금		8,200
무형자산	2,200		기타자본요소		11,790
			이익잉여금		11,810
			자본 합계		41,800
자산 합계		77,070	자본과 부채 합계		77,070

* 이익잉여금 = 5,570+6,240 = 11,810

기타자본요소 = 2,150+9,640 = 11,790

연·습·문·제

01 유용한 재무정보의 질적 특성으로서 근본적 질적 특성에 대한 설명에 해당하는 것은?

① 합리적인 판단력을 가진 독립적인 다른 사람이 검증하더라도 유사한 결과를 얻을 수 있어야 한다.

② 정보는 이용자 입장에서 이해하기 쉬운 내용과 방식으로 제시되어야 한다.

③ 정보의 시의성이 높을수록 정보의 유용성이 크다.

④ 경제적 현상을 충실하게 표현하기 위해서는 서술이 완전하고 중립적이며 오류가 없어야 한다.

02 어떤 회계정보를 이용하여 의사결정을 한 경우가 그렇지 않은 경우에 비해서 의사결정에 더 도움이 된다면 그 정보는 정보의 어떤 질적 특성을 갖추었다 할 수 있는가?

① 목적적합성
② 충실한 표현
③ 검증가능성
④ 비교가능성

03 유용한 재무보고에 대한 제약 요건을 설명하고 있는 것은?

① 재무정보는 중립적이며 오류가 없어야 한다.

② 의사결정자가 정보를 제때에 이용가능해야 한다.

③ 정보를 명확하고 간결하게 분류하고 표시해야 한다.

④ 재무정보 보고의 효익이 그 원가보다 커야 한다.

04 유용한 재무정보의 질적 특성으로 보강적 특성에 대한 설명을 모두 고른 것은?

ㄱ. 예측가치나 확인가치를 지닌 정보는 의사결정에 차이가 나도록 할 수 있다.
ㄴ. 서술이 완전하고, 중립적이며, 오류가 없어야 한다.
ㄷ. 정보는 이용자가 항목 간의 유사점과 차이점을 식별하고 이해할 수 있어야 한다.
ㄹ. 정보를 명확하고 간결하게 분류하고, 특징지으며, 표시한다.

① ㄱ, ㄴ
② ㄴ, ㄷ
③ ㄷ, ㄹ
④ ㄴ, ㄹ

05 발생기준 회계처리와 거리가 먼 것은?

① 건물에 대해 감가상각비를 인식하다.

② 매출채권에 대해 대손충당금을 설정하다.

③ 미지급비용과 미수수익을 계상하다.
④ 상품을 판매하기 앞서 받은 계약금을 현금유입으로 기록하다.

06 재무보고의 기본 가정을 설명하고 있는 것은?

① 기업은 현금흐름 정보를 제외하고는 발생기준 회계를 사용하여 재무제표를 작성한다.
② 경영자는 계속기업을 전제로 재무제표를 작성한다.
③ 유사한 항목은 중요성 분류에 따라 재무제표에 구분하여 표시한다.
④ 재무제표는 기업의 재무상태, 재무성과 및 현금흐름을 공정하게 표시해야 한다.

07 재무상태표의 한계가 아닌 것은?

① 자산의 평가에 있어서 다양한 방법이 존재하여 평가금액이 달라질 수 있다.
② 자산을 시가로 평가하기 때문에 객관성이 높다.
③ 기업에 속한 재무적 가치가 있는 많은 항목을 나타내지 못한다.
④ 작성에 있어서 여러 가지 판단과 추정이 사용된다.

08 재무제표의 표시에 대한 일반사항의 설명으로 옳지 않은 것은?

① 한국채택국제회계기준에 따라 작성된 재무제표는 공정하게 표시된 재무제표로 본다.
② 재무제표가 계속기업의 기준하에 작성되지 않는 경우에는 그 사실과 함께 재무제표가 작성된 기준 및 그 기업을 계속기업으로 보지 않는 이유를 공시하여야 한다.
③ 중요하지 않은 항목은 성격이나 기능이 유사한 항목과 통합하여 표시할 수 있다.
④ 자산과 부채, 그리고 수익과 비용은 상계하여 표시한다.

09 재무상태표의 표시에 대한 설명으로 옳지 않은 것은?

① 유동성 순서에 따른 표시방법이 신뢰성 있고 더욱 목적적합한 정보를 제공하는 경우를 제외하고는 유동자산과 비유동자산, 유동부채와 비유동부채로 재무상태표에 구분하여 표시한다.
② 유동성 순서에 따른 표시방법을 적용할 경우 모든 자산과 부채는 유동성의 순서에 따라 표시한다.
③ 기업이 다양한 사업을 영위하는 경우에도 자산과 부채의 일부는 유동·비유동 구분법으로, 나머지는 유동성 순서에 따른 표시방법으로 표시하는 것이 허용되지 않는다.
④ 유동자산은 보고기간 후 12개월 이내에 실현될 것으로 예상되지 않는 경우에도 재고자산 및 매출채권과 같이 정상영업주기의 일부로서 판매, 소비 또는 실현되는 자산을 포함한다.

10 재무제표의 표시에 대한 일반사항의 설명으로 옳지 않은 것은?

① 기업은 비용의 성격별 또는 기능별 분류방법 중에서 신뢰성 있고 더욱 목적적합한 정보를 제공할 수 있는 방법을 적용하여 당기손익으로 인식한 비용의 분석내용을 표시한다.

② 비용을 성격별로 분류하는 기업은 감가상각비, 기타 상각비와 종업원급여비용을 포함하여 비용의 기능에 대한 추가 정보를 공시한다.

③ 포괄손익계산서는 당기손익 부분을 표시하는 별개의 손익계산서와 포괄손익을 표시하는 보고서로 나누어 작성할 수 있다.

④ 한 기간에 인식되는 모든 수익과 비용 항목은 한국채택국제회계기준이 달리 정하지 않는 한 당기손익으로 인식한다.

11 손익계산서의 비용을 성격별로 분류할 때 제시되는 정보가 아닌 것은?

① 매출원가

② 감가상각비

③ 종업원급여

④ 원재료의 사용액

12 재무제표 작성과 표시에 대한 설명으로 틀린 것은?

① 유동항목과 비유동항목을 구분할 때에는 1년을 기준으로 한다.

② 주석은 재무제표의 일부분이다.

③ 이익잉여금처분계산서는 재무제표가 아니며 주석 사항이다.

④ 당기순이익은 총포괄이익에 기타포괄이익을 가산하여 계산한다.

13 주석에 대한 설명으로 옳지 않은 것은?

① 재무제표 작성 근거에 대한 정보를 제공한다.

② 구체적인 회계정책에 대한 정보를 제공한다.

③ 재무제표를 이해하는 데 목적적합한 정보를 제공한다.

④ 재무제표의 일부는 아니지만 필수적인 정보이다.

14 다음 자료는 도소매업을 영위하는 다팔아기업의 포괄손익계산서 계정의 잔액이다. 영업이익은 얼마인가?

(단위: 원)

광고선전비	26,000	유형자산처분이익	10,000
보험료	9,000	대손상각비	5,000
외화환산이익	3,500	매출총이익	356,000
이자비용	31,000	운반비	16,000
무형자산상각비	3,000	감가상각비	14,000
종업원급여	52,000		

① 213,500　　② 231,000
③ 239,000　　④ 278,000

15 (주)바다의 20×1년 손익자료에 따르면, 총포괄이익 12,000원, 재평가이익 2,000원이다. 법인세를 무시할 때, 당기순이익은 얼마인가?

① 9,000　　② 10,000
③ 12,000　　④ 14,000

풀이

01 ④ 표현의 충실성에 대한 설명으로 목적적합성과 더불어 근본적 질적 특성이다.
02 ①
03 ④
04 ③ ㄱ 목적적합성, ㄴ 표현충실성, ㄷ 비교가능성, ㄹ 이해가능성
05 ④
06 ②
07 ②
08 ④
09 ③
10 ②
11 ①
12 ④ 총포괄손익=당기순손익+기타포괄손익
13 ④ 주석은 재무제표의 일부이다.
14 ②

매출총이익		356,000
판매비와관리비		125,000
종업원급여	52,000	
광고선전비	26,000	
보험료	9,000	
운반비	16,000	
감가상각비	14,000	
무형자산상각비	3,000	
대손상각비	5,000	
영업이익		231,000
영업외수익		13,500
유형자산처분이익	10,000	
외화환산이익	3,500	
영업외비용		31,000
이자비용	31,000	
법인세비용차감전순이익		213,500

15 ② 총포괄손익 = 당기순손익 + 기타포괄손익

12,000 = 당기순이익 + (3,000 − 1,000), 당기순이익 = 10,000

Chapter

07

현금, 수취채권과 지급채무

제 1 절　현금 및 현금성자산
제 2 절　수취채권과 지급채무
제 3 절　결산계정
제 4 절　수취채권의 대손

◉ 주요 학습 내용

재무상태표

자 산			부 채		
				유동부채	매입채무
	유동자산	현금 및 현금성자산			기타채무
		매출채권		비유동부채	장기매입채무
		기타채권			장기기타채무
	비유동자산	장기매출채권	자 본		
		장기기타채권			

손익계산서

비 용		수 익
	대손상각비	
	기타의 대손상각비	

◉ 김소호 커피전문점 이야기

김소호 씨가 처음 사업을 시작하려 할 때 친구들은 하나같이 현금을 잘 관리해야 한다는 충고를 빠뜨리지 않았다. 아무리 판매가 원활하고 이익이 나더라도 현금 순환이 매끄럽지 않으면 사업에 어려움을 겪을 수도 있다는 것이었다. 이익이 나면 그만큼 현금 사정이 좋아지는 것 아닌가 하는 의문이 들기도 했지만, 많은 돈이 재고나 설비에 묶이고 외상대금이 생각처럼 잘 걷히지 않자 그 충고의 의미를 이해할 수 있었다.

김소호 씨는 예상치 못한 상황에 대비하기 위해 충분한 현금수준을 유지하려 하였다. 하지만 과도한 현금은 이자수익과 같은 기회비용을 야기하므로 현금 지출과 현금 수입을 예측하고 일정한 현금수준을 유지하기로 생각을 바꾸었다. 우선 고객에게서 받을 외상판매 대금, 거래처의 커피 외상매입 대금, 종업원 급여, 임차료, 설비투자 대금, 가게 유지비용 등 중요한 항목별로 현금의 들어오고 나가는 것을 월, 분기, 연 단위로 예측하였다. 이때 외상판매 대금 같은 경우에는 일부 받지 못할 경우까지 꼼꼼히 감안하였다. 그리고나서 월별, 분기별로 운용자금이 부족하지 않을지 계산하였다.

금융자산에 대한 정보는 기업의 현금지급능력(유동성)에 대한 중요한 정보를 제공한다. 현금성자산이나 단기금융상품 등은 현금은 아니지만 빠른 시간 내에 현금화가 가능한 자산이다. 매출채권이나 미수금 같은 수취채권과 매입채무나 미지급금 같은 지급채무는 단기간 내에 현금의 유입과 유출에 영향을 주는 항목이다. 기업의 단기 현금지급능력은 이러한 계정을 모두 고려해야 한다. 회계에서는 유동성의 정도와 거래의 성격에 따라 계정을 분류하고 관리하도록 하고 있다.

제1절 현금 및 현금성자산

1.1 현금과 금융상품

1.1.1 현금 및 현금성자산

일반적으로 **현금**(cash)은 통화를 말하지만, 회계에서 현금은 현금과 차이가 없는 **통화대용증권**과 **요구불예금**을 포함한다. 타인발행수표는 통화대용증권이며 예금 중에서 현금으로 전환하는데 제약이 없는 보통예금이나 당좌예금은 요구불예금이다.

현금성자산(cash equivalents)은 유동성이 매우 높은 단기 투자자산으로서 확정된 금액의 현금으로 전환이 용이하고 가치변동 위험이 경미한 금융상품을 말한다. 투자자산은 일반적으로 만기일이 단기에 도래하는 경우(예를 들어, 취득일로부터 만기일이 3개월 이내인 경우)에만 현금성자산으로 분류된다. 재무상태표에는 현금과 현금성자산을 현금 및 현금성자산으로 함께 보고하도록 하고 있다.

한편, 금융상품으로서 재무상태표일로부터 만기가 1년 이내인 경우에는 **단기금융상품**(유동자산)으로, 1년을 초과하는 경우에는 **장기금융상품**(비유동자산)으로 분류한다.

자료 7-1 현금 및 현금성자산, 금융상품

계정	내용
현금	통화(지폐, 주화), 타인발행수표(자기앞수표, 당좌수표), 요구불예금(보통예금, 당좌예금), 우편환증서, 송금환 등
현금성자산	양도성예금증서(CD), 기업어음(CP), 환매채(RP), 정기예금, 정기적금 등 취득 당시 만기 또는 상환일이 3개월 이내인 금융상품
단기금융상품	보고기간 말로부터 1년 이내 만기가 도래하는 금융상품
장기금융상품	보고기간 말로부터 1년 이후 만기가 도래하는 금융상품

예제 1

다음 거래를 분개하시오.
① 천룡상회로부터 매출채권 20,000원을 현금 10,000원과 자기앞수표 10,000원으로 회수하다.
② 기계 50,000원을 취득하고 타인발행수표를 지급하다.
③ 튼튼은행에 2년 만기 정기예금에 30,000원을 예치하다.

[풀이]

① 차) 현금	20,000	대) 매출채권	20,000
② 차) 기계	50,000	대) 현금	50,000
③ 차) 장기금융상품	30,000	대) 현금	30,000

1.1.2 당좌예금

거래대금을 지급하기 위해 기업에서 보유하는 예금에는 보통예금과 당좌예금이 있다. 당좌예금은 이자가 지급되지 않으며, 당좌수표나 약속어음의 발행 및 결제와 같은 당좌거래를 할 수 있다는 점에서 보통예금과 차이가 있다.

당좌수표는 기업이나 사업자가 은행에 당좌예금을 개설하고 발행한 수표로, 은행에 지급을 위탁하는 증권이다. **약속어음**은 일정한 기일 내에 일정한 금액을 수취인에게 지급할 것을 약속하는 어음으로, 신용거래에 사용된다.

당좌예금의 잔액은 '0'이하가 될 수 없다. 그러나 은행과 **당좌차월계약**을 하면 한도 내에서는 당좌예금 잔액을 초과하여 당좌수표나 약속어음을 발행하는 것이 허용된다. 잔액을 초과하여 결제된 금액은 통장에 음수로 표시되는데 이를 **당좌차월**(bank overdraft)이라 한다. 이 당좌차월 금액은 은행에서 자금을 차입한 것과 동일하므로, 결산일 재무상태표에는 단기차입금으로 표시한다.

한편, 당좌예금 잔액과 당좌차월 한도를 초과하여 발행된 수표와 어음은 은행에서 지급을 거절하는데, 이를 **부도수표**와 **부도어음**이라 한다.

예제 2

다음 거래를 분개하시오. 단, 회사는 당좌예금 계정을 사용하며, 현재의 당좌예금 잔액은 150,000원, 당좌차월 한도액은 200,000원이다.
① 상품 100,000원을 매입하고 대금은 당좌수표를 발행하여 지급하다.
② 비품 90,000원을 취득하고 대금은 당좌수표를 발행하여 지급하다.
③ 결산일에 당좌예금 계정 잔액을 단기차입금 계정으로 대체하다.

[풀이]

① 차) 상품(또는 매입)	100,000	대) 당좌예금	100,000
② 차) 비품	90,000	대) 당좌예금	90,000
③ 차) 당좌예금	40,000	대) 단기차입금	40,000

1.2 현금 관리

1.2.1 소액현금

현금의 지출은 반드시 타당한 증빙에 의해서만 이루어져야 한다. 그러나 소모품의 구입, 시내출장 여비, 간식비와 같은 사소한 지출에 대비해서 소액의 현금을 보유하는 것이 편리한 경우가 많다. 기업에서는 이와 같은 지출을 예상하여 각 부서에 일정 금액의 현금을 미리 지급하기도 하는데 이를 **소액현금**(petty cash) 또는 **전도금**이라 한다.

결산일에는 각 부서별로 현금실사를 실시하고, 남아 있는 소액현금은 현금 계정으로 대체한다.

예제 3

다음 거래를 분개하시오.
① 구매부에 1개월간 필요한 자금 10,000원을 현금으로 지급하다.
② 구매부로부터 위 금액에 대한 지출내역을 다음과 같이 통보받고 동 금액을 보충해 주다.

소모품비 5,000　　　출장교통비 2,000

[풀이]

① 차) 소액현금(구매부)	10,000	대) 현금	10,000
② 차) 소모품비	5,000	대) 현금	7,000
여비교통비	2,000		

1.2.2 현금과부족

현금을 취급하는 과정에서 장부상의 금액과 금고에 실제 보관하고 있는 금액이 일치하지 않을 때가 있다. 이러한 경우에는 우선 **현금과부족**(cash over and short) 계정을 설정하여 실제 금액과 장부상의 금액을 일치시키고 이후에 그 차이의 원인을 밝혀야 한다. 실제 현금이 부족한 경우에는 현금과부족 계정 차변에 기록하고 남는 경우에는 현금과부족 계정의 대변에 기록한다.

결산일까지 차이 원인을 밝히지 못한 경우라면 현금과부족 계정의 차변 잔액은 잡손실로 대체하고 대변 잔액은 잡이익 계정에 대체한다.

현금 시재액 〈 현금 장부액				
차이 발생	차) 현금과부족	***	대) 현금	***
원인 확인	차) (원인 계정)	***	대) 현금과부족	***
결산일	차) 잡손실	***	대) 현금과부족	***

현금 시재액 〉 현금 장부액				
차이 발생	차) 현금	***	대) 현금과부족	***
원인 확인	차) 현금과부족	***	대) (원인 계정)	***
결산일	차) 현금과부족	***	대) 잡이익	***

예제 4

다음의 거래를 분개하시오.

① 현금 시재액과 장부 잔액을 비교한 결과 20,000원이 부족함을 발견하다.

② 위 금액 중 15,000원은 출납 직원이 친구에게 선물을 하기 위해 사용한 것으로 밝혀져 동 금액을 급여일에 차감하기로 하다.

③ 결산일 현재 차이 금액 5,000원에 대한 원인을 밝히지 못하다.

[풀이]

	차변	금액	대변	금액
①	차) 현금과부족	20,000	대) 현금	20,000
②	차) 단기대여금	15,000	대) 현금과부족	15,000
③	차) 잡손실	5,000	대) 현금과부족	5,000

1.2.3 당좌예금과 은행계정조정표

당좌예금의 장부상 잔액과 은행측 잔고가 같아야 하지만 간혹 일치하지 않는 경우가 있다. 따라서 주기적으로 양쪽의 잔액을 대조하여 차이의 원인을 밝힐 필요가 있는데 이를 **은행계정조정**이라 하며 이에 따라 작성하는 표를 **은행계정조정표**(bank reconciliation statement)라 한다.

은행에는 기록이 되었으나 회사의 장부에는 미처 반영되지 않아서 장부잔액과 통장잔액이 일치하지 않는 경우에는 주로 다음과 같은 것들이 있다. 이 항목들에 대해서는 기업이 장부상의 예금잔액을 정확한 금액으로 조정하기 위해 수정분개를 해야 한다.

① **미통지예금** : 거래처에서 대금결제를 위해 회사의 당좌예금 계정에 직접 예입하였으나 회사에는 통지하지 않아서 회사 측 당좌예금 계정에 기록되지 않은 경우
⇒ 회사 측 당좌예금 계정에 가산(+)하는 수정분개

② **은행수수료** : 은행에서 수수료를 당좌예금 계정에서 차감하였으나 회사는 이를 통지받지 못해 회사 측 당좌예금 계정에 기록되지 않은 경우
⇒ 회사 측 당좌예금 계정에 차감(−)하는 수정분개

③ **부도수표** : 당좌예금한 수표가 지급 거절로 부도수표가 되어 은행 측 당좌예금 계정이 감소되었는데, 회사는 이를 통지받지 못해 회사 측 당좌예금 계정에 기록되지 않은 경우
⇒ 회사 측 당좌예금 계정에 차감(−)하는 수정분개

한편 회사의 장부에는 반영되었으나 은행에 기록되지 않아서 장부잔액과 통장 잔액이 일치하지 않는 원인에는 주로 다음과 같은 것들이 있다. 이 항목들에 대해서는 은행이 예금잔액을 정확한 금액으로 조정하기 위해 수정분개를 해야 한다.

① **은행미기록예금** : 회사는 상대방으로부터 입금을 통보받아 당좌예금 계정에 차기하였으나, 업무 마감시간 이후에 도착하였거나 타지에서 입금된 이유 등으로 은행 측 당좌예금 계정에는 기록되지 않은 경우
⇒ 은행 측 당좌예금 계정에 가산(+)하는 수정분개

② **기발행미인출수표** : 회사는 수표를 발행하여 당좌예금 계정에 대기하였으나, 수표를 받은 상대방이 아직 은행에 수표를 제시하지 않아서 은행 측 당좌예금 계정에는 기록되지 않은 경우
⇒ 은행 측 당좌예금 계정에 차감(-)하는 수정분개

이러한 것들 외에도 부도어음의 추심, 이자수익, 이자비용, 부정, 오류 등에 의해서도 회사 측 당좌예금 장부금액과 은행 측 당좌예금 사이에 차이가 발생할 수 있다.

어느 경우든 기록이 되지 않은 측의 당좌예금을 수정분개를 통해 조정하여 정확한 당좌예금 잔액으로 수정하면 된다.

예제 5

다음 자료를 이용하여 회사의 은행계정조정표를 작성하고 회사의 장부에 반영할 수정사항을 분개하시오.

20×1년 12월 31일 현재 신속기업의 당좌예금 잔액은 207,500원인데 은행의 잔액증명서상의 잔액은 322,500원이다. 차이가 발생한 원인을 조사한 결과 다음과 같은 사실을 발견하였다.

① 매출채권 중 102,000원을 거래처에서 은행에 입금하였으나 회사는 통지받지 못했다.
② 매입대금을 지급하기 위해 발행한 수표 19,000원이 아직 은행에 제시되지 않았다.
③ 은행에서 수수료 6,000원을 계좌관리 수수료로 차감하였으나 회사에는 전달되지 않았다.

[풀이]

1. 은행계정조정표의 작성

은행계정조정표

20×1년 12월 31일

회사		은행	
조정전 잔액	207,500	조정전 잔액	322,500
조정사항		조정사항	
• 회사미기록예금	102,000	• 기발행미인출수표	(19,000)
• 지급수수료	(6,000)		
조정후 잔액	303,500	조정후 잔액	303,500

2. 수정분개

차) 당좌예금	102,000	대) 매출채권	102,000
지급수수료	6,000	당좌예금	6,000

제2절 수취채권과 지급채무

2.1 수취채권과 지급채무 개요

수취채권은 현금을 수취할 수 있는 채권이며, **지급채무**는 현금을 지급할 의무를 지닌 채무이다. 수취채권은 '받을 돈'을, 지급채무는 '갚을 돈'을 의미한다.

채권과 채무는 기업의 다양한 경영활동 과정에서 발생하는데, 회계에서는 발생 원천에 따라 서로 다른 계정을 사용한다. 수취채권은 주된 영업활동에서 발생한 **매출채권**과 주된 영업활동 이외에서 발생한 **기타채권**으로 구분하고, 지급채무도 발생 원천이 주된 영업활동인지의 여부에 따라 **매입채무**와 **기타채무**로 구분한다.

[자료 7-2]에서 매출채권을 제외한 수취채권은 기타채권이며, 매입채무를 제외한 지급채무는 기타채무이다. 한편, 기타채권과 기타채무의 일부는 중요도에 따라 별도로 제시하거나 분류하기도 한다.

자료 7-2 수취채권과 지급채무

<table>
<tr><th>거래</th><th colspan="2">수취채권(자산)</th><th colspan="2">지급채무(부채)</th><th>거래</th></tr>
<tr><td>서비스제공, 재고자산 판매에서 발생한 구두 외상대금</td><td>외상매출금</td><td rowspan="2">매출채권</td><td rowspan="2">매입채무</td><td>외상매입금</td><td>재고자산 매입에서 발생한 구두 외상대금</td></tr>
<tr><td>서비스제공, 재고자산 판매에서 발생한 어음 외상대금</td><td>받을어음</td><td>지급어음</td><td>재고자산 매입에서 발생한 어음 외상대금</td></tr>
<tr><td>재고자산 외의 자산 매각에서 발생한 외상대금</td><td colspan="2">미수금</td><td colspan="2">미지급금</td><td>재고자산 외의 자산 취득에서 발생한 외상대금</td></tr>
<tr><td>자금의 대여</td><td colspan="2">대여금</td><td colspan="2">차입금</td><td>자금의 차입</td></tr>
<tr><td>거래에 앞서 대금을 미리 지급한 금액</td><td colspan="2">선급금</td><td colspan="2">선수금</td><td>거래에 앞서 대금을 미리 수취한 금액</td></tr>
</table>

2.2 매출채권과 매입채무

기업 사이의 거래에서는 거래한 날로부터 일정 기간(예를 들어 90일) 후에 대금을 지급하는 외상거래가 많다. 외상거래는 상대방과의 약속(구두계약)에 의하거나 어음 거래로 이루어진다.

매출채권은 주된 영업활동에서 발생한 받을 외상대금으로, 외상매출금과 받을어음 계정을 포함한다. 재고자산을 판매하고 대금을 추후에 받기로 구두로 약속하였다면 외상매출금으로 기록하고 어음을 수령하였다면 받을어음으로 기록한다. **외상매출금**이 구두약속이라면 **받을어음**은 어음이라는 문서로 약속한 점이 다르다.

재고자산을 매입하고 대금을 추후에 지급하기로 구두로 약속하였다면 외상매입금으로 기록하고 어음을 지급하였다면 지급어음으로 기록한다. **매입채무**는 주된 영업활동에서 발생한 갚을 외상대금으로, **외상매입금**은 구두약속인 반면 **지급어음**은 어음에 의한 약속이다. 여기서 주된 영업활동이라 함은 용역의 제공, 상품이나 제품의 매매 등을 의미한다.

어음에는 지급금액과 지급일(만기일) 그리고 지급은행(어음발행자의 거래은행)이 표시되어 있다. 어음소지자가 지급일에 지급은행에 대금의 지급을 요청하면 해당 은행은 어음발행자의 계좌에서 돈을 지급한다.

실무에서는 외상매출금과 받을어음, 외상매입금과 지급어음 계정을 사용하고 재무제표에는 이를 각각 합하여 매출채권과 매입채무로 보고한다. 실무에서는 계정을 비교적 세부적으로 관리하고 재무제표에는 유사한 계정을 통합하여 보고하는 것으로 이해하면 된다. 이는 다른 계정에서도 마찬가지이다.

예제 6

다음 거래를 분개하시오.
① 상품 11,500원을 매입하고 대금은 3개월 만기 어음을 발행하다.
② 23,000원 상당의 용역을 제공하고 대금은 1개월 후에 수령하기로 하다.

[풀이]

① 차) 상품(또는 매입)	11,500	대) 매입채무(또는 지급어음)	11,500
② 차) 매출채권(또는 외상매출금)	23,000	대) 용역수익	23,000

2.3 기타 채권과 채무

미수금과 미지급금

미수금과 미지급금은 일반적인 상거래 이외에서 발생한 미수 채권과 미지급 채무이다. 상품을 외상으로 판매하면 매출채권으로 기록하지만, 기계나 건물 등 재고자산 이외의 자산을 외상으로 매각하면 **미수금**으로 기록한다. 그리고 상품을 외상으로 매입하면 매입채무로 기록하지만, 재고자산 이외의 자산을 외상으로 취득하면 **미지급금**으로 기록한다.

선수금과 선급금

거래에 앞서 미리 대금을 수수하는 경우 선수금과 선급금 계정에 기록한다. 예를 들어 재고자산을 판매하기로 약속하고 미리 받은 대금은 선수금으로 기록한다. **선수금**은 계약이 이행되기 전에는 상환의무가 있는 채무(부채)이며, 거래가 이행되면 판매대금으로 귀속된다. 재고자산을 매입하기로 약속하고 대금을 미리 건넨 거래처에서는 이를 **선급금**으로 기록한다. 선급금은 계약이 이행되기 전에는 돌려받을 수 있는 채권(자산)이며, 거래가 이행되면 매입대금으로 귀속된다.

대여금과 차입금

대여금과 차입금은 자금 거래, 즉 금전의 대여나 차입에 사용하는 계정과목이다. 대여기간이나 차입기간이 1년 이내인 경우에는 **단기대여금** 또는 **단기차입금**의 계정과목을 사용하고 1년을 초과하는 경우에는 **장기대여금** 또는 **장기차입금**이라는 계정과목을 사용한다.

예제 7

다음 거래를 분개하시오.

① 건물을 구입하고 대금 21,000원은 1개월 후에 지급하기로 하다.
② 장부가 30,000원의 토지를 처분하면서 대가는 추후에 받기로 하다.
③ 장부가 15,000원의 기계를 매각하기로 약정하고 계약금 5,000원을 받다.
④ 상품을 매입하기로 약정하고 계약금 4,000원을 지급하다.
⑤ 은행에서 2년 후 상환하기로 하고 20,000원을 차입하다.
⑥ 임직원에게 12,000원을 6개월간 대여하다.

[풀이]

	차변	금액	대변	금액
①	차) 건물	21,000	대) 미지급금	21,000
②	차) 미수금	30,000	대) 토지	30,000
③	차) 현금	5,000	대) 선수금	5,000
④	차) 선급금	4,000	대) 현금	4,000
⑤	차) 현금	20,000	대) 장기차입금	20,000
⑥	차) 단기대여금	12,000	대) 현금	12,000

제3절 결산계정

3.1 결산계정의 의의

결산계정은 결산 시에 수익과 비용을 발생기준에 따라 인식하기 위해 사용하는 계정이다. 미수수익과 미지급비용은 수익과 비용의 기간경과 분에 대한 자산과 부채를 인식할 때 사용하는 계정과목이며, 선수수익과 선급비용은 수익이나 비용의 미경과 분을 이연하기 위한 목적으로 사용하는 계정과목이다.

자료 7-3 결산 관련 계정

구성요소 / 기간	자산	부채
기간 경과	미수수익 (당기 수익의 미수)	미지급비용 (당기 비용의 미지급)
기간 미경과	선급비용 (차기 비용의 선급)	선수수익 (차기 수익의 선수)

3.2 미수수익과 미지급비용

미수수익은 당기에 속하는 수익 중 아직 받지 않은 것으로 미수이자, 미수임대수익 등이 있다. **미지급비용**은 당기에 속하는 비용 중 아직 지급하지 않은 것으로 미지급이자, 미지급임차비용, 미지급급여 등이 있다.

미수수익과 미지급비용은 당기의 수익과 비용을 발생기준에 따라 정확하게 인식하기 위해 사용하는 계정이다. 즉, 당기에 발생하였으나 기록하지 않은 수익이나 비용을 결산일에 결산정리를 통해 인식하는 것이다.

결산일	차) 미수수익	***	대) ○○수익	***
결산일	차) ○○비용	***	대) 미지급비용	***

예제 8

다음 자료에 의해 결산일(12월 31일)에 계상할 미수수익 또는 미지급비용 금액을 계산하고 이를 반영하기 위한 분개를 하시오.

① 8월 1일 우리기업은 나라은행에 1년 만기 정기적금 1,500,000원을 가입하였으며 이에 대한 이자율은 연 10%이고, 이자는 만기에 일시 지급된다.

② 11월 1일 우리기업은 월 임차비용 100,000원 조건으로 사무실을 임차하면서 임차비용은 3개월 단위로 후불하기로 하였다.

[풀이]

① 차) 미수수익(미수이자) 62,500 대) 이자수익 62,500

1년간 총 이자수익 : 150,000(=1,500,000×10%)

당기에 인식할 이자수익 : 150,000×5개월/12개월 = 62,500

② 차) 임차비용 200,000 대) 미지급비용(미지급임차비용) 200,000

3.3 선급비용과 선수수익

선급비용은 당기에 비용으로 기록하였으나 차기에 속하는 비용을 자산으로 기록한 것으로 선급이자, 선급보험료, 선급임차비용 등이 있다. **선수수익**은 당기에 수익으로 기록하였으나 차기에 속하는 수익을 부채로 기록한 것으로 선수이자, 선수임대수익 등이 있다.

선급비용과 선수수익은 당기의 수익과 비용을 발생기준에 따라 정확하게 인식하기 위해 사용하는 계정이다. 즉, 당기에 비용과 수익으로 기록하였으나 차기에 속하는 비용과 수익을 결산일에 결산정리를 통해 인식하는 것이다.

그런데 선급비용과 선수수익은 기중에 비용과 수익 대신에 선급비용과 선수수익으로 기록하는 대체적인 방법도 있다. 기중의 기록에 따라 결산정리가 달라지므로 〈예제 9〉와 〈예제 10〉을 통해 확인하도록 하자.

4장에서 살펴본 바와 같이, 기중에 비용으로 인식한 것 중에서 차기에 속하는 부분은 결산일에 선급비용으로 인식한다.

기중	차) ○○비용	***	대) 현금	***
결산일	차) 선급비용	***	대) ○○비용	***

그런데 기중에 지출한 현금을 선급비용으로 기록할 수 도 있다. 이 경우에는 선급비용 중에서 당기에 속하는 부분을 결산일에 당기비용으로 인식하면 된다.

기중	차) 선급비용	***	대) 현금	***
결산일	차) ○○비용	***	대) 선급비용	***

예제 9

11월 1일에 (주)보라는 도리(주)에서 자금을 차입하면서 이자 3개월분 600,000원을 미리 지급하였다. 이자와 관련된 분개를 하고 12월 말 결산정리를 하시오.

[풀이]

1) 11월 1일 이자 지급을 이자비용으로 처리한 경우

11월 1일	차) 이자비용	600,000	대) 현금	600,000
12월 31일	차) 선급비용(선급이자)	200,000	대) 이자비용	200,000

2) 11월 1일 이자 지급을 선급이자로 처리한 경우

11월 1일	차) 선급비용(선급이자)	600,000	대) 현금	600,000
12월 31일	차) 이자비용	400,000	대) 선급비용(선급이자)	400,000

4장에서 살펴본 바와 같이, 기중에 수익으로 인식한 것 중에서 차기에 속하는 부분은 결산일에 선수수익으로 인식한다.

기중	차) 현금	***	대) ○○수익	***
결산일	차) ○○수익	***	대) 선수수익	***

그런데 기중에 수령한 현금을 선수수익으로 기록할 수도 있다. 이 경우에는 선수수익 중에서 당기에 속하는 부분을 결산일에 당기수익으로 인식하면 된다.

기중	차) 현금	***	대) 선수수익	***
결산일	차) 선수수익	***	대) ○○수익	***

예제 10

11월 1일에 (주)도리는 보라(주)에 자금을 대여하면서 이자 3개월분 600,000원을 미리 수취하였다. 이자와 관련된 분개를 하고 12월 말 결산정리를 하시오.

[풀이]

1) 11월 1일 이자 수취를 이자수익으로 처리한 경우

11월 1일	차) 현금	600,000	대) 이자수익	600,000
12월 31일	차) 이자수익	200,000	대) 선수수익(선수이자)	200,000

2) 11월 1일 이자 수취를 선수이자로 처리한 경우

11월 1일	차) 현금	600,000	대) 선수수익(선수이자)	600,000
12월 31일	차) 선수수익(선수이자)	400,000	대) 이자수익	400,000

제4절 수취채권의 대손

4.1 매출채권의 대손

거래처 사정으로 매출채권이 현금으로 회수하지 못하기도 하는데 이를 **매출채권의 대손**이라 한다. 매출채권의 **신용위험**이 유의적으로 증가하면 회수불가능한 금액을 추정하여 결산시에 **대손상각비**로 인식하고 대손충당금 계정을 사용하여 매출채권을 차감하는 결산정리를 한다. 매출채권을 직접 감소시키는 대신 **대손충당금** 계정을 사용하는 것은 차감내역을 설명하기 위해서이다.

결산일	차) 대손상각비	***	대) 대손충당금	***

기중에 실제 대손이 확정되면 이미 설정해 둔 대손충당금을 매출채권과 우선 상계처리하고 대손충당금이 부족한 경우에는 부족액을 추가로 대손상각비로 인식한다.

대손확정	차) 대손충당금	***	대) 매출채권	***
	대손상각비*	***		

* 대손액이 대손충당금보다 큰 경우 차액

만약 대손처리된 매출채권을 이후에 현금으로 회수하게 되면, 대손충당금을 증가시키는 회계처리를 한다. 이 분개는 대손 취소와 매출채권 회수라는 두 분개를 합친 것으로 이해하면 된다.

대손취소	차) 매출채권	***	대) 대손충당금	***
매출채권 회수	현금	***	매출채권	***

= 대손회수	차) 현금	***	대) 대손충당금	***

한편, 대손상각비 대신 **손상차손** 계정을 사용하고, 대손충당금 대신 **손실충당금** 계정을 사용하기도 한다.

예제 11

20×1년에 설립된 참나(주)의 매출채권 및 대손과 관련된 내용이다. 다음 각 일자별로 대손충당금과 관련된 회계처리를 하시오.

① 20×1.12.31 매출채권 900,000원 중 18,000원이 회수 불가능할 것으로 예상되었다.
② 20×2. 2. 7 10,000원이 대손 확정되었다.
③ 20×2. 5. 3 추가로 14,000원이 대손 확정되었다.
④ 20×2.12.31 매출채권 잔액은 1,000,000원이고, 이 중 20,000원이 회수불가능할 것으로 예상되었다.

[풀이]

일자	차변		대변	
20×1.12.31	대손상각비	18,000	대손충당금	18,000
20×2. 2. 7	대손충당금	10,000	매출채권	10,000
20×2. 5. 3	대손충당금	8,000	매출채권	14,000
	대손상각비	6,000		
20×2.12.31	대손상각비	20,000	대손충당금	20,000

부분 재무상태표

20×1.12.31			20×2. 2. 7		
매출채권	900,000		매출채권	890,000	
(대손충당금)	(18,000)		(대손충당금)	(8,000)	
	882,000			882,000	

20×2. 5. 3			20×2. 12. 31		
매출채권	876,000		매출채권	1,000,000	
(대손충당금)	(0)		(대손충당금)	(20,000)	
	876,000			980,000	

4.2 기타채권의 대손

매출채권의 대손은 대손상각비로 기록하고 판관비로 분류한다. 기타채권도 매출채권처럼 대손이 발생한다. 기타채권의 대손은 기타비용인 **기타의 대손상각비**로 기록하고 상대 계정은 **기타의 대손충당금**을 사용한다. 예를 들어 미수금의 대손은 기타의 대손상각비로 기록하고 기타비용으로 분류한다.

한편, 기타의 대손상각비 대신 **기타의 손상차손** 계정을 사용하고, 기타의 대손충당금 대신 **기타의 손실충당금** 계정을 사용하기도 한다.

학·습·정·리

01 (   )은 유동성이 매우 높은 단기 투자자산으로서 확정된 금액의 현금으로 전환이 용이하고 가치변동 위험이 경미한 자산을 말한다.

02 금융상품으로서 재무상태표일로부터 만기가 1년 이내인 경우에는 유동자산인 (   )으로 분류한다.

03 당좌차월 금액은 은행에서 자금을 차입한 것과 동일하므로, 결산일 재무상태표에는 (   )으로 표시한다.

04 현금을 취급하는 과정에서 장부상의 금액과 금고에 실제 보관하고 있는 금액이 일치하지 않을 경우 우선 (   ) 계정에 기록한다.

05 장부상의 예금 잔액과 은행의 통장 잔액을 주기적으로 대조하여 차이의 원인을 밝히기 위해 작성하는 표를 (   )라 한다.

06 상품을 외상으로 판매하면 매출채권으로 기록하지만, 기계나 건물 등 재고자산 이외의 자산을 외상으로 매각하면 (   )으로 기록한다.

07 매출채권은 주된 영업활동에서 발생한 받을 외상대금으로, 구두 약속을 기록하는 외상매출금과 어음 약속을 기록하는 (   )을 포함한다.

08 거래에 앞서 미리 수령한 계약금은 (   )으로 기록하는데, 이는 계약이 이행되기 전에는 상환 의무가 있는 채무(부채)이다.

09 기중에 실제 대손이 확정되면 이미 설정해 둔 (   )을 우선적으로 매출채권과 상계처리하고 부족한 경우에는 부족액을 추가로 대손상각비로 처리한다.

10 매출채권의 대손은 대손상각비로 기록하고 판관비로 분류하며, 기타채권의 대손은 (   )로 기록하고 기타비용으로 분류한다.

풀이

01 현금성자산 **02** 단기금융상품 **03** 단기차입금 **04** 현금과부족 **05** 은행계정조정표
06 미수금 **07** 받을어음 **08** 선수금 **09** 대손충당금(또는 손실충당금) **10** 기타의 대손상각비 (또는 기타의 손상차손)

기·본·문·제

01 20×1년 12월 말 현재 회사 측 당좌예금 잔액은 7,400원인데, 은행에서 통보받은 은행예금잔액증명서상 당좌예금 잔액은 7,750원이었다. 차이의 원인이 다음과 같을 때, 결산일 시점의 정확한 당좌예금 잔액을 계산하고 회사 측 결산정리분개를 하시오.

> ① 결산일에 입금한 100원을 은행에서는 차기 1월 초에 입금처리하였다.
> ② 거래처가 기업에 통지하지 않고 상품의 외상매입 대금 600원을 당좌계좌에 입금하였다.
> ③ 기중에 당좌예입한 수표 중 500원이 부도처리되었으나 회사는 이를 통제받지 못하였다.
> ④ 은행이 계좌에 부여한 관리 수수료는 150원이다.
> ⑤ 거래처에 발행 교부한 당좌수표 500원이 미결제되었다.

02 A기업은 도매상에서 상품을 매입해서 B소매상에 판매하는 중간도매상이다. 다음 거래를 A기업과 B기업 입장에서 각각 분개하시오.

① A기업이 B기업에 상품 10,000원을 판매하고 어음을 받다.
② A기업은 B기업에서 비품 8,500원을 구입하고 대가는 추후 정산하기로 한다.
③ A기업은 B기업에 상품을 판매하기로 하고 계약금으로 1,000원을 미리 받다.
④ A기업은 B기업에 현금 5,000원을 빌려주고 2년 후 받기로 하다.

03 다음 거래를 분개하고, 12월 31일자로 결산수정분개를 하시오.

① 10월 1일. 건물 화재보험에 가입하면서 1년치 보험료 120,000원을 지급하고 보험료로 기록하다.
② 11월 1일. 건물을 임대해 주고 6개월치 임대수익 600,000원을 미리 받아 선수임대수익으로 기록하다.
③ 12월 1일. 연 이자율 6%로 500,000원을 단기 대여하다. 이자는 원금 상환시 일시에 수취하는 조건이다.
④ 12월 16일. 월 급여 200,000원에 직원을 채용하다. 급여일은 매월 15일이다.

04 다음은 20×2년 (주)마음의 매출 및 매출채권과 관련된 거래내역이다. 20×1년 말 매출채권은 200,000원이며 대손충당금은 18,000원이다. 각 거래를 분개하시오.

① 20×2. 2. 3. 상품을 판매하고 대가 100,000원을 어음으로 받다.
② 20×2. 5. 6. 거래처 부도로 매출채권 12,000원을 회수할 수 없게 되다.
③ 20×2. 8. 7. 상품을 외상으로 판매하다. 대가 40,000원 중 10,000원은 현금으로 받다.
④ 20×2.12.31. 매출채권 잔액에 대한 대손충당금은 15,000원으로 추정되다.

⑤ 20×3. 3. 5. 매출채권 33,000원을 회수하다.
⑥ 20×3. 4.12. 거래처 파산으로 매출채권 16,000원을 회수할 수 없게 되다.
⑦ 20×3. 5. 1. 대손처리한 금액 중 2,500원을 현금으로 회수하다.

풀이

01

은행계정조정표
20×1년 12월 31일

회사		은행	
조정전 금액	7,400	조정전 금액	7,750
미통지예금	600	미기입예금	100
부도수표	(500)	기발행 미인출수표	(500)
지급수수료	(150)		
조정후 금액	7,350	조정후 금액	7,350

회사측 결산정리분개

	차변		대변	
미통지예금	당좌예금	600	매출채권	600
부도수표	대손충당금	400	당좌예금	500
수수료	수수료	350	당좌예금	150

* 부도수표는 대손 요건을 충족하면 대손충당금으로 처리한다.

02

A기업	차변		대변	
①	매출채권(받을어음)	10,000	매출	10,000
②	비품	8,500	미지급금	8,500
③	현금	1,000	선수금	1,000
④	장기대여금	5,000	현금	5,000

B기업	차변		대변	
①	상품(또는 매입)	10,000	매입채무(지급어음)	10,000
②	미수금	8,500	비품	8,500
③	선급금	1,000	현금	1,000
④	현금	5,000	장기차입금	5,000

03

(기중 분개)

		차변		대변	
①	10. 1	보험료	120,000	현금	120,000
②	11. 1	현금	600,000	선수수익(선수임대수익)	600,000
③	12. 1	단기대여금	500,000	현금	500,000

④ 12.16 분개없음

(기말 결산수정 분개)

		차변		대변	
①	12.31	선급비용(선급보험료)	90,000	보험료	90,000
②	12.31	선수수익(선수임대수익)	200,000	임대수익	200,000
③	12.31	미수수익(미수이자)	2,500	이자수익	2,500
④	12.31	급여	100,000	미지급비용(미지급급여)	100,000

04

		차변		대변	
①	20×2. 2. 3.	매출채권	100,000	매출	100,000
②	20×2. 5. 6.	대손충당금	12,000	매출채권	12,000
③	20×2. 8. 7.	매출채권 현금	30,000 10,000	매출	40,000
④	20×2.12.31.	대손상각비	9,000	대손충당금	9,000
⑤	20×3. 3. 5.	현금	33,000	매출채권	33,000
⑥	20×3. 4.12.	대손충당금 대손상각비	15,000 1,000	매출채권	16,000
⑦	20×3. 5. 1.	현금	2,500	대손충당금	2,500

* ④ 남은 대손충당금이 6,000원이므로 추가로 9,000원의 대손충당금을 설정한다.
  ⑥ 대손충당금이 15,000원이므로 초과액 1,000원은 추가로 대손상각비로 처리한다.
  ⑦ 다음 두 거래를 합친 것으로 이해하면 된다.

(차) 매출채권	2,500	(대) 대손충당금	2,500	(대손 취소)
(차) 현금	2,500	(대) 매출채권	2,500	(매출채권 현금회수)

연·습·문·제

01 20×1년 12월 31일 현재 (주)문화가 보유한 금융자산의 내역이 다음과 같을 때 재무상태표에 표시할 현금 및 현금성자산의 잔액은 얼마인가?

(단위: 원)

현금(통화)	150,000
거래처로부터 받은 자기앞수표	200,000
보통예금	100,000
만기가 6개월 남은 정기예금증서	300,000
상품 판매 후 받은 만기가 미도래한 약속어음	110,000

① 150,000 ② 350,000
③ 450,000 ④ 750,000

02 현금 및 현금성자산으로 분류되지 않는 것은?

① 타인발행수표
② 요구불예금
③ 상환일이 정해져 있고 취득일로부터 상환일까지의 기간이 단기인 우선주
④ 단기간 처분 예정인 상장주식

03 현금 및 현금성자산의 크기에 영향을 미치는 거래는?

① 당좌예금 계좌에 현금을 입금하다.
② 취득 당시 만기가 4개월 남은 금융상품을 현금으로 취득하다.
③ 보유 중인 우편환증서를 현금으로 바꾸다.
④ 소액현금을 결산일에 현금으로 대체하다.

04 현금 시재액과 장부 잔액을 비교한 결과 일부 부족함이 발견되어 현금과부족으로 기록하였다. 그런데 그 중에서 5,000원이 교통비로 사용된 것으로 확인되었다면 적절한 분개는?

①	(차) 현금과부족	5,000	(대) 교통비	5,000
②	(차) 교통비	5,000	(대) 현금과부족	5,000
③	(차) 소액현금	5,000	(대) 교통비	5,000
④	(차) 현금과부족	5,000	(대) 소액현금	5,000

05 코리아기업은 영업용 설비를 취득하면서 대금 200,000원에 대해 3개월 후 지급조건의 어음을 발행하여 교부하였다. 이때 대변 계정과목으로 적절한 것은?

① 미지급금 ② 매입채무
③ 미지급비용 ④ 지급어음

06 20×1년 12월 31일 현재 (주)ABC의 장부상 당좌예금 잔액은 320,000원이었으며, 은행에서 발행한 당좌예금 잔액증명서의 잔액은 327,000원이었다. 그 차이 원인이 다음과 같을 때 20×1년말 (주)ABC의 올바른 당좌예금 잔액은 얼마인가?

(단위: 원)

은행의 수수료 부과액	5,000
은행 미기입예금	40,000
받을어음 추심액	35,000
은행에 입금된 수표 중 부도처리된 수표	20,000
기발행미인출수표	25,000
거래처에서 (주)ABC에 통보하지 않고, 은행에 직접 입금한 금액	12,000

① 322,000 ② 330,000
③ 342,000 ④ 367,000

07 은행계정조정표를 작성할 때 회사 측 조정 사항이 아닌 것은?

① 기발행 미인출수표 ② 부도수표
③ 은행수수료 ④ 부도어음의 추심

08 (주)한라는 20×1년 10월 1일에 1년분 보험료 120,000원을 현금지급하면서 선급보험료로 회계처리하였다. (주)한라의 20×1년 12월 31일 기말 결산수정분개로 옳은 것은?

차 변		대 변	
① 보험료	30,000	선급보험료	30,000
② 선급보험료	90,000	보험료	90,000
③ 선급보험료	30,000	보험료	30,000
④ 보험료	90,000	선급보험료	90,000

09 (주)백두는 20×1년 8월 1일에 1년분 임대수익 12,000원을 수령하면서 전액 수익으로 회계처리하였다. 20×1년 12월 31일 기말 결산수정분개로 옳은 것은?

차 변		대 변	
① 임대수익	5,000	선급임차비용	5,000
② 임대수익	7,000	현금	7,000

③ 임대수익	7,000	선수임대수익	7,000
④ 현금	7,000	임대수익	7,000

10 다한다상사의 당기순이익은 100,000원이었다. 그런데 여기에는 다음과 같은 항목들이 결산과정에서 누락되었음이 밝혀졌다. 정확한 당기순이익은 얼마인가? 단, 법인세는 무시한다.

임대수익 중 선수액	5,000원	임차비용 중 선급액	3,000원
종업원급여 미지급액	10,000원	이자수익 미수액	6,000원

① 90,000 ② 92,000
③ 94,000 ④ 96,000

11 다음 중 매출채권 또는 매입채무 계정을 사용하지 않는 거래는?

① 서비스기업이 용역을 제공하고 대가로 어음을 수령하다.
② 상품을 판매하고 대가는 추후에 받기로 하다.
③ 제품 제조에 필요한 원재료를 외상으로 매입하다.
④ 비품을 취득하고 어음을 지급하다.

12 매출채권의 대손충당금이 과대 설정될 경우에 재무제표에 미치는 영향으로 옳은 것은?

① 대손상각비 과대 계상 ② 매출채권 과대 계상
③ 이익의 과대 계상 ④ 자본의 과대 계상

13 다음 거래에 따른 매출채권은 얼마인가?

- A거래처에 상품 20,000원을 판매하고 대금은 외상으로 하였다.
- 기계장치를 처분하고 대금 50,000원은 추후에 받기로 하였다.
- 직원에게 30,000원을 대여하였다.
- B거래처에 상품을 30,000원 납품하기로 하고, 계약금으로 10,000원을 미리 받았다.

① 130,000 ② 50,000
③ 90,000 ④ 20,000

14 (주)비너스의 20×1년말 결산수정분개 전 매출채권 잔액은 120,000원이고, 대손충당금 잔액은 3,000원이다. 결산시 매출채권 잔액의 5%가 대손될 것으로 추정된다면, 결산정리 후에 재무제표에 보고되는 대손충당금과 대손상각비는 각각 얼마인가?

	대손충당금	대손상각비
①	3,000	3,000
②	6,000	3,000
③	6,000	6,000
④	9,000	6,000

15 야망(주)는 매출채권의 잔액이 130,000원이고 대손충당금이 7,000원인 상황에서, 매출채권 중 11,000원이 회수불가능한 것으로 판명나서 대손처리하였다. 이로 인해서 발생하는 비용은 얼마인가?

① 0 ② 4,000
③ 7,000 ④ 11,000

16 다음은 결산일이 12월 31일인 나이테(주)의 20×1년 12월 31일의 매출채권 연령분석표이다. 결산일 현재 대손충당금 잔액이 23,200원일 때 당기의 포괄손익계산서에 계상될 대손상각비는 얼마인가?

경과일수	금 액	대손추정률
0일~30일	356,000	2%
31일~60일	272,000	3%
61일~90일	158,000	5%
90일 초과	35,000	9%
	821,000	

① 0 ② 3,130
③ 23,200 ④ 26,300

17 대손충당금 잔액이 20,000원인 상황에서, 거래처의 도산으로 약속어음 30,000원이 회수 불가능하게 되었다. 분개로 옳은 것은?

	차변	금액	대변	금액
①	(차) 대손상각비	30,000	(대) 매입채무	30,000
②	(차) 대손충당금	20,000	(대) 외상매입금	30,000
	대손상각비	10,000		
③	(차) 대손상각비	30,000	(대) 받을어음	30,000
④	(차) 대손충당금	20,000	(대) 매출채권	30,000
	대손상각비	10,000		

18 결산정리 전 기말 매출채권은 420,000원이며 손실충당금은 35,000원이다. 기말 매출채권에 대한 기대신용손실이 30,000원일 경우, 매출채권의 손상차손을 인식하는 분개로 옳은 것은?

① (차) 손상차손 5,000 (대) 손실충당금 5,000
② (차) 손상차손 40,000 (대) 손실충당금 40,000
③ (차) 손실충당금 5,000 (대) 손실충당금환입 5,000
④ (차) 손실충당금 35,000 (대) 손실충당금환입 35,000

19 당기 매출은 40,000원이며 모든 매출은 외상거래로 이루어졌다. 기초와 기말 매출채권 계정의 장부금액은 다음과 같으며, 매출채권으로부터 회수한 현금은 32,000원이었다. 매출채권의 당기 손상차손은 얼마인가?

	기초	기말
매출채권	₩27,000	₩30,000
손실충당금	₩2,000	₩3,000

① 5,000 ② 6,000
③ 7,000 ④ 8,000

20 다음은 12월 말이 결산일인 (주)해피의 매출채권과 관련된 자료이다. 12월 말 대손충당금 계정의 잔액은 얼마인가?

기초 대손충당금	18,000원
기중 대손발생액	12,500원
대손처리한 금액 중 회수액	4,000원
기말 추가 계상한 대손충당금	9,000원

① 9,000 ② 14,500
③ 18,500 ④ 25,500

풀이

01 ③ 만기가 6개월 남은 정기예금증서는 단기금융상품이며, 만기가 미도래한 약속어음은 매출채권이다.

02 ④ 지분상품은 만기가 없으므로 현금성 자산으로 분류되지 않는다.

03 ② 현금성자산은 취득당시 만기 또는 상환일이 3개월 이내인 금융상품이다.

04 ② 차) 현금과부족 *** 대) 현금 ***

차) 교통비 5,000 대) 현금과부족 5,000

05 ①

06 ③ (주) ABC의 올바른 잔액 : 320,000(결산 전 장부잔액) − 5,000(은행수수료 부과액) + 35,000(받을어음 추심액) − 20,000(부도처리액) + 12,000(거래처에서 통보없이 직접 은행에 입금한 금액) = 342,000원

참고로 은행 측 조정은 다음과 같다 : 327,000(잔액증명서) + 40,000(은행 미기입예금) − 25,000(기발행미인출수표) = 342,000원

07 ①

08 ①

09 ③

10 ③

차) 임대수익	5,000	대) 선수임대수익	5,000
차) 선급임차비용	3,000	대) 임차비용	3,000
차) 종업원급여	10,000	대) 미지급급여	10,000
차) 미수이자	6,000	대) 이자수익	6,000

100,000 − 5,000 + 3,000 − 10,000 + 6,000 = 94,000원

11 ④

12 ①

13 ④ 기계장치의 처분에 따른 외상대금은 미수금, 직원에 대한 대여는 대여금, 계약금은 선수금으로 기록한다.

14 ② 대손충당금이 3,000원 있으므로 추가로 3,000원을 설정하며, 대손충당금이 6,000원이 된다.

차) 대손상각비 3,000 대) 대손충당금 3,000

15 ② 차) 대손충당금 7,000 대) 매출채권 11,000

대손상각비 4,000

16 ②

경과일수	금 액	대손추정률	대손추정액
0일~30일	356,000	2%	7,120
31일~60일	272,000	3%	8,160
61일~90일	158,000	5%	7,900
90일 이상	35,000	9%	3,150
	821,000		26,330

대손상각비: 26,330원 − 23,200원 = 3,130원

17 ④

18 ③ 대손상각비 대신 손상차손 계정을 사용하고, 대손충당금 대신 손실충당금 계정을 사용하기도 한다.

19 ② 기초 매출채권 장부금액 25,000+매출채권 증가액 8,000−손상차손 =기말 매출채권 장부금액 27,000

20 ③

	차변		대변	
대손 발생	대손충당금	12,500	매출채권	12,500
대손 회수	현금	4,000	대손충당금	4,000
대손 설정	대손상각비	9,000	대손충당금	9,000

기말 대손충당금 = 18,000−12,500+4,000+9,000 = 18,500

MEMO

Chapter

08

재고자산

제 1 절　재고자산의 이해
제 2 절　재고자산의 회계처리
제 3 절　재고자산의 원가흐름 가정
제 4 절　재고자산의 감모손실과 평가손실

◉ 주요 학습 내용

재무상태표	
자 산 유동자산 재고자산 비유동자산	부 채 자 본

손익계산서	
비 용 매출원가 재고자산감모손실 재고자산평가손실	수 익 매출액

◉ 김소호 커피전문점 이야기

단골기업에 대한 외상매출도 늘면서 커피전문점 분위기도 많이 좋아졌다. 김소호 씨가 직접 발로 뛰면서 구한 좋은 커피를 블랜딩까지 한 덕분인지 프랜차이즈 커피보다 맛과 향이 낫다는 입소문이 나기 시작하였다. 매출이 늘자 김소호 씨는 커피를 더 매입하였다. 그런데 그때마다 커피 매입 단가가 항상 일정한 것이 아니라 상황에 따라 들쭉날쭉하였다. 안정적으로 재고를 매입하고 유지하는 것도 문제였지만 이익을 계산하기도 쉽지 않았다. 서로 다른 원가의 커피를 팔다보니 어느 커피를 팔았는지에 따라 매출원가가 달라지고 매출이익도 달라지기 때문이었다. 커피를 팔 때 마다 매입 날짜를 확인하는 것은 불가능에 가까웠다. 직원 나대로씨는 어차피 모두 판매할 커피이고 어느 커피를 팔든 상관없으니 이익동향을 봐 가면서 회계처리를 하자고 하였다. 이렇게 이익을 조정해도 되는 것인지 김소호 씨는 망설여졌다.

판매 대상인 재고자산은 판매 시점에 매출원가로 전환되어 매출이익 계산에 사용된다. 회계에서는 재고자산의 매입단가가 달라질 때 원가흐름 가정을 사용하도록 하고 있다. 선입선출법은 먼저 매입한 재고자산이 먼저 판매된 것으로 가정하고, 평균법은 순서와 관련없이 매입한 재고자산의 평균원가를 사용한다.

제1절 재고자산의 이해

재고자산(inventory)은 통상적인 영업과정에서 판매를 위해 보유중인 자산이며, 생산중인 자산과 생산이나 용역제공에 사용될 원재료나 소모품을 포함한다.

자료 8-1 재고자산의 종류

상품, 제품 : 판매를 위하여 보유중인 자산
재공품, 반제품 : 판매를 위하여 생산중인 자산
원재료, 소모품 : 생산이나 용역제공에 사용될 자산

재고자산은 판매를 위해 보유하는 자산이므로, 투자이익을 목적으로 하거나 장기간 영업활동에 사용할 목적 등으로 보유하는 자산은 재고자산에 포함할 수 없다. 예를 들어 전자제품 도매업자에게 컴퓨터는 재고자산이지만 사무용으로 사용하는 기업에게는 유형자산이다. 부동산매매업자에게 판매를 목적으로 소유하는 토지나 건물은 재고자산이다.

본 장에서는 상기업의 상품의 회계처리에 대해 살펴본다. 상기업에서 상품의 판매는 **매출**이며, 판매된 상품의 취득원가는 **매출원가**이다. 보유하고 있는 상품은 재고자산이지만 판매된 상품의 원가는 매출원가가 되는 것이다. 매출에서 매출원가를 차감한 **매출총이익**은 상기업의 주된 이익이다.

제2절 재고자산의 회계처리

2.1 재고자산 거래의 기록

재고자산의 매매를 기록하는 방법에는 계속기록법과 실지재고조사법이 있다. 계속기록법은 상품의 매매에 따른 상품의 변화를 계속해서 기록하는 방법이다. 상품을 매입하면 상품의 증가로 기록하고 상품을 판매하면 상품의 감소로 기록한다.

반면, **실지재고조사법**은 상품의 매매에 따른 상품의 변화를 기록하지 않고 상품을 실지재고조사를 통해 파악하는 방법이다. 상품을 매입할 때에는 상품 대신 매입이라는 계정을 사용하고, 상품을 판매할 때는 상품의 감소를 기록하지 않는다. 따라서 실지재고조사법 하에서는 기말에 실사를 통해 상품의 기말재고액을 확정하고, 매출원가를 계산하는 결산정리가 필요하다.

재고자산 거래의 기록 방법에 대해서는 5장에서 살펴본 바 있으므로, 다시 확인해 보기 바란다.

예제 1

다음 거래를 계속기록법과 실지재고조사법에 따라 각각 분개하시오.
① 상품 10,000원을 외상으로 매입하다.
② 상품 7,000원을 12,000원에 판매하면서 어음을 받다.

[풀이]

(계속기록법)

① 차)	상품	10,000	대) 매입채무(외상매입금)	10,000
② 차)	매출채권(받을어음)	12,000	대) 매출	12,000
	매출원가	7,000	상품	7,000

(실지재고조사법)

① 차)	매입	10,000	대) 매입채무(외상매입금)	10,000
② 차)	매출채권(받을어음)	12,000	대) 매출	12,000

2.2 매출액과 매입액

2.2.1 총매출액

상품의 **매출액**은 현금의 수수와는 무관하게 **판매기준**(또는 **인도기준**)에 따라 판매시점에 인식하며, 판매 과정에서 부담하는 **매출운임**은 판관비로 기록한다. 판매 유형별 수익을 인식하는 판매시점을 살펴보면 다음과 같다.

할부판매

할부판매에 따른 수익은 일반적인 매출과 마찬가지로 판매하여 인도하는 시점에 인식하며, 판매 시점에서 매입자의 자산이 된다. 다만, 할부 금액에는 판매가격과 할부이자가 포함되어 있으므로 재고자산의 매출액과 이자수익을 구분한다.

위탁판매

위탁자가 수탁자에게 판매를 위탁하면서 재고자산인 **적송품**을 보내는 것은 매출이 아니며 여전히 위탁자의 재고자산이다. 수탁자가 적송품을 고객에게 판매하면 이는 위탁자의 매출이 되며 수탁자는 수수료수익을 얻는다.

반품가능판매

반품권이 있는 판매를 한 경우 기업이 받을 권리를 갖게 될 것으로 예상하는 대가를 수익으로 인식하며, 반품이 예상되는 상품에 대해서는 수익을 인식하지 않고 **환불부채**로 인식한다.

시용판매

고객이 일정 기간 동안 무료로 상품을 사용한 후 상품의 구매 결정이 이루어지는 판매를 시용판매(sales on approval)이라 한다. 시용판매는 고객이 매입하겠다는 의사를 표시해야 재고자산이 판매된 것으로 보아 매출로 인식한다.

미착품

매입하였으나 아직 운송 중에 있어 도착하지 않은 재고자산을 미착품이라 한다. **선적지 인도조건**(F.O.B. shipping point)의 경우 선적이 판매시점이므로, 선적이 되면 미착품은 매입자의 재고자산이 되며 판매자는 매출로 인식한다. **도착지 인도조건**(F.O.B. destination)의 경우 도착이 판매시점이므로, 목적지에 도착하면 매입자의 재고자산이 되며 판매자는 매출로 인식한다.

예제 2

다음 거래를 분개하시오.

① 수탁자인 직녀(주)는 위탁자인 견우(주)에게서 받은 수탁품 중에서 10,000원어치를 판매하고 수수료로 현금 1,000원을 받다.

② 천우(주)는 20,000원의 상품을 할부 판매하였으며 대금은 익월부터 회수될 예정이다.

③ 도레미상사는 30,000원의 마이크노래방기기를 시용판매 조건으로 판매했었는데, 20,000원 어치를 구매한 고객으로부터 매입의사를 받았다.
④ 드림상사는 도착지 인도조건으로 바듬상사에 상품 15,000원을 발송하였으며, 아직 운송 중이며 목적지에 도착하지는 않았다.

[풀이]

①	차) 현금	1,000	대) 수수료수익	1,000
②	차) 매출채권	20,000	대) 매출액	20,000
③	차) 매출채권	20,000	대) 매출액	20,000
④	없음			

2.2.2 총매입액

재고자산의 취득원가는 매입원가, 전환원가 및 재고자산을 현재의 장소에 현재의 상태로 이르게 하는 데 발생한 기타 원가 모두를 포함한다. 상품의 총매입액은 자산의 매입원가에 매입 부대비용을 더한 금액이다. 매입 부대비용으로는 수입관세나 세금(추후 환급받을 수 있는 금액은 제외), 매입운임, 하역비 등이 있다. 매출운임과 달리 상품의 매입 과정에서 부담하는 매입운임은 총매입액에 포함된다.

예제 3

상품 100,000원을 매입하면서 이와 관련하여 추가로 발생한 내역은 다음과 같다. 상품의 총매입액은 얼마인가?

매입운임	5,000원	하역비	12,000원
관세	18,000원	관세 환급액	5,000원

[풀이]

100,000+5,000+12,000+18,000−5,000=130,000원

2.2.3 순매출액, 순매입액

상품의 매출액과 매입액은 매매 이후 조정되기도 한다. 상품의 총매출액과 총매입액을 조정하는 사건이 발생하는 경우에는 총매출액과 총매입액을 조정해야 한다.

총매출액이나 총매입액에서 직접 차감하기도 하지만, 대개 환입(환출), 에누리, 할인 등의 계정을 사용하여 별도로 기록한 후에 결산일에 순매출액 또는 순매입액을

계산한다. 이렇게 조정 계정을 별도로 유지하는 것은 가격관리나 원인 분석에 유용하기 때문이다.

매출환입, 매입환출

상품의 매매가 있은 후 하자, 불량, 손상 등의 사유로 반품이 이뤄지는 경우이다. 판매자는 매출환입으로 매출을 차감하고, 매입자는 매입환출로 매입을 차감한다.

매출에누리, 매입에누리

상품의 매매가 있은 후 하자, 불량, 손상 등의 사유로 거래 금액을 감액하는 경우이다. 판매자는 매출에누리로 매출을 차감하고, 매입자는 매입에누리로 매입을 차감한다.

매출할인, 매입할인

판매자는 대금의 조기 회수를 목적으로 외상거래에서 할인 조건을 부과하기도 한다. 예를 들어 외상매출에 대해 '3/10/EOM' 등과 같은 신용조건이 부과되면, 이는 'end of month'에서 10일 즉, 판매한 날이 속하는 달의 다음 달 10일까지 대금을 지급할 경우 3%를 할인해 준다는 의미이다. 'n/30'라는 조건은 판매한 날로부터 30일 내에 대금을 지급해야 한다는 조건이며 할인은 없다는 의미이다. 매출할인은 매입자 입장에서 보면 매입할인이 된다.

자료 8-2 순매출액과 순매입액

순매출액 = 총매출액 – 매출환입 – 매출에누리 – 매출할인

순매입액 = 총매입액(매입운임 포함) – 매입환출 – 매입에누리 – 매입할인

원인	판매자	매입자
하자, 불량, 손상 등의 사유로 인한 반품 금액	매출환입	매입환출
하자, 불량, 손상 등의 사유로 인한 감액 금액	매출에누리	매입에누리
대금을 조기에 결제하는 경우 감액하는 금액	매출할인	매입할인

	상품 판매자				상품 매입자			
매매	차) 매출채권	***	대) 매출	***	차) 매입(상품)	***	대) 매입채무	***
반품	차) 매출환입	***	대) 매출채권	***	차) 매입채무	***	대) 매입환출	***
에누리	차) 매출에누리	***	대) 매출채권	***	차) 매입채무	***	대) 매입에누리	***
할인	차) 매출할인	***	대) 매출채권	***	차) 매입채무	***	대) 매입할인	***

예제 4

도매상인 (주)하나는 소매상인 (주)두리와 다음과 같은 거래를 하였다. 매출과 매입 조정에 대해 세부 계정을 사용하여 두 회사 입장에서 분개를 하시오. 단, 상품에 대해서는 실지재고조사법을 사용한다.

① (주)하나는 (주)두리에 상품을 판매하고 대금 20,000원은 외상으로 하다.
② (주)두리는 위 상품에 하자가 있어 1,000원의 상품을 (주)하나에 반품하다.
③ (주)두리는 위 상품에 손상이 있어 (주)하나에 800원을 덜 지급하기로 하다.
④ (주)두리는 대금을 조기에 현금 지급하고 (주)하나에게서 100원을 할인받다.

[풀이]

	㈜하나 (판매자)				㈜두리 (매입자)			
	차변		대변		차변		대변	
①	매출채권	20,000	매출	20,000	매입	20,000	매입채무	20,000
②	매출환입	1,000	매출채권	1,000	매입채무	1,000	매입환출	1,000
③	매출에누리	800	매출채권	800	매입채무	800	매입에누리	800
④	현금 매출할인	18,100 100	매출채권	18,200	매입채무	18,200	현금 매입할인	18,100 100

예제 5

도매상인 ㈜하나는 소매상인 ㈜두리와 다음과 같은 거래를 하였다. 매출과 매입 조정에 대해 세부 계정을 사용하여 두 회사 입장에서 분개를 하시오. 단, 상품에 대해서는 실지재고조사법을 사용한다.

① 8월 15일, ㈜하나는 ㈜두리에 상품 20,000원을 5/10의 조건으로 외상 판매하다.
② 8월 20일, ㈜두리는 8월 15일 거래와 관련하여 대금 절반을 현금으로 지급하다.
③ 8월 28일, ㈜두리는 8월 15일 거래와 관련하여 나머지 대금 절반을 현금으로 지급하다.

[풀이]

	㈜하나 (판매자)				㈜두리 (매입자)			
	차변		대변		차변		대변	
①	매출채권	20,000	매출	20,000	매입	20,000	매입채무	20,000
②	현금 매출할인	9,500 500	매출채권	10,000	매입채무	10,000	현금 매입할인	9,500 500
③	현금	10,000	매출채권	10,000	매입채무	10,000	현금	10,000

2.3 결산정리 : 매출원가의 계산

5장에서 살펴본 바와 같이, 실지재고조사법을 사용하여 상품의 거래를 기록하는 경우에는 매출원가 계산을 위한 결산정리가 필요하다. 실지재고조사를 통해 기말 상품재고액을 결정하고, 다음과 같은 식을 통해 매출원가를 계산한다.

매출원가 = 기초상품재고액 + 당기상품순매입액 − 기말상품재고액

이상의 내용을 바탕으로 매출총이익의 계산과정을 정리하면 [자료 8-3]과 같다.

자료 8-3 매출총이익의 계산과정

- 순매출액 = 총매출액 − 매출환입 − 매출에누리 − 매출할인
- 매출원가 = 기초상품재고액 + 당기상품순매입액 − 기말상품재고액

  당기순매입액 = 총매입액 − 매입환출 − 매입에누리 − 매입할인
- 매출총이익 = 순매출액 − 매출원가

예제 6

원장에서 추린 재고자산과 관련된 자료는 다음과 같다(단위: 원).

총매출액	3,500	매출운임	300	매출환입	600	매출에누리	200
매출할인	100	총매입액	2,150	매입운임	250	매입환출	400
매입에누리	70	기초재고액	1,100	기말재고액	1,250		

① 매출원가와 매출총이익을 계산하시오.
② 매출원가 계산을 위한 결산정리를 하시오.

[풀이]

①

순매출액 = 총매출액 3,500 − 매출환입 600 − 매출에누리 200 − 매출할인 100 = 2,600원
순매입액 = 총매입액 2,150 + 매입운임 250 − 매입환출 400 − 매입에누리 70 = 1,930원
매출원가 = 기초재고액 1,100 + 당기순매입액 1,930 − 기말재고액 1,250 = 1,780원
매출총이익 = 순매출액 2,600 − 매출원가 1,780 = 820원

②

차) 매출원가	1,100	대) 상품	1,100
차) 매출원가	1,930	대) 순매입액	1,930
차) 상품	1,250	대) 매출원가	1,250

제3절 재고자산의 원가흐름 가정

3.1 원가흐름 가정

앞서 매출원가의 계산 과정을 살펴보았다. 그러나 실무에서는 기말재고자산의 단가를 결정하는 것이 그리 쉬운 일이 아니다. 동질적인 상품을 대량 매입하여 판매하는 경우 매입 시점이나 매입 수량, 운송 방법 등 여러 조건에 따라 매입단가가 달라지기 때문이다.

예를 들어 동일한 상품 3개를 세 차례에 걸쳐 각각 100원, 200원, 300원에 매입한 후, 이 중 1개를 400원에 판매하였다고 하자. 이 거래에서 발생하는 매출이익과 남은 재고금액은 얼마일까? 어느 상품이 먼저 판매되었는지에 따라 매출원가, 매출이익과 재고금액이 달라지게 된다.

통상적으로 상호 교환될 수 없는 재고자산항목의 원가와 특정 프로젝트별로 생산되고 분리되는 재화 또는 용역의 원가는 개별법을 사용하여 결정한다. **개별법**은 각 재고자산마다 원가와 판매가격이 표시된 가격표를 붙이는 방법 등을 이용하여 그 재고자산이 판매되었을 때 매출을 기록함과 동시에 매출원가를 기록하는 방법이다.

그러나 상호 교환 가능한 대량의 재고자산에 대해 개별법을 사용하는 것은 비용, 효익 측면에서 적절하지 않다. 이 경우에는 원가흐름의 가정 중 하나를 선택하여 사용한다. 원가흐름에 대한 가정으로는 **선입선출법**과 **평균법**이 있다.

재고자산의 회계처리는 재고자산의 기록방법과 원가흐름에 대한 가정에 따라 여러 조합의 회계처리가 가능하다. 선입선출법과 달리 평균법은 재고자산의 기록 방법에 따라 매출원가와 재고금액이 달라진다. 계속기록법에서는 판매 시점마다 평균원가를 계산해야 하는 반면, 실지재고조사법에서는 기말 결산 시에만 평균원가를 계산하면 되기 때문이다.

자료 8-4 재고자산의 회계처리

기록방법 \ 원가흐름	선입선출법	평균법
계속기록법	선입선출법	이동평균법
실지재고조사법		총평균법

- **개별법** : 판매된 재고에 대해 매입원가를 개별적으로 확인하는 방법
- **선입선출법** : 먼저 매입한 것이 먼저 판매하는 것으로 가정하는 방법
- **평균법**: 평균단가를 적용하는 방법

3.2 선입선출법과 평균법

3.2.1 선입선출법

선입선출법(first-in first-out method ; FIFO)은 실제 재고자산의 이동과는 관계없이 먼저 매입한 재고자산이 먼저 팔린다고 가정하는 방법이다. 물가가 상승하는 상황이라면, 선입선출법에서는 먼저 취득한 저렴한 재고자산이 판매되고 최근 매입한 비싼 재고자산이 재고로 남게 된다. 따라서 물가가 상승하는 상황에서의 매출총이익은 재고자산을 저렴하게 취득한 물가상승분이 포함되어 상대적으로 크게 보고된다.

예제 7

다음은 20×1년 9월 한 달간 꼭집어(주)의 매입, 매출에 관한 거래 내역이다. 단, 20×1년 8월 31일 현재 A형 집게의 수량은 40개이며, 단가는 60원이다.

9/ 4 A형 집게 60개 @90원 (주)강북에서 외상매입
9/ 7 A형 집게 50개 (주)강남에 외상매출
9/17 A형 집게 50개 @100원 (주)이북에서 현금매입
9/23 A형 집게 40개 (주)남산에 현금매출

꼭집어(주)의 20×1년 9월 30일의 재고자산 금액과 9월의 매출원가를 선입선출법을 적용하여 계산하시오.

[풀이]

당기판매가능액 = 기초 2,400원(수량40개) + 매입 10,400원(수량110개) = 12,800원(150개)
판매수량 90개, 기말재고수량 60개

① 실지재고조사법하의 선입선출법
9월 4일에 매입한 10개와 9월 17일에 매입한 50개가 기말재고로 남게 된다.
기말재고자산 금액 = (10개×90원) + (50개×100원) = 5,900원
매출원가 = 당기판매가능액 - 기말재고자산 금액 = 12,800원 - 5,900원 = 6,900원

② 계속기록법하의 선입선출법
매출원가를 기중에 계산하건 기말에 계산하건 기초부터 시작하여 매입한 것이 순서대로 판매된 것으로 가정하므로, 선입선출법에서는 계속기록법과 실지재고조사법 사이에 매출원가와 재고자산가액에 차이가 없다.

3.2.2 평균법

평균법(平均法 ; average method)이란 판매가능재고자산 금액을 판매가능재고자산 수량으로 나누어 계산한 평균단가를 적용하여 회계처리하는 방법이다.

계속기록법에서는 판매시점마다 평균을 계산해야 하므로 **이동평균법**이라 하고, 실지재고조사법에서는 기말에 일괄하여 평균을 계산하므로 **총평균법**이라 한다.

예제 8

〈예제 7〉의 자료를 이용하여 꼭집어(주)의 20×1년 9월 30일의 재고자산 금액과 9월의 매출원가를 평균법을 적용하여 계산하시오.

[풀이]

① 총평균법
평균단가 = 당기판매가능액 ÷ 판매가능수량 = 12,800원 ÷ 150개 = 85.33원
기말재고자산 금액 = 60개 × 85.33원 = 5,120원
매출원가 = 당기판매가능액 - 기말재고자산 금액 = 12,800원 - 5,120원 = 7,680원

② 이동평균법
각 판매 시점에서 재고를 대상으로 평균을 계산하면 다음과 같다.
9/ 7 평균 : (40개×60원+60개×90원)/100개 = 78원
9/23 평균 : (50개×78원+50개×100원)/100개 = 89원
기말재고자산가액 = 60개×89원 = 5,340원
매출원가 = 당기판매가능액 - 기말재고자산 금액 = 12,800원 - 5,340원 = 7,460원

제 4 절 재고자산의 감모손실과 평가손실

보유한 재고자산이 일부 사라지거나 가치가 하락하는 경우에는 어떻게 해야 할까? 재고자산의 실제 수량이 장부상 수량보다 적을 때에는 결산정리를 통해 재고자산감모손실을 인식한다. 그리고 기말재고자산의 순실현가능가치가 장부금액보다 낮을 때에는 결산정리를 통해 재고자산평가손실을 인식한다.

재고자산감모손실

재고자산의 장부상 수량과 실지재고조사 결과 수량은 도난, 분실, 파손 등의 원인으로 다를 수 있다. 이 경우 재고자산 장부금액과 실지 재고액의 차액을 **재고자산감모손실**이라 한다. 재고자산감모손실은 화재나 천재지변 등 비정상적인 상황에서 발생하기도 하지만 정상적인 영업과정에서 발생하기도 한다. 통상적인 영업활동 과정에서 발생하는 재고자산감모손실은 매출원가에서 조정하는 것이 적절할 것이다.

감모 발생	차) 재고자산감모손실	***	대) 재고자산	***

재고자산평가손실

재고자산을 판매하지 않은 상태에서도 손실이 예상되는 경우가 있다. 예를 들어 **물리적 손상, 진부화, 판매가격 하락, 원가 상승** 등이 발생하면 재고자산의 예상 순매각금액은 재고자산의 장부금액보다 작을 것이다. 이때 재고자산의 예상 순매각금액은 통상적인 영업과정의 예상 판매가격에서 예상되는 추가 완성원가와 판매비용을 차감한 금액으로 **순실현가능가치**라 한다.

재고자산의 순실현가능가치가 장부금액보다 낮아지면 **재고자산평가손실**을 인식하고 재고자산의 감소는 **재고자산평가충당금**이라는 차감 계정으로 기록한다. 이후 순실현가능가치가 상승하면 최초의 장부금액을 초과하지 않는 범위 내에서 **재고자산평가손실환입**을 인식한다. 재고자산평가손실 이상으로 환입을 하면 재고자산 판매 이전에 이익을 인식하게 되므로 제한하는 것이다.

결국 재고자산은 취득원가나 순실현가능가치 중에서 작은 금액으로 기록되는데, 이러한 재고자산의 회계처리 방법을 재고자산의 **저가법**이라 한다.

결산일	차) 재고자산평가손실 ***	대) 재고자산평가충당금 ***
평가손실환입	차) 재고자산평가충당금 ***	대) 재고자산평가손실환입 ***

예제 9

상품을 매매하는 (주)하늘의 기말 재고자산 평가와 관련된 자료는 다음과 같다.

장부수량	취득단가	실지재고수량	단위당 순실현가능가치
100개	50원	90개	45원

① 재고자산감모손실과 재고자산평가손실에 대한 결산정리분개를 하시오.

② 매출원가에 포함하는 재고자산감모손실과 재고자산평가손실은 얼마인가? 단, 재고자산감모손실 중 80%와 재고자산평가손실은 통상적인 영업활동 과정에서 발생한 것으로 확인되었다.

[풀이]

① 결산정리분개

재고자산감모손실 = (100개 − 90개) × 50원 = 500원

재고자산평가손실 = 90개×(50원 − 45원) = 450원

차) 재고자산감모손실	500	대) 재고자산(상품)	500
차) 재고자산평가손실	450	대) 재고자산평가충당금	450

② 매출원가에 포함하는 감모손실과 평가손실 = 400(= 500×0.80) + 450 = 850원

학·습·정·리

01 전자제품 도매업자에게 컴퓨터는 ( )이지만 이를 사무용으로 사용하는 기업에게는 유형자산이다.

02 상품의 매출액은 현금의 수수와는 무관하게 ( )기준에 따라 판매시점에 인식한다.

03 도착지 인도조건(F.O.B. destination)의 경우 도착이 판매시점이므로, 목적지에 도착하면 매입자의 재고자산이 되며 판매자는 ( )로 인식한다.

04 상품의 매매가 있은 후 하자, 불량, 손상 등의 사유로 반품이 이뤄지는 경우, 판매자는 ( )으로 매출을 차감한다.

05 상품의 매매가 있은 후 불량, 손상 등의 사유로 거래 금액을 감액하는 경우, 매입자는 ( )로 매입을 차감한다.

06 ( )을 사용하여 상품의 거래를 기록하는 경우에는 매출원가 계산을 위한 결산정리가 필요하다.

07 계속기록법에서는 판매시점마다 평균을 계산해야 하므로 이동평균법을 사용하게 되고, 실지재고조사법에서는 기말에 일괄하여 평균을 계산하므로 ( )을 사용한다.

08 물가가 상승하는 상황이라면, ( )에서는 매출총이익에 재고자산을 저렴하게 취득한 물가상승분이 포함되어 평균법보다 매출총이익이 상대적으로 크게 보고된다.

09 재고자산의 장부상 수량과 실지재고조사 결과 수량은 도난, 분실, 파손 등의 원인으로 다를 수 있다. 이 경우 재고자산 장부금액과 실지 재고액의 차액을 ( )이라 한다.

10 재고자산의 순실현가능가치가 장부금액보다 낮아지면 장부금액을 순실현가능가치로 수정하고, 이를 ( )로 인식한다.

풀이

01 재고자산 **02** 인도 또는 판매 **03** 매출 **04** 매출환입 **05** 매입에누리 **06** 실지재고조사법
07 총평균법 **08** 선입선출법 **09** 재고자산감모손실 **10** 재고자산평가손실

기·본·문·제

01 다음 자료를 이용하여 기말상품재고액을 계산하시오. 단, 매출운임과 매입운임은 매출 매입 기록과 구분하여 별도 계정으로 기록하고 있다.

총매출액	52,000원	총매입액	44,000원	매입에누리	1,200원
매출할인	400원	매출에누리	1,850원	매입환출	2,400원
기초상품	6,800원	매출운임	300원	매입운임	500원
매출총이익률	20%				

02 도매상인 (주)장화는 중간상인 (주)홍련과 다음과 같은 거래를 하였다. 매출과 매입 조정에 대해 세부 계정을 하여 두 회사 입장에서 분개를 하시오. 단, 상품의 회계처리는 실지재고조사법을 사용한다.

① 1월 5일 (주)장화는 (주)홍련에 상품 15,000원을 10/15의 조건으로 외상 판매하다.
② 1월 15일 (주)홍련은 (주)장화에 외상 대금 중 1/3을 현금지급하다.
③ 1월 30일 (주)홍련은 (주)장화에 나머지 외상 대금을 현금지급하다.

03 다음은 약진상사가 취급하는 상품의 1월 한 달간 거래 내역이다. 다음 각 방법을 적용하여 매출원가, 기말재고액과 매출총이익을 계산하라.

일자	입고 또는 출고	수량(개)	단가(원)	가격(원)
1/1	기초재고	20	50	
3/10	매입	30	60	
6/16	매출	40		90
8/11	매입	40	65	
12/21	매출	35		100

① 실지재고조사법, 선입선출법
② 계속기록법, 선입선출법
③ 실지재고조사법, 평균법(총평균법)
④ 계속기록법, 평균법(이동평균법)

04 (주)직녀의 당기말 재고자산 관련 자료는 다음과 같다. 재고자산감모손실 중 60%는 정상적인 감모이며, 재고자산평가손실과 정상적인 재고자산감모손실은 매출원가에 포함한다. 매출원가는 얼마인가? 단, 재고자산은 계속기록법으로 회계처리한다.

기초상품재고액	6,500원	당기상품순매입액	21,000원
기말상품 장부 수량	100개	상품 단위당 취득단가	80원
기말상품 실지재고조사 수량	90개	단위당 예상 판매가액	90원
단위당 판매수수료	20원	단위당 공정가치	85원

풀이

01

순매출액 = 52,000 − 1,850 − 400 = 49,750원

순매입액 = 44,000 + 500 − 2,400 − 1,200 = 40,900원

* 별도 기록된 매입운임은 매입원가에 포함하며, 매출운임은 운반비로 기록함.

매출원가 = 49,750 × (1 − 0.20) = 39,800원

매출원가 = 6,800 + 40,900 − 기말상품 = 39,800원

기말상품 = 7,900원

02

	(주)장화 (판매자)			
	차변		대변	
①	매출채권	15,000	매출	15,000
②	현금 매출할인	4,500 500	매출채권	5,000
③	현금	10,000	매출채권	10,000

(주)홍련 (매입자)			
차변		대변	
매입	15,000	매입채무	15,000
매입채무	5,000	현금 매입할인	4,500 500
매입채무	10,000	현금	10,000

03

매출액 = 40개 × 90원 + 35개 × 100원 = 7,100원

판매량 = 75개

기말상품재고량 = 기초재고 20개 + 매입 70개 − 판매량 75개 = 15개

① 실지재고조사법, 선입선출법

매출원가 = 20개 × 50원 + 30개 × 60원 + 25개 × 65원 = 4,425원

기말상품재고액 = 15개 × 65원 = 975원

매출총이익 = 7,100원 − 4,425원 = 2,675원

② 계속기록법, 선입선출법

매출원가 = (20개 × 50원 + 20개 × 60원) + (10개 × 60원 + 25개 × 65원) = 4,425원

기말상품재고액 = 15개 × 65원 = 975원

매출총이익 = 7,100원 − 4,425원 = 2,675원

* 실지재고조사법, 선입선출법과 같다.

③ 실지재고조사법, 평균법(총평균법)

총평균단가 = (20개×50원+30개×60원+40개×65원)/90개 = 60원

매출원가 = 75개×60원 = 4,500원

기말상품재고액 = 15개×60원 = 900원

매출총이익 = 7,100원-4,500원 = 2,600원

④ 계속기록법, 평균법(이동평균법)

3/10 이동평균단가 = (20개×50원+30개×60원)/50개 = 56원

6/16 매출원가 = 40개×56원 = 2,240원

8/11 이동평균단가 = (10개×56원+40개×65원)/50개 = 63.2원

12/21 매출원가 = 35개×63.2원 = 2,212원

기말상품재고액 = 15개×63.2원 = 948원

매출원가 = 4,452원

매출총이익 = 7,100원-4,452원 = 2,648원

04

결산정리 전 매출원가 = 기초상품 6,500+당기상품순매입액 21,000-기말상품(100개×80원)
= 19,500원

재고자산감모손실 = (100개-90개)×80원 = 800원 (60%인 480원은 원가성이 있음)

재고자산평가손실 = 90개×(80원-70원) = 900원 (원가성이 있음)

* 단위당 순실현가능가치 = 90원-20원 = 70원

결산정리 후 매출원가 = 19,500+480+900 = 20,880원

연·습·문·제

01 재고자산에 해당하는 것은?

① 증권회사가 판매 목적으로 보유하고 있는 유가증권
② 건설회사가 본사 건물을 신축하기 위해 보유하고 있는 토지
③ 수산회사가 보유하고 있는 선박
④ 자동차제조회사가 영업을 위해 사용하고 있는 차량

02 재고자산에 관련된 설명 중 틀린 것은?

① 재고자산은 취득원가와 순실현가능가치 중 높은 금액을 재무상태표에 기록한다.
② 정상적인 영업과정에서 판매를 위해 보유중인 자산은 재고자산이다.
③ 재고자산의 판매로 수익을 인식하는 기간에 판매된 재고자산의 장부금액을 비용으로 인식한다.
④ 매입운임은 재고자산의 취득원가에 포함한다.

03 상품 10,000원을 매입하면서 추가로 다음과 같은 현금의 수수가 있었다면, 상품매입액은 얼마인가?

매입운임	1,000원	하역비	300원	매입수수료	100원
관세	500원	관세 환급액	400월	매출운임	300월

① 11,000　② 11,500
③ 11,900　④ 12,200

04 다음은 (주)거산의 기말 현재 상품과 관련된 자료이다. 기말 재무상태표에 보고되는 재고자산은 얼마인가?

- 창고에 보유하고 있는 재고자산은 2,500원이었다.
- 원가 1,000원인 상품을 할부로 판매하였으며 판매대금은 아직 회수되지 않았다.
- 수탁자로부터 원가 1,500원의 상품은 아직 판매전이라는 연락을 받았다.
- 원가 800원의 상품을 시용판매하였으나 고객의 구매의사 표시가 아직 없었다.
- FOB선적지 조건으로 매입한 상품 2,000원이 아직 운송 중에 있다.

① 4,800　② 5,800
③ 6,800　④ 7,800

05 (주)제주가 선적지인도조건(FOB shipping point)으로 외상 매입한 상품은 결산일 현재 운송 중에 있다. 결산일 현재 이 상품 매입에 대한 기록을 하지 않은 상태이며 동 미착품은 기말재고에도 포함되어 있지 않다. 실지재고조사법을 사용하고 있는 (주)제주의 이러한 회계처리가 재무제표에 미치는 영향으로 잘못된 것은?

① 자산의 과소 기록　　② 부채의 과소 기록
③ 자본 영향없음　　④ 순이익 과대 기록

06 (주)지구는 20×1년 12월 1일자로 태양(주)에 상품 200개를 단위당 100,000원에 판매하기로 계약하고, 20×1년 12월 중에 100개, 20×2년 1월 중에 100개를 각각 인도하였다. 판매대금은 계약시점에 50%, 상품인도시점에 각각 25%씩 수령하였다. 위 거래와 관련하여 (주)지구가 20×1년도에 매출액으로 인식할 금액은 얼마인가?

① 20,000,000　　② 15,000,000
③ 5,000,000　　④ 10,000,000

07 다음 할부판매 거래에 따라 20×1년도에 인식할 매출액은 얼마인가?

• 20×1년 1월 5일 다음 조건으로 할부 판매함

인도금	300,000원
할부금	
할부원금(24개월 균등불할)	2,400,000원
할부이자	480,000원
총 판매금액	3,180,000원

• 20×1년 중 할부원금 1,100,000원과 할부이자 220,000원을 수령함

① 3,180,000　　② 2,700,000
③ 1,400,000　　④ 1,100,000

08 상품을 외상 판매한 후에 일부 상품에 하자가 발견되어 거래처에 대금 5,000원을 깎아 주었다면 이에 대한 올바른 분개는 어느 것인가?

①	(차) 매출할인	5,000	(대) 매 출	5,000
②	(차) 매출할인	5,000	(대) 매출채권	5,000
③	(차) 매출에누리	5,000	(대) 매 출	5,000
④	(차) 매출에누리	5,000	(대) 매출채권	5,000

09 다음 자료는 9월 한 달간 매출과 관련된 거래이다. 총매출액과 순매출액은 각각 얼마인가?

9/ 1	상품 120,000원을 판매하고 현금을 수취하다.
9/12	상품 210,000원을 5/10의 조건으로 외상 판매하다.
9/17	9월 12일에 판매한 상품 중 하자를 원인으로 10,000원을 에누리하다.
9/20	9월 12일에 판매한 상품의 잔여 매출대금의 절반을 회수하다.
9/25	9월 12일에 판매한 매출대금의 나머지를 회수하다.

① 330,000, 315,000
② 320,000, 315,000
③ 330,000, 310,000
④ 330,000, 310,000

10 다음은 (주)황소의 20×1년 매출, 매입 및 재고자산에 관련된 자료이다. (주)황소가 포괄손익계산서를 작성하는 경우 20×1년의 매출총이익은 얼마인가?

(단위: 원)

매출액	2,500,000	기초재고	300,000
당기매입	2,500,000	매입운임	50,000
매입할인	30,000	하역료	40,000
기말재고	750,000		
원재료 구입시 관세납부액(추후 전액 환급예정)			18,000

※ 단, 매입운임, 매입할인, 하역료 및 관세납부액은 당기매입액과는 별도로 발생한 것임.

① 450,000
② 370,000
③ 390,000
④ 408,000

11 다음 자료에서 매출총이익은 얼마인가?

(단위: 원)

매출액	5,000	매출환입	300	매출운임	200	매출할인	500
매출에누리	100	매입액	3,000	매입운임	250	매입에누리	400
매입환출	70	기초재고액	1,050	기말재고액	1,300		

① 1,320
② 1,370
③ 1,570
④ 1,820

12 다음은 재고자산의 매입과 매출 관련 자료이다. 재고자산의 회계처리에 대한 설명으로 옳지 않은 것은?

	수량(개)	단가(원)	금액(원)
1/1 기초	20	20	400
4/5 매입	40	35	1,400
6/3 매출	(50)	-	
9/7 매입	40	40	1,600

① 선입선출법에 따를 경우 매출원가는 1,450원이다.
② 선입선출법에 따를 경우 기말재고액은 1,950원이다.
③ 총평균법에 따를 경우 매출원가는 1,500원이다.
④ 총평균법에 따를 경우 기말재고액은 1,700원이다.

13 상품에 대해 이동평균법으로 회계처리할 경우, 다음 자료에서 1월 말 기말재고액은 얼마인가?

일자	내역	수량(개)	단가(원)
1/1	전기이월	100	10
1/10	현금매입	100	20
1/17	현금매출	100	
1/21	외상매입	50	30
1/25	외상매출	100	

① 750　　② 1,000
③ 1,250　　④ 1,500

14 당기 기말재고자산의 과대평가가 재무제표에 미치는 영향에 대한 설명으로 옳은 것은?

① 당기 매출원가 과대 보고
② 당기 매출총이익 과소 보고
③ 차기 매출원가 과소 보고
④ 차기 매출총이익 과소 보고

15 (주)천지의 20×1년도 기말재고자산이 2,000원 과소 계상되고, 20×2년도 기말재고자산이 1,000원 과대 계상되었음을 20×2년도 장부마감 전에 발견하였다. 이 오류를 수정하기 전 20×2년도 당기순이익이 10,000원이라면, 오류 수정 후 20×2년도 당기순이익은 얼마인가? (단, 법인세효과는 고려하지 않는다.)

① 7,000　　② 8,000
③ 9,000　　④ 13,000

16 청람상사의 재고 창고가 12월 말에 화재로 완전 소실되었다. 장부에서 확인한 자료에 따르면 기초재고액 12,000원, 당기순매입액 99,000원, 매출액 125,000원 이었다. 소실된 기말 재고액은 얼마인가? 단, 매출총이익률은 20%이다.

① 10,000 ② 11,000
③ 12,000 ④ 13,000

17 재고자산 매입을 기록한 장부가 화재로 소실되고 말았다. 매출총이익률(=매출총이익/매출액)이 25%일 때 재고자산 순매입액의 추정액은 얼마인가?

기초상품재고액	1,350원
기말상품재고액	1,400원
매출액	7,200원

① 5,400 ② 5,450
③ 5,500 ④ 5,550

18 (주)미리내의 기말재고자산 관련 자료는 다음과 같다. 재고자산평가손실은 얼마인가?

장부상 수량	50개	실지재고수량	40개
단위당 장부금액	100원	단위당 순실현가능가치	90원

① 0 ② 100
③ 400 ④ 500

19 다음은 유통업체 (주)한방의 상품 관련 자료이다. (주)한방은 재고자산평가손실 중 정상적인 부분은 매출원가에 포함하고 비정상적인 부분은 기타비용으로 보고하고 있다. 당기 매출원가는 얼마인가? 단, 재고자산평가손실 중 40%가 통상적인 영업활동 과정에서 발생한 것으로 확인되었으며, 재고자산감모손실은 없었다.

기초상품재고액	2,000
당기상품매입액	11,000
기말상품재고액(장부금액)	5,500
기말상품재고액(순실현가능가치)	4,000

① 7,500 ② 8,100
③ 8,400 ④ 9,000

20 함지박(주)는 원가 80,000원인 재고자산의 순실현가능가치가 70,000원으로 하락하자 재고자산평가손실을 기록하였다. 이 후 동 재고자산의 순실현가능가치가 85,000원으로 회복되었다면, 순실현가능가치 회복을 바르게 기록한 것은?

① (차) 재고자산평가충당금 5,000 (대) 재고자산평가손실환입 5,000
② (차) 재고자산평가충당금 10,000 (대) 재고자산평가손실환입 10,000
③ (차) 재고자산평가충당금 15,000 (대) 재고자산평가손실환입 15,000
④ 분개없음

풀이

01 ①

02 ①

03 ② 10,000+1,000+300+100+500−400 = 11,500

04 ③ 2,500+1,500+800+2,000 = 6,800

05 ④ 차) 매입 대) 매입채무 분개의 누락
매출원가 = 기초재고+당기순매입액 (과소기록)−기말재고 (과소기록)으로, 매출원가에는 영향이 없다.

06 ④ 인도기준에 따른 판매량 100개×가격 100,000원 = 10,000,000

07 ② 할부판매에서 대금은 판매대가와 이자로 구성되어 있다.

08 ④

09 ①

	차변		대변	
9월 1일	현금	120,000	매출액	120,000
9월 12일	매출채권	210,000	매출액	210,000
9월 17일	매출에누리	10,000	매출채권	10,000
9월 20일	현금 매출할인	95,000 5,000	매출채권	100,000
9월 25일	현금	100,000	매출채권	100,000

총매출액 = 330,000원
순매출액 = 330,000 − 10,000−5,000 = 315,000원

10 ③ 당기순매입액 = 2,500,000+50,000−30,000+40,000 = 2,560,000
매출원가 = 300,000+2,560,000−750,000 = 2,110,000
매출총이익 = 2,500,000−2,110,000 = 390,000

11 ③ 순매출액 = 5,000−300−100−500 = 4,100
당기순매입액 = 3,000+250−70−400 = 2,780

매출원가 = 1,050+2,780-1,300 = 2,530
매출총이익 = 4,100-2,530 = 1,570

12 ③ (선입선출법)
매출원가 = 20×20+30×35 = 1,450
기말재고액 = 10×35+40×40 = 1,950
(총평균법)
평균원가 = (400+1,400+1,600)/100 = 34
매출원가 = 34×50 = 1,700
기말재고액 = 34×50 = 1,700

13 ② 1/17 이동평균원가 = (100개×10원+100개×20원)/200개 = 15원
1/21 이동평균원가 = (100개×15원+50개×30원)/150개 = 20원
기말재고액 = 50개×20원 = 1,000원

14 ④ 당기 기말재고 과대 → 당기 매출원가 과소 → 당기 매출총이익 과대
당기 기말재고는 차기 기초재고이므로,
차기 기초재고 과대 → 차기 매출원가 과대 → 차기 매출총이익 과소

15 ① 매출원가 = 기초재고(2,000 과소)+당기순매입액-기말재고(1,000 과대) 이므로, 매출원가는 3,000 과소 계상으로, 세전이익이 3,000 과대 계상된다.
오류수정 후 순이익=10,000-3,000 = 7,000

16 ② 매출원가 = 매출액 125,000×0.80 = 100,000
매출원가 100,000 = 12,000+99,000-기말재고액, 기말재고액 11,000

17 ② 매출원가 = 매출액-매출총이익 = 7,200-(7,200×25%) = 5,400
매출원가 5,400 = 기초재고자산 1,350+당기순매입액-기말재고자산 1,400
당기순매입액 = 5,450

18 ③ 재고자산감모손실=(50-40)×100 = 1,000
재고자산평가손실=40×(100-90) = 400

19 ② 재고자산평가손실=5,500-4,000=1,500
매출원가에 포함하는 정상적인 재고자산평가손실=1,500×40%=600
매출원가=2,000+11,000-5,500+600=8,100

20 ② 재고자산평가손실이 회복되더라도 원가이상으로 환입하지 못한다. 원가이상으로 환입하는 것은 판매 이전에 이익을 인식하는 셈이기 때문이다.

Chapter

09

유형자산과 무형자산

제 1 절　유형자산의 이해
제 2 절　유형자산의 취득
제 3 절　유형자산의 감가상각
제 4 절　유형자산의 회계처리
제 5 절　무형자산

◉ 주요 학습 내용

재무상태표

자 산		부 채
유동자산		
비유동자산	유형자산	자 본
	무형자산	

손익계산서

비 용	수 익
감가상각비	
상각비	
손상차손	

◉ 김소호 커피전문점 이야기

김소호 커피전문점에는 두 대의 커피머신이 있는데, 이것만으로는 고객을 응대하기 어려워 한 대를 더 구매하기로 하였나. 직원 나대로씨가 여기저기 알아보고 받아 온 견적에 따르면 신형 커피머신 가격은 다소 부담스러운 수준이었다. 하지만 기존 커피머신 보다 짧은 시간에 보다 많은 커피를 만들 수 있고 유지관리도 수월한 장점이 있었다.
커피머신 가격은 세 달치 이익에 해당하는 것으로 이 커피머신을 사게 되면 이번 분기 이익은 기대하기 어려울 것 같았다. 장기적으로는 이익을 창출할 것이지만 이번 분기 이익이 없으면 채권자나 가족, 종업원 등이 사업성을 의심하지 않을까 걱정이 되었다. 그리고 소모품이나 재고자산과 달리 커피머신은 장기간 영업활동에 사용하는데 설비투자가 이루어지는 시점에 이익이 크게 감소하거나 적자가 나는 것이 의아하였다.

여러 회계기간에 걸쳐 사업에 사용하는 물리적 실체가 있는 자산을 유형자산이라고 하는데 토지, 건물, 기계장치 등이 그러한 예에 속한다. 토지를 제외한 유형자산은 일시에 현금이 지출되더라도 장기간에 걸쳐 사용되기 때문에 취득원가를 사용기간에 나누어 비용으로 인식한다. 이를 감가상각이라 한다. 설비투자로 일시에 현금이 지출되지만 비용은 여러 기간에 걸쳐 기록하는 것이다.

제1절 유형자산의 이해

유형자산(tangible assets)은 재화나 용역의 생산이나 제공, 타인에 대한 임대 또는 관리활동에 사용할 목적으로 보유하는 물리적 형태가 있는 자산으로서 한 회계기간을 초과하여 사용할 것이 예상되는 자산이다.

자료 9-1 유형자산의 종류

토지
건물, 구축물, 기계장치, 차량운반구, 비품 등
건설중인자산 : 건설 중에 있는 건물 · 기계 등

유형자산은 영업활동에 사용할 목적으로 보유하는 자산으로 보유 목적이 판매나 투자에 있지 않다. 건물이나 토지를 임대나 시세차익을 목적으로 보유하고 있다면 유형자산이 아닌 투자부동산으로 분류한다. 소모품과 같이 단기간의 수익창출에 기여할 자산은 유동자산으로 분류한다. 유형자산은 실체가 있는 자산이라는 점에서 무형자산과 다르다.

유형자산은 영업활동에 장기간 사용하는 자산이므로 유형자산은 자산의 사용기간 동안 나누어서 비용으로 처리한다. 이를 **감가상각**이라 한다.

제2절 유형자산의 취득

유형자산의 취득원가는 유형자산을 취득하기 위해 지급한 현금 또는 기타 대가의 공정가치이다. 이때 취득원가는 다음과 같이 구성된다.

• 경영진이 의도하는 방식으로 자산을 가동하는 데 필요한 장소와 상태에 이르게 하는 데 직접 관련되는 원가 예) 운반비, 보관비, 중개비, 설치비, 시운전비 등

- 관세 및 환급불가능한 취득 관련 세금을 가산하고 매입할인과 리베이트 등을 차감한 구입가격
- 자산을 해체, 제거하거나 부지를 복구하는 데 소요될 것으로 최초에 추정되는 원가.

대금지급이 일반적인 신용기간을 초과하여 이연되는 경우, 현금가격상당액과 실제 총지급액과의 차액은 신용기간에 걸쳐 이자로 인식한다. 즉, 이자에 해당하는 부분은 유형자산의 취득원가에 포함하지 않는다.

여러 자산을 일괄 구입한 경우에는 각 개별 자산의 공정가치를 기준으로 총취득원가를 안분하여 개별 자산의 취득원가를 결정한다.

예제 1

다음 거래를 분개하시오.

① 기계장치를 21,000원에 현금 취득하다. 이와 관련하여 운송비 1,500원과 시운전비 400원은 별도로 현금으로 지급하다.

② 건물을 취득하고 대금 27,000원은 3년 후 상환하기로 하다. 취득 대금에 포함된 이자상당액은 2,000원이다.

③ 공정가치 20,000원인 토지와 공정가치 10,000원인 건물을 현금 24,000원에 일괄 취득하다.

[풀이]

	차변	금액	대변	금액
①	차) 기계장치	22,900	대) 현금	22,900
②	차) 건물	25,000	대) 미지급금	25,000
③	차) 토지	16,000	대) 현금	24,000
	건물	8,000		

* 토지 취득원가 = 24,000×20,000/(20,000+10,000) = 16,000
건물 취득원가 = 24,000×10,000/(20,000+10,000) = 8,000

제3절 유형자산의 감가상각

3.1 감가상각의 이해

유형자산의 취득에 따른 지출은 일시에 발생하지만, 비용은 사용기간에 걸쳐 배

분하는 데 이를 **감가상각**(depreciation)이라 한다. 예를 들어 5년간 영업활동에 사용할 기계장치를 일시에 비용처리한다면, 기계장치로 인한 수익은 5년간 발생하지만 비용은 일시에 처리되는 문제가 있다. 기계장치를 취득하는 시점에 현금이 유출되더라도, 수익비용의 대응원칙에 따라 관련 수익이 발생할 기간에 걸쳐 비용을 인식해야 한다. 다만, 토지는 사용에 따른 가치 감소가 없으므로 감가상각을 하지 않는다.

감가상각에 대한 오해 중 하나는 감가상각을 특정 기간 동안 보유 중인 유형자산의 가치평가에 따른 가치감소로 여기는 것이다. 감가상각은 가치감소 분이 아니라 사용기간에 걸쳐 비용을 인식하는 **비용배분**(cost allocation)을 의미한다.

3.2 감가상각요소

감가상각비를 계산하기 위해서는 취득원가, 잔존가치, 내용연수와 감가상각방법을 결정해야 한다.

감가상각대상금액 = 취득원가 − 잔존가치

감가상각대상금액은 자산의 원가에서 잔존가치를 뺀 금액으로 내용연수 동안 감가상각할 금액이다. 예를 들어 1억원에 취득한 기계를 10년간 사용한 후 1천만원에 처분할 것으로 예상한다면 감가상각대상금액은 9천만원이다.

내용연수

기업이 자산을 사용할 수 있을 것으로 예상하는 기간이며, 물리적 내용연수가 아닌 **경제적 내용연수**(economic useful life)이다. 대개 유형자산은 마모, 쇠퇴, 손상 등으로 사용이 불가능할 때까지 사용하는 것이 아니라 진부화, 부적절 등으로 인해 기대되는 경제적 효익이 그 비용을 초과하는 시점까지 사용하는 것이 일반적이다.

잔존가치

자산이 이미 오래되어 내용연수 종료시점에 도달하였다는 가정하에 자산의 처분으로부터 획득할 금액에서 추정 처분부대원가를 차감한 금액의 추정치이다. 실무적으로 잔존가치는 경미한 경우가 많으므로 감가상각대상금액을 계산할 때 중요하게 다루어지지 않는다.

감가상각방법

유형자산의 감가상각대상금액은 내용연수에 걸쳐 체계적인 방법으로 배분한다. 감가상각방법에는 정액법, 체감잔액법과 생산량비례법 등이 있다.

3.3 감가상각비의 계산과 보고

감가상각대상금액은 감가상각방법을 이용하여 내용연수에 걸쳐 **감가상각비**로 인식한다. 내용연수가 경과하면서 감가상각에 의해 유형자산의 장부금액이 감소하는데, 이때 유형자산을 직접 차감하는 대신 **감가상각누계액** 계정을 사용한다. 취득원가에서 감가상각누계액을 차감하여 유형자산의 장부금액을 제시함으로써 차감 내역을 설명할 수 있기 때문이다.

취득원가에서 감가상각누계액을 차감한 금액을 **유형자산의 장부금액**이라 한다. 감가상각비는 당기의 비용이며 감가상각누계액은 그동안 인식한 누적 감가상각비이다.

결산일	차) 감가상각비	***	대) 감가상각누계액	***

생산량비례법

생산량비례법은 자산의 예상조업도 또는 예상생산량에 기초하여 감가상삭액을 계상하는 방법이다. 감가상각비는 감가상각대상금액에 추정 총생산량에 대한 실제생산량의 비율을 곱하여 계산한다. 이 방법은 광산 · 삼림 · 유전 등 자연자원 채굴에 사용되는 유형자산의 감가상각에 주로 사용된다.

$$\text{감가상각비} = (\text{취득원가} - \text{잔존가치}) \times \frac{\text{실제 생산량}}{\text{추정 총생산량}}$$

정액법

정액법은 자산의 내용연수 동안 매 기간 일정액의 감가상각액을 계상하는 방법이다. 연간 감가상각비는 감가상각대상금액을 내용연수로 나누어서 계산한다. 이 방법은 감가상각의 원인을 시간으로 가정하는 방법으로 사용이 간편하여 많이 사용된다.

$$\text{연간 감가상각비} = \frac{\text{취득원가} - \text{잔존가치}}{\text{내용연수}}$$

예제 2

ABC(주)는 20×1년 초 1,000,000원에 취득한 기계를 정액법으로 감가상각하고 있다. 내용연수는 4년이며, 추정 잔존가치는 129,600원이다. 각 연도 말에 감가상각비를 인식하는 결산정리를 하고 기계의 장부금액을 제시하시오.

[풀이]

연간 감가상각비 = (1,000,000−129,600) / 4 = 217,600원

(결산정리분개)

일자	차변	금액	대변	금액
20×1. 12. 31	차) 감가상각비	217,600	대) 감가상각누계액	217,600
20×2. 12. 31	차) 감가상각비	217,600	대) 감가상각누계액	217,600
20×3. 12. 31	차) 감가상각비	217,600	대) 감가상각누계액	217,600
20×4. 12. 31	차) 감가상각비	217,600	대) 감가상각누계액	217,600

(부분 재무제표)

20×1. 12. 31	
기계	1,000,000
(감가상각누계액)	(217,600)
	782,400

20×2. 12. 31	
기계	1,000,000
(감가상각누계액)	(435,200)
	564,800

20×3. 12. 31	
기계	1,000,000
(감가상각누계액)	(652,800)
	347,200

20×4. 12. 31	
기계	1,000,000
(감가상각누계액)	(870,400)
	129,600

연수합계법

연수합계법(sum-of-the-years'-digits method)은 연수를 이용하여 초기에 감가상각을 많이 하는 방법이다. 내용연수의 합계를 분모로 하고 잔여내용연수를 분자로 삼아 상각률을 계산한 후, 이를 감가상각대상금액에 곱하여 감가상각비를 계산한다. 예컨대 내용연수가 3년인 경우 매기 감가상각대상금액에 대한 감가상각률은 3/(1+2+3), 2/(1+2+3), 1/(1+2+3)이다.

예제 3

〈예제 2〉의 자료에서, 연수합계법을 이용하여 각 연도 말에 감가상각비를 인식하는 결산정리를 하고 기계의 장부금액을 제시하시오.

[풀이]

감가상각대상금액 870,400원을 매년 4/10, 3/10, 2/10, 1/10의 비중으로 감가상각한다.

(결산정리분개)

20×1. 12. 31	차) 감가상각비	348,160	대) 감가상각누계액	348,160
20×2. 12. 31	차) 감가상각비	261,120	대) 감가상각누계액	261,120
20×3. 12. 31	차) 감가상각비	174,080	대) 감가상각누계액	174,080
20×4. 12. 31	차) 감가상각비	87,040	대) 감가상각누계액	87,040

(부분 재무제표)

20×1. 12. 31		
기계	1,000,000	
(감가상각누계액)	(348,160)	
	651,840	

20×2. 12. 31		
기계	1,000,000	
(감가상각누계액)	(609,280)	
	390,720	

20×3. 12. 31		
기계	1,000,000	
(감가상각누계액)	(783,360)	
	216,640	

20×4. 12. 31		
기계	1,000,000	
(감가상각누계액)	(870,400)	
	129,600	

정률법

정률법(fixed-rate method)은 기초 장부금액에 일정 상각률을 곱한 만큼을 상각하는 방법이다. 다른 방법과는 달리 감가상각대상금액(취득원가－잔존가치)이 아닌 미상각잔액(취득원가－감가상각누계액)에 일정 비율을 곱하여 감가상각을 구한다. 그 이유는 상각률, 즉 정률 계산과정에서 잔존가치를 이미 고려하였기 때문이다.

$$\text{정률} = 1 - \sqrt[\text{내용연수}]{\frac{\text{잔존가치}}{\text{취득원가}}}$$

$$\text{연간 감가상각비} = \text{미상각금액} \times \text{정률}$$

자료 9-2 감가상각방법과 기간별 감가상각비

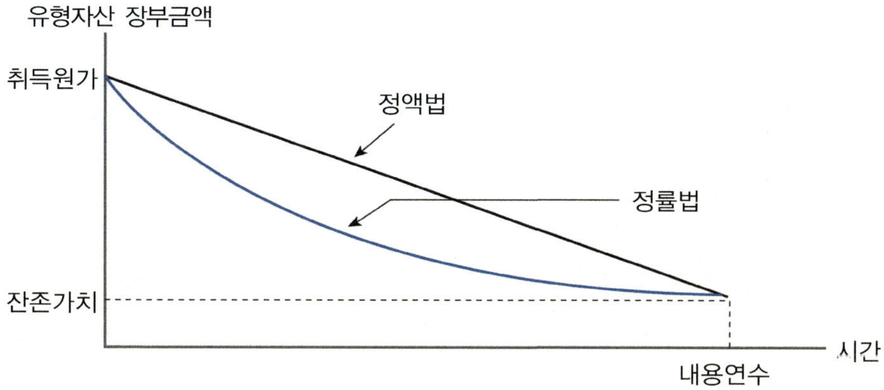

예제 4

〈예제 2〉의 자료에서, 정률법을 이용하여 각 연도 말에 감가상각비를 인식하는 결산정리를 하고 기계의 장부금액을 제시하시오.

[풀이]

정률 = $1-\sqrt[4]{129,600/1,000,000} = 0.4$

매년 미상각 장부금액에 40%씩 감가상각한다. 첫해는 1,000,000원의 40%인 400,000원을 감가상각비로 처리하고, 둘째 해는 남은 장부금액 600,000원의 40%인 240,000원을 감가상각비로 처리한다. 셋째 해는 남은 장부금액 360,000원의 40%인 144,000원을, 넷째 해는 남은 장부금액 216,000원의 40%인 86,400원을 감가상각비로 처리한다.

(결산정리분개)

20×1. 12. 31	차) 감가상각비	400,000	대) 감가상각누계액	400,000
20×2. 12. 31	차) 감가상각비	240,000	대) 감가상각누계액	240,000
20×3. 12. 31	차) 감가상각비	144,000	대) 감가상각누계액	144,000
20×4. 12. 31	차) 감가상각비	86,400	대) 감가상각누계액	86,400

(부분 재무제표)

20×1. 12. 31		
기계	1,000,000	
(감가상각누계액)	(400,000)	
	600,000	

20×2. 12. 31		
기계	1,000,000	
(감가상각누계액)	(640,000)	
	360,000	

20×3. 12. 31		20×4. 12. 31	
기계	1,000,000	기계	1,000,000
(감가상각누계액)	(784,000)	(감가상각누계액)	(870,400)
	216,000		129,600

체감잔액법은 자산의 내용연수 동안 감가상각액이 매 기간 감소하는 방법이다. 내용연수 초기일수록 많은 감가상각비를 인식하고 후기로 갈수록 적은 감가상각비를 인식하므로 **가속상각법**이라고도 한다. 체감잔액법으로는 연수합계법과 정률법이 주로 사용되고 있다. 이 방법은 자산으로부터 발생하는 효익이 큰 초기에 많은 비용을 대응시키므로 **수익비용대응** 관점에서 지지된다.

제4절 유형자산의 회계처리

4.1 다양한 상황에서의 감가상각

기중 취득의 감가상각

유형자산을 기초가 아니라 기중에 취득하는 경우에는 보유기간에 따라 감가상각을 한다. 이때 보유기간은 대개 일단위나 월단위를 사용한다. 예를 들어 20×1년 10월 17일에 취득한 기계의 20×1년도 감가상각비는 기초에 취득한 경우를 가정한 첫 해 감가상각비의 76일/365일 또는 3개월/12개월 만큼이 된다.

예제 5

ABC(주)는 20×1년 4월 5일 1,000,000원에 취득한 기계를 내용연수 4년, 잔존가치 129,600원에 감가상각한다. 정액법과 정률법(정률 40%)을 사용할 경우 20×1년도와 20×2년도의 감가상각비는 각각 얼마인가? 단, 감가상각비는 월할로 계산한다.

[풀이]

① 정액법

20×1년 : 217,600 × 9/12 = 163,200원

20×2년 : 217,600 × 3/12 + 217,600 × 9/12 = 217,600원
② 정률법
20×1년 : 400,000 × 9/12 = 300,000원
20×2년 : 400,000 × 3/12 + 240,000 × 9/12 = 280,000원

취득후 지출과 감가상각

일상적인 수선 · 유지와 관련하여 발생하는 원가를 **수익적 지출**이라 하며 발생시점에 수선유지비 등의 비용으로 인식한다. 예를 들어 수선, 도색, 부품 교체 등은 미래 경제적 효익의 유입과는 관련이 없는 지출이다.

반면 미래 경제적 효익이 증가하는 지출이 발생하면 해당 유형자산의 취득원가에 가산한다. 예를 들어 내용연수 연장, 가치 증가, 생산 능력 증대 등을 야기하는 지출은 해당 유형자산의 미래 경제적 효익을 증대시키는 **자본적 지출**이다. 자본적 지출로 유형자산의 취득원가가 증가하면 이후 감가상각비도 증가하게 된다.

수익적 지출	차) 수선유지비	***	대) 현금 등	***
자본적 지출	차) 유형자산	***	대) 현금 등	***

예제 6

다음 거래를 분개하고, 20×6년과 20×7년 12월 31일 결산일 시점 감가상각 관련 분개를 하시오. 회사의 회계정책에 따르면, 건물에 대해서는 잔존가치 0원, 내용연수 10년에 정액법으로 월할단위 감가상각한다.
① 20×6년 1월 4일에 건물을 2,000,000원에 현금 취득하다.
② 20×7년 7월 1일에 건물을 증축하고 증축대금 400,000원을 현금으로 지급하다. 이로 인해 내용연수가 1.5년 추가로 증가할 것으로 추정하다.
③ 20×7년 8월 1일에 건물 수선에 현금 10,000원을 지출하다.

[풀이]

일자	차변	금액	대변	금액
20×6. 1. 4	차) 건물	2,000,000	대) 현금	2,000,000
20×6. 12.31	차) 감가상각비	200,000	대) 감가상각누계액	200,000
20×7. 7. 1	차) 감가상각비	100,000	대) 감가상각누계액	100,000
	차) 건물	400,000	대) 현금	400,000
20×7. 8. 1	차) 수선비	10,000	대) 현금	10,000
20×7. 12.31	차) 감가상각비	105,000	대) 감가상각누계액	105,000

* (2,000,000−300,000+400,000)/(8.5년+1.5년) × 6개월/12개월=105,000

회계변경과 감가상각

유형자산의 잔존가치와 내용연수, 감가상각 방법은 적어도 매 회계연도 말에 재검토한다. 재검토결과 변경 사항이 있으면 **회계추정의 변경**으로 보고 변경된 내용에 기초하여 회계처리를 한다.

예제 7

BDS(주)는 20×7년 초에 원가 100,000원의 기계를 취득하여 내용연수 4년, 잔존가치 10,000원, 연수합계법으로 감가상각을 실시하고 있다. 그러던 중 정당한 사유에 의해 20×9년 초에 잔존가치 5,000원, 정액법으로 회계변경을 하였다. 20×9년 감가상각비는 얼마인가?

[풀이]

20×7년~20×8년 감가상각누계액=(100,000 − 10,000)×(4/10 + 3/10) = 63,000원

20×9년 감가상각비= (37,000 − 5,000)×1/2 = 16,000원

차) 감가상각비	16,000	대) 감가상각누계액	16,000

유형자산의 처분

사용중인 유형자산을 처분하면 처분전까지 유형자산의 사용에 따른 감가상각비를 먼저 인식한 후, 유형자산의 장부금액과 처분금액과의 차이를 **유형자산처분이익** 또는 **유형자산처분손실**로 인식한다.

예제 8

다음 거래를 분개하고, 유형자산처분손익을 계산하시오.

① 20×1년 1월 1일 취득원가 3,000원, 감가상각누계액 1,300원인 건물을 1,800원에 처분하였다.

② 20×1년 7월 1일 취득원가 3,000원, 감가상각누계액 1,300원인 건물을 1,800원에 처분하였다. 단, 20×1년도 처분일까지의 감가상각비는 200원이며, 처분일까지의 감가상각비를 계상하지 않았다.

[풀이]

①	차) 현금	1,800	대) 건물	3,000
	감가상각누계액	1,300	유형자산처분이익	100
②	차) 감가상각비	200	대) 감가상각누계액	200
	차) 현금	1,800	대) 건물	3,000
	감가상각누계액	1,500	유형자산처분이익	300

4.2 유형자산의 손상차손

유형자산은 보유기간 중에 장부금액보다 **회수가능액**이 낮아질 수도 있는데, 이 차액은 **유형자산손상차손**으로 비용처리한다.

보유한 유형자산은 진부화나 물리적 손상 또는 급격한 시가하락으로 회수가능액이 장부금액보다 낮아질 수 있다. 이 경우 유형자산을 계속 사용하고 있고 처분하지 않더라도 손실이 발생한 것으로 보고 유형자산의 손상차손을 인식하는 것이다.

손상차손 발생	차) 유형자산손상차손	***	대) 유형자산손상차손누계액	***

예제 9

(주)야호는 20×3년 말 현재 장부금액 60,000원(취득원가 100,000원, 감가상각누계액 40,000원)인 기계장치의 회수가능액이 48,000원으로 확인되었다. 20×3년 말 손상차손에 따른 분개를 하고, 유형자산의 장부금액을 계산하시오.

[풀이]

차) 유형자산손상차손	12,000	대) 유형자산손상차손누계액	12,000

손상차손에 따라 유형자산의 장부금액은 48,000원으로 수정된다.

4.3 유형자산의 재평가

유형자산의 원가로 측정된 장부금액을 공정가치로 수정하는 것을 **재평가**라 한다. 유형자산의 재평가는 기업이 필요에 따라 선택할 수 있으며, 재평가를 실시한 기업은 보고기간 말에 자산의 장부금액이 공정가치와 중요하게 차이가 나지 않도록 주기적으로 수행해야 한다.

유형자산을 재평가할 경우 발생하는 **재평가이익**은 당기순손익 계산에 포함하지 않으며, 기타포괄손익에 포함한다. 예를 들어 처음 재평가를 실시하면서 취득원가 1억원인 토지가 1억 5천만원으로 평가되었다면, 재평가이익 5천만원으로 인해 당기순손익은 영향을 받지 않으며 기타포괄손익누계액으로 자본이 증가하게 된다.

재평가이익 발생	차) 유형자산	***	대) 재평가이익 (기타포괄손익)	***

제5절 무형자산

5.1 무형자산의 이해

무형자산(Intangible assets)은 물리적 실체는 없지만 식별할 수 있는 비화폐성자산이다. 물리적 실체가 없더라도 미래경제적효익을 제공하는 경제적 자원에 해당되면 자산으로 인식될 수 있다.

자료 9-3 무형자산의 종류

컴퓨터소프트웨어, 특허권, 저작권, 고객목록, 어업권, 프랜차이즈, 고객충성도,
판매권, 개발비 등.
영업권

무형자산은 물리적 실체가 없기 때문에 기업에서 자의적으로 인식할 우려가 있다. 이에 회계기준에서는 식별가능성, 통제, 미래경제적효익이라는 세 조건을 모두 충족하는 경우에만 무형자산으로 인식하도록 하고 있다.

- **식별가능성**: 해당 자산이 분리가능하거나 계약 또는 기타 법적 권리로부터 발생해야 한다.
- **통제**: 미래경제적 효익을 확보할 수 있고 제3자의 접근을 제한할 수 있어야 한다.
- **미래경제적효익**: 수익발생, 원가절감 등 미래경제적효익이 있어야 한다.

이러한 요건을 충족하지 못하는 지출은 무형자산이 아닌 비용으로 인식한다. 다만, 개별적인 무형자산을 사업결합으로 취득하는 경우에는 **영업권**으로 처리한다.

5.2 무형자산의 회계처리

무형자산도 비유동자산으로 여러 기간에 걸쳐 영업활동에 사용하므로 유형자산의 회계처리와 유사하다. 취득원가에서 잔존가치를 차감한 상각대상금액을 내용연수 동안 배분하여 **무형자산상각비**로 인식한다. 이때 잔존가치는 영(0)으로 보고, 무형자산에서 직접 차감하며, 정액법으로 상각하는 것이 일반적이다. 회수가능액이 장부금액 보다 낮은 경우 **손상차손**을 인식하고, **재평가**를 허용하는 점 역시 유형자산과 같다.

무형자산 중에는 영업권처럼 내용연수를 한정할 수 없는 경우가 있다. 이때는 내용연수를 알 수 없기 때문에 상각을 하지 않고 손상검사를 통해 손상차손을 인식한다.

영업권

영업권(goodwill)은 사업결합에서 취득한 순자산의 공정가치를 초과하여 지급한 대가이다. 피인수기업이 동종 업종 내 기업보다 초과이익을 얻고 있다면 순자산을 공정가치로 취득하는 것 보다 대가를 더 지급해야 할 것이다. 초과이익은 우수한 경영진, 기술개발능력, 잘 갖춰진 유통망, 우수 고객 등에서 비롯되는 것으로 영업권은 이러한 무형적 가치를 인정하는 것이다. 영업권은 사업결합에서만 발생하며, 기업 스스로 영업권을 창설하는 것은 인정하지 않는다.

영업권 인식	차) 자산(공정가치)	***	대) 부채(공정가치)	***
	영업권			

예제 10

쎈(주)는 야칸(주)의 자산과 부채를 인수하면서 현금 15,000원을 지급하였다. 인수 시점에서 야칸(주)의 재무상태표 계정별 장부금액과 공정가치는 다음과 같았다. 인수에 따른 영업권은 얼마인가?

	장부금액	공정가치		장부금액	공정가치
현금	1,000	1,000	매입채무	2,000	2,000
매출채권	3,200	3,000	차입금	3,500	3,600
재고자산	3,800	4,500	미지급금	2,500	2,200
기계	3,000	2,300	자본금	5,000	-
토지	7,000	9,000	이익잉여금	5,000	-
합계	18,000	19,800	합계	18,000	7,800

[풀이]

인수에 따른 분개는 다음과 같다.

차) 현금	1,000	대) 매입채무	2,000
매출채권	3,000	차입금	3,600
재고자산	4,500	미지급금	2,200
기계	2,300	현금	15,000
토지	9,000		
영업권	3,000		

개발비

기업은 새로운 기술이나 제품 개발 등을 위해 연구 및 개발활동을 한다. 일반적으로 새로운 지식을 얻고자 하는 활동, 연구결과나 지식을 탐색·평가하는 활동은 연구활동에 속한다. 이 단계에서 발생한 지출은 **연구비**로 처리한다.

한편, 연구활동이 종료되어 시작품 또는 모형을 설계·제작·시험하는 활동, 신기술과 관련하여 공구 등을 설계하는 활동은 개발활동에 속한다. 개발단계에서 발생한 지출 역시 대개 **경상개발비**로 처리하고, 기술적 실현가능성, 기업의 사용의도, 기업의 경제적 능력 등을 모두 충족시키는 경우에만 제한적으로 무형자산인 **개발비**로 인식한다.

연구개발비(R&D cost)는 연구비, 경상개발비, 개발비로 구분하며, 연구비와 경상개발비는 비용으로 처리하고 개발비만 무형자산으로 인식한다.

예제 11

유전자 지도 개발업체인 (주)킬러의 다음 거래를 분개하시오.

① 2.1 모기의 유전자 지도 연구에 30,000원을 지출하였다.

② 7.1 모기 유전자 지도를 완성하고, 새로운 모기약 제품 시험생산에 20,000원을 지출하였다. 이 지출은 자산 요건을 충족하였다.

③ 12.31 결산일에 무형자산상각비를 계상하였다. (내용연수는 5년이고 월할 상각한다.)

[풀이]

	차변	금액	대변	금액
①	차) 연구비	30,000	대) 현금	30,000
②	차) 개발비	20,000	대) 현금	20,000
③	차) 무형자산상각비	2,000	대) 개발비	2,000

* (20,000÷5년×6/12=2,000원)

학·습·정·리

01 (　　　　　)은 영업활동에 사용할 목적으로 보유하는 자산으로 보유 목적이 판매나 투자에 있지 않다.

02 여러 자산을 일괄 구입한 경우에는 총취득원가를 각 개별 자산의 (　　　　　)를 기준으로 안분하여 개별 자산별 취득원가를 결정한다.

03 감가상각은 가치감소 분이 아니라 사용기간에 걸쳐 비용을 인식하는 (　　　　　)을 의미한다.

04 (　　　　　)은 기초 장부금액에 일정 상각률을 곱한 만큼을 감가상각하는 방법이다.

05 정률법과 정액법 중에서 내용연수 초기에 비용화가 빠르므로 상대적으로 이익을 초기에 적게, 후기에 크게 보고하는 방법은 (　　　　　)이다.

06 취득원가에서 (　　　　　)을 차감한 것을 유형자산의 장부금액이라 한다.

07 (　　　　　)은 내용연수 연장, 가치 증가, 생산 능력 증대 등과 같이 경제적 효익이 장기간 지속 되는 지출로서 유형자산의 취득원가에 가산한다.

08 유형자산은 보유기간 중에 장부금액보다 회수가능액이 낮아질 수도 있는데, 이 차액은 (　　　　　)으로 비용처리한다.

09 (　　　　　)은 인수합병과 영업양수에서 순자산의 공정가치를 초과하여 지급한 금액으로 무형자산이다.

10 연구개발비는 연구비, 경상개발비, 개발비로 구분하며, (　　　　　)만 무형자산으로 인식한다.

풀이

01 유형자산 02 공정가치 03 비용배분 04 정률법 05 정률법 06 감가상각누계액
07 자본적 지출 08 유형자산손상차손 09 영업권 10 개발비

기·본·문·제

01 (주)서울이 20×1년 7월 1일 100,000원에 취득한 비품은 내용연수 3년, 추정 잔존가치 6,400원이다. 다음 각 방법을 이용하여 20×1년, 20×2년 감가상각을 위한 결산정리를 하시오.

① 정액법

② 연수합계법

③ 정률법 (정률 60%)

02 붕붕(주)는 20×1년 7월 1일에 영업용으로 사용할 목적으로 400,000원에 자동차를 취득하였다. 이 회사는 12월 결산법인이며, 유형자산에 대해 내용연수 5년, 잔존가치 50,000원으로 하여 월단위 정액법으로 감가상각을 한다. 붕붕(주)는 이 자동차를 20×3년 3월 말에 250,000원에 처분하였다. 유형자산처분에 따른 분개를 하시오.

03 무지개(주)는 20×5년 9월 1일에 영업용 기계를 1,000,000원에 취득하여 정액법(내용연수 10년, 잔존가치 100,000원)을 적용하여 감가상각을 해 오던 중 20×8년 1월 1일에 이 기계에 대해 200,000원의 자본적 지출을 하였다. 20×8년도 감가상각비는 얼마인가? 단, 이 자본적 지출로 인해 남은 잔존내용연수는 10년으로 바뀌고 잔존가치는 없을 것으로 추정하였다.

04 ABC(주)는 20×1년 초 1,000,000원에 취득한 기계를 내용연수 4년, 잔존가치 129,600원에 정률법(상각률 0.4)을 사용하여 감가상각하던 중에, 20×3년 초에 감가상각방법을 정액법으로 변경하였다. 이 변경은 정당한 사유에 의한 추정의 변경으로 인정되었다. 20×3년 감가상각비는 얼마인가?

풀이

01

① 정액법

20×1년 감가상각비 : (100,000－6,400)/3×6/12 = 15,600원

20×2년 감가상각비 : (100,000－6,400)/3×12/12 = 31,200원

(결산정리)

20×1. 12. 31	차) 감가상각비	15,600	대) 감가상각누계액	15,600
20×2. 12. 31	차) 감가상각비	31,200	대) 감가상각누계액	31,200

(부분 재무제표)

20×1. 12. 31			20×2. 12. 31		
기계	100,000		기계	100,000	
(감가상각누계액)	(15,600)		(감가상각누계액)	(46,800)	
	84,400			53,200	

② 연수합계법

20×1년 감가상각비 : (100,000−6,400)×3/(1+2+3)×6/12 = 23,400원

20×2년 감가상각비 : (100,000−6,400)×3/(1+2+3)×6/12+(100,000−6,400)×2/6×6/12 = 39,000원

(결산정리)

20×1. 12. 31	차) 감가상각비	23,400	대) 감가상각누계액	23,400
20×2. 12. 31	차) 감가상각비	39,000	대) 감가상각누계액	39,000

(부분 재무제표)

20×1. 12. 31			20×2. 12. 31		
기계	100,000		기계	100,000	
(감가상각누계액)	(23,400)		(감가상각누계액)	(62,400)	
	76,600			37,600	

③ 정률법

20×1년 감가상각비 : 100,000×0.60×6/12 = 30,000원

20×2년 감가상각비 : 100,000×0.60×6/12+(100,000−60,000)×0.60×6/12 = 42,000원

또는 (100,000−30,000)×0.60 = 42,000원

(결산정리)

20×1. 12. 31	차) 감가상각비	30,000	대) 감가상각누계액	30,000
20×2. 12. 31	차) 감가상각비	42,000	대) 감가상각누계액	42,000

(부분 재무제표)

20×1. 12. 31			20×2. 12. 31		
기계	100,000		기계	100,000	
(감가상각누계액)	(30,000)		(감가상각누계액)	(72,000)	
	70,000			28,000	

02

	차변		대변	
20×1. 7. 1	차량운반구	400,000	현금	400,000
20×1.12.31	감가상각비	35,000	감가상각누계액	35,000
20×2.12.31	감가상각비	70,000	감가상각누계액	70,000
20×3. 3.31	감가상각비	17,500	감가상각누계액	17,500
20×3. 3.31	현금 감가상각누계액 유형자산처분손실	250,000 122,500 27,500	차량운반구	400,000

03

20×5년 감가상각비 = (1,000,000－100,000)×1/10×4/12 = 30,000

20×6년 감가상각비 = (1,000,000－100,000)×1/10 = 90,000

20×7년 감가상각비 = (1,000,000－100,000)×1/10 = 90,000

20×8년 1월 1일 장부금액 = 1,000,000＋200,000－210,000 = 990,000

20×8년 감가상각비 = (990,000-0)×1/10 = 99,000

04

정률 = $1-\sqrt[4]{129,600/1,000,000} = 0.4$

정률법에 의한 20×1년 감가상각비 = 1,000,000×0.4 = 400,000

정률법에 의한 20×2년 감가상각비 = 600,000×0.4 = 240,000

정액법에 의한 20×3년 감가상각비 = (1,000,000－640,000－129,600)/2 = 115,200

연·습·문·제

01 기계장치를 취득하면서 지출한 내역이 다음과 같을 때 기계장치의 취득원가는 얼마인가?

구입대금 50,000원	설치비 2,000원	운반비 3,000원
시운전비 1,500원	관세 2,000원 (이중 500원은 환급될 예정임)	

① 55,000원　② 56,500원
③ 58,000원　④ 58,500원

02 (주)메아리는 건물과 토지를 일괄 취득하고 110,000원을 지급하였다. 취득 당시 건물의 공정가치는 24,000원이고, 토지의 공정가치는 96,000원이다. 건물과 토지의 취득원가는 각각 얼마인가?

	건 물	토 지
①	0	110,000
②	22,000	88,000
③	55,000	55,000
④	88,000	22,000

03 감가상각의 의의와 가장 거리가 먼 것은?

① 수익과 비용의 대응　② 원가의 기간간 배분
③ 자산의 비용화　④ 시장가치의 감소

04 감가상각에 대한 설명으로 옳지 않은 것은?

① 정률법에 의할 경우 내용연수 초기 감가상각비가 내용연수 후기 감가상각비보다 많다.
② 정액법은 시간에 따라 감가상각비가 일정하게 발생하는 것으로 가정한다.
③ 내용연수가 경과할수록 감가상각누계액은 커지고 유형자산의 장부금액은 작아진다.
④ 감가상각대상액은 정률법이 정액법보다 많다.

05 (주)캔디는 20×1년 초에 총 100톤의 철근을 생산할 수 있는 기계장치(내용연수 4년, 잔존가치 200,000원)를 2,000,000원에 취득하였다. 정률은 0.44이고, 1차년도부터 4차년도까지의 기계장치의 철근생산량은 40톤, 20톤, 30톤, 10톤이다. 1차년도에 인식할 감가상각비가 가장 크게 계상되는 감가상각방법은 어느것인가?

① 정액법
② 정률법
③ 연수합계법
④ 생산량비례법

06 당해 재무상태표의 감가상각누계액에 대해 잘못 설명한 것은?

① 취득시점에서부터 당해 기말까지 감가상각비를 누적한 금액이다
② 유형자산의 취득원가와 잔존가치의 차이이다.
③ 유형자산의 취득원가에서 감가상각누계액을 차감하면 장부금액이다.
④ 유형자산에 대한 차감계정이다.

07 (주)가람은 20×1년 초에 건물을 1,000,000원에 취득하여 내용연수 4년, 잔존가치 240,100원, 정률법으로 감가상각을 하고 있다. 첫해 감가상각비가 300,000원일 때, 다음 설명 중 잘못된 것은?

① 정률은 39.5%이다.
② 20×2년도 감가상각비는 21만원이다.
③ 20×2년도 말 건물의 장부금액은 49만원이다.
④ 기간이 경과함에 따라 감가상각비가 감소한다.

08 12월 결산법인인 (주)한방은 20×1년 10월 1일에 건물과 토지를 일괄 취득하고 100,000원을 지급하였다. 취득 시점에서 공정가치는 건물 48,000원, 토지 72,000원이었다. (주)한방의 건물에 대한 감가상각 정책은 내용연수 4년, 잔존가치 0원, 연수합계법, 월할상각이다. 위 건물의 20×1년도 감가상각비는 얼마인가?

① 2,800
② 4,000
③ 4,800
④ 16,000

09 (주)유진(회계기간 1.1~12.31)은 20×1년 1월 1일에 400,000원에 취득한 비품(내용연수 4년, 잔존가치 40,000원)을 20×3년 6월 30일에 150,000원에 처분하였다. 정액법에 의해 비품을 감가상각하였다면, 동 기계장치의 처분과 관련된 처분손익은 얼마인가?

① 처분이익 20,000
② 처분이익 110,000
③ 처분손실 25,000
④ 처분손실 70,000

10 (주)바다의 전기와 당기의 설비에 대한 부분재무제표는 다음과 같다.

	20×1년도 말	20×2년도 말
설비	13,000	15,500
(감가상각누계액)	(4,500)	(5,500)
	8,500	10,000

당기 기중에는 장부금액 1,500원(취득원가 3,000원, 감가상각누계액 1,500원)의 설비를 처분하고 새 설비를 취득하였다. 새 설비의 취득원가와 20×2년도 감가상각비는 각각 얼마인가?

① 2,500 1,000　② 2,500 2,500
③ 5,500 2,500　④ 5,500 3,500

11 (주)하늘의 전기와 당기의 설비에 대한 부분재무제표는 다음과 같다.

	20×1년도 말	20×2년도 말
설비	15,000	14,000
(감가상각누계액)	(7,000)	(6,500)
	8,000	7,500

당기의 감가상각비는 2,500원이었으며, 당기 기중에 취득한 새 설비의 취득원가는 4,000원이었다. 당기 기중에 처분한 설비의 장부금액은 얼마인가?

① 2,000　② 3,000
③ 4,000　④ 5,000

12 (주)도깨비는 20×1년 7월 1일에 200,000원에 취득한 기계장치를 내용연수 5년, 잔존가치 0원, 정액법으로 감가상각하고 있다. 동 기계장치에 대해서 20×4년 1월 1일에 수선비 10,000원을 지출하였는데, 이를 수익적 지출로 처리하지 않고 자본적 지출로 처리하는 실수를 하였다. 이로 인한 설명으로 옳은 것은? 단, 세금은 없다.

① 20×4년도 말 장부금액이 10,000원 과대 보고된다.
② 20×4년도 말 장부금액이 4,000원 과대 보고된다.
③ 20×4년 이익이 6,000원 과대 보고된다.
④ 20×4년 이익이 4,000원 과대 보고된다.

13 (주)천사는 20×1년 초에 영업용 차량운반구를 100,000원에 취득하고 정액법(내용연수 10년, 잔존가치 0원)으로 감가상각을 하였다. 차량운반구를 사용하던 중인 20×3년 말에는 이 차량운반구의 회수가능액이 56,000원인 것으로 확인되었다. 20×3년도 손상차손은 얼마인가?

① 0　② 14,000
③ 17,500　④ 26,000

14 20×1년 초에 500,000원에 취득한 기계장치는 내용연수 5년, 잔존가치 0원, 정액법, 월할 상각으로 감가상각을 하였다. 이 기계장치에 대한 20×2년도 말 부분재무제표는 다음과 같다. 추가적인 손상이나 손상회복이 없을 경우, 20×3년도 말 동 기계장치의 장부금액은 얼마인가?

기계장치	500,000
− 감가상각누계액	(200,000)
− 손상차손누계액	(90,000)
	210,000

① 110,000
② 140,000
③ 200,000
④ 230,000

15 (주)샛별은 20×1년 초에 영업에 사용할 목적으로 건물을 100,000원(내용연수 10년, 잔존가치 10,000원, 정액법)에 취득하였다. 20×4년 말에 동 건물에 대해 최초로 재평가를 실시하였으며, 재평가액은 80,000원이었다. 다음 설명 중 옳은 것은?

① 재평가이익 16,000원은 당기순이익에 포함한다.
② 재평가이익 16,000원은 기타포괄이익에 포함한다.
③ 재평가이익 26,000원은 당기순이익에 포함한다.
④ 재평가이익 26,000원은 기타포괄이익에 포함한다.

16 무형자산에 속하지 않는 계정은 어느 것인가?

① 연구비
② 산업재산권
③ 영업권
④ 개발비

17 무형자산의 회계처리에 대한 설명으로 옳지 않은 것은?

① 연구개발비 중에는 개발비만 무형자산에 해당된다.
② 내부적으로 창출한 영업권은 무형자산으로 인식하지 않는다.
③ 내용연수가 비한정인 무형자산은 상각하지 않는다.
④ 무형자산은 물리적 실체가 없으므로 손상차손을 인식하지 않는다.

18 영업권을 재무제표에 인식할 수 있는 상황은 어느 것인가?

① 기업의 이미지가 제고될 때
② 정상이익을 초과하는 이익이 발생할 때
③ 다른 기업을 순자산보다 고가로 매수할 때
④ 우수한 연구개발 인력, 경영진, 고객, 거래처 등이 확보될 때

19 다음과 같은 기업을 영업양수하면서 120,000원을 현금으로 지급하였다면, 영업권은 얼마인가?

자산의 장부금액	145,000원	부채의 장부금액	50,000원
자산의 공정가치	155,000원	부채의 공정가치	55,000원

① 0　　② 15,000
③ 20,000　　④ 25,000

20 앗싸(주)는 사업 첫해인 20×5년에 연구개발활동과 관련하여, 신기술 개발을 위한 기초연구에 100만원, 신제품 A개발에 대한 경상적인 지출 150만원이 발생하였다. 또한 신제품 B 개발에 대해 1,000만원이 발생하였는데 회계기준에 따라 개발비로 분류하였다. 개발활동 관련 무형자산의 상각기간이 10년일 때, 20×5년 포괄손익계산서에 연구개발활동 관련 비용으로 보고되는 금액은 얼마인가?

① 100만원　　② 250만원
③ 350만원　　④ 1,250만원

풀이

01 ③ 50,000+2,000+3,000+1,500+(2,000−500) = 58,000원

02 ② 건물 취득원가 = 110,000×24,000/(24,000+96,000) = 22,000
토지 취득원가 = 110,000×96,000/(24,000+96,000) = 88,000

03 ④

04 ④

05 ② 정액법 : (2,000,000−200,000)/4 = 450,000
정률법 : 2,000,000×0.44 = 880,000
연수합계법 : (2,000,000−200,000)×4/10 = 720,000
생산량비례법 : (2,000,000−200,000)×40톤/100톤 = 720,000

06 ②

07 ① 정률 = 300,000/1,000,000 = 30%

08 ② 건물 취득원가 = 100,000×(48,000/120,000) = 40,000
건물 감가상각비 = 40,000×4/(1+2+3+4)×3/12 = 4,000

09 ③

	차변		대변	
20×1.12.31	감가상각비	90,000	감가상각누계액	90,000
20×2.12.31	감가상각비	90,000	감가상각누계액	90,000
20×3. 6.30	감가상각비	45,000	감가상각누계액	45,000
20×3. 6.30	감가상각누계액 현금 유형자산처분손실	225,000 150,000 25,000	건물	400,000

10 ③ 13,000−3,000+새 설비의 취득원가 = 15,500, 취득원가 = 5,500
4,500−1,500+감가상각비 = 5,500, 감가상각비 = 2,500

11 ① 15,000+4,000−처분한 설비의 취득원가 = 14,000, 처분한 설비의 취득원가 = 5,000
7,000+2,500−구 설비의 감가상각누계액 = 6,500, 구 설비의 감가상각누계액 = 3,000
처분한 설비의 장부금액 = 5,000−3,000 = 2,000

12 ③ (수익적 지출로 처리한 경우)
20×4년 1월 1일 장부금액 = 200,000−(200,000−0)/5년×2.5년 = 100,000
20×4년도 감가상각비 = 40,000
20×4년도 말 장부금액 = 100,000−40,000 = 60,000
(자본적 지출로 처리한 경우)
20×4년 1월 1일 장부금액 = 100,000원+10,000원 = 110,000
20×4년도 감가상각비 = (110,000−0)/2.5년 = 44,000
20×4년도 말 장부금액 = 110,000−44,000 = 66,000
수선비 10,000원 대신 감가상각비가 4,000원 인식되므로 이익이 6,000원 과대 보고된다.

13 ② 20×3년 말 장부금액 = 100,000−(100,000−0)×3/10 = 70,000
손상차손 인식 후 20×3년 말 장부금액 = 56,000
손상차손 = 70,000−56,000 = 14,000

14 ② 감가상각비 = 70,000
기계장치 장부금액 = 500,000−270,000−90,000 = 140,000

15 ② 감가상각누계액 = (100,000−10,000)×4/10 = 36,000
장부금액 = 100,000−36,000 = 64,000
재평가이익 = 80,000−64,000 = 16,000
재평가이익은 기타포괄이익으로 자본 내 기타포괄손익누계액에 누적된다.

16 ①

17 ④

18 ③

19 ③ 순자산의 공정가치 = 155,000−55,000 = 100,000
영업권 = 120,000−100,000 = 20,000

20 ③ 연구비 100만원+경상개발비 150만원+개발비상각비 100만원 = 350만원

MEMO

Chapter

10

투자목적의 자산

◉ 주요 학습 내용

재무상태표

자 산		부 채
유동자산	FVPL금융자산	
비유동자산	FVOCI금융자산	자 본
	AC금융자산	
	지분법주식	
	투자부동산	

손익계산서

비 용	수 익
평가손실	평가이익
처분손실	처분이익
지분법손실	지분법이익

◉ 김소호 커피전문점 이야기

옆 회사가 상장회사 주식에 투자해서 시세차익을 얻었다는 이야기를 들은 김소호 씨는 회사의 여유자금을 주식에 투자하기로 하였다. 커피전문점 사업에서도 이익이 나지만 투자이익이 발생하면 사업을 더 키울 수 있으리라 기대하였다.
그런데 투자한 주식의 주가가 조금 오르는가 싶더니 한동안 떨어져서 회복될 줄 모르고 연말에는 꽤나 손실을 입게 되었다. 이 금액은 한 달치 커피판매 이익에 해당하는 것이라 김소호 씨는 애가 탔다. 여유자금으로 투자를 했고 어차피 아직 처분한 것이 아니라 손실을 본 것도 아니니 안심해도 된다는 직원 나대로씨의 말도 전혀 도움이 되지 않았다.

회계에서는 영업활동에서 생긴 이익과 영업외 활동에서 생긴 이익을 구분한다. 순이익에서 영업이익과 영업외이익을 구분하여 평가하는 것이 중요하기 때문이다. 단기시세차익을 목적으로 한 주식투자이익은 영업외이익에 속하며, 처분을 하지 않은 경우에도 평가손실로 인해 순이익이 감소한다.

제1절 투자부동산

임대수익 또는 시세차익을 목적으로 한 건물이나 토지 등의 부동산은 투자부동산으로 기록한다. 영업활동을 위해 보유하는 부동산은 유형자산인 반면, 투자수익을 목적으로 보유하는 부동산은 투자부동산이다.

투자부동산은 유형자산처럼 취득원가로 기록하고 감가상각할 수도 있지만, 공정가치로 평가하는 방법을 적용할 수 있다. 투자부동산을 공정가치로 평가하는 방법을 선택한 경우에는, 감가상각을 하지 않고 결산일에 공정가치로 평가하여 평가차익을 **투자부동산평가손익**으로 인식한다. 투자부동산은 투자목적으로 보유하는 자산이므로 평가손익은 당기손익에 포함한다.

결산일	차) 투자부동산	***	대) 투자부동산평가이익	***
	차) 투자부동산평가손실	***	대) 투자부동산	***

유형자산의 재평가와 투자부동산의 공정가치평가는 구분해야 한다. 유형자산은 재평가를 할 수 있고 재평가이익을 기타포괄손익으로 분류하는 반면, 투자부동산은 공정가치로 평가할 수 있고 평가손익을 당기손익으로 분류한다.

제2절 금융자산

2.1 금융자산의 분류

기업이 금융상품을 취득했을 때에는 보유 대상과 보유 목적에 따라 계정과 회계처리를 달리한다. 실무적으로 다양한 금융상품이 존재하지만, 본 장에서는 금융상품 중에서 **지분상품**(예: 주식)과 **채무상품**(예: 회사채)을 금융자산으로 취득한 경우를 중심으로 살펴본다.

금융자산은 금융자산의 보유 목적과 금융자산으로부터 발생하는 현금흐름(원금,

이자 등)의 특성을 고려하여 [자료 10-1]과 같이 분류한다.

자료 10-1 금융자산의 분류

계정	목적	금융자산		분류
		지분상품	채무상품	
당기손익-공정가치측정 금융자산(FVPL금융자산)	단기매매	○	○	유동자산
기타포괄손익-공정가치측정 금융자산(FVOCI금융자산)	장기투자	○	○	비유동자산
상각후원가측정 금융자산(AC금융자산)	원금과 이자 수취	×	○	

* FVPL : fair value through profit or loss, 당기손익-공정가치측정
FVOCI : fair value through other comprehensive income, 기타포괄손익-공정가치측정
AC : amortized cost, 상각후원가측정

지분상품

지분상품은 원금이나 이자와 같은 주어진 현금을 수취하는 것이 아니라 매도를 통해 매매차익을 얻는데 주된 목적이 있다. 따라서 지분상품은 원칙적으로 **당기손익-공정가치측정 금융자산(FVPL금융자산)**으로 분류한다.

다만 최초 인식시점에 **기타포괄손익-공정가치측정 금융자산(FVOCI금융자산)**으로 분류되도록 선택할 수 있다. 이 경우 한번 선택하면 이를 취소할 수 없다.

채무상품

채무상품 역시 매도를 통해 매매차익을 얻는데 목적이 있으면 당기손익-공정가치측정 금융자산(FVPL금융자산)으로 분류한다. 매매차익과 더불어 장기간의 이자 수취가 목적이라면 기타포괄손익-공정가치측정 금융자산(FVOCI금융자산)으로 분류한다.

다만 채무상품을 보유하는 목적이 매매차익이 아니라 주어진 원금과 이자를 수취하는 것이라면 **상각후원가측정금융자산(AC금융자산)**으로 분류한다.

2.2 금융자산(지분상품)

당기손익-공정가치측정 금융자산

지분상품은 매도를 통해 매매차익을 얻기 위한 금융자산이며, 매매차익은 언제든 지분상품의 매도를 통해 실현할 수 있다. 따라서 지분상품은 결산일에 공정가치로 평가하고, 보유하고 처분하는 과정에서 발생하는 공정가치의 변동에 따른 손익은 당기손익에 포함한다.

지분상품을 취득했을 때에는 원칙적으로 **당기손익-공정가치측정 금융자산**(FVPL금융자산)으로 기록한다. 결산일에는 공정가치로 평가하고, **FVPL금융자산평가손익**은 당기손익에 포함한다. 처분과정에서 발생하는 **FVPL금융자산처분손익** 또한 당기손익에 포함한다. 지분상품에 대한 배당금은 배당금수익으로 기록한다.

결산일	차) FVPL금융자산	***	대) FVPL금융자산평가이익	***
	차) FVPL금융자산평가손실	***	대) FVPL금융자산	***
처분일	차) 현금	***	대) FVPL금융자산	***
			FVPL금융자산처분이익	***
	차) 현금	***	대) FVPL금융자산	***
	FVPL금융자산처분손실	***		***

예제 1

다음은 결산월이 12월인 (주)콩쥐가 보유하고 있는 팥쥐(주) 주식에 관한 거래 자료이다. (주)콩쥐는 이를 당기손익-공정가치측정 금융자산(FVPL금융자산)으로 분류하고 있다. 각 거래를 분개하고, (주)팥쥐 주식으로 인해서 (주)콩쥐의 20×1년과 20×2년도 당기순이익이 각각 얼마나 증감하는지 구하시오. 단, 세금은 없다고 가정한다.

① 20×1년 4월 10일 : 팥쥐(주) 주식 15,000원 취득
② 20×1년 12월 31일 : 팥쥐(주) 주식의 시가는 19,000원임
③ 20×2년 6월 10일 : 팥쥐(주) 주식 전체를 18,000원에 처분

[풀이]

		차변		대변	
①	20×1. 4.10	FVPL금융자산	15,000	현금	15,000

②	20×1.12.31	FVPL금융자산	4,000	FVPL금융자산평가이익	4,000
③	20×2. 6.10	현금 FVPL금융자산처분손실	18,000 1,000	FVPL금융자산	19,000

20×1년도 : FVPL금융자산평가이익 4,000원만큼 순이익 증가
20×2년도 : FVPL금융자산처분손실 1,000원만큼 순이익 감소

기타포괄손익-공정가치측정 금융자산

지분상품은 매매차익 목적으로 단기간 보유하기도 하지만 장기투자 목적으로 보유하기도 한다. 지분상품에 장기간 투자하는 경우에 공정가치의 변동에 따른 손익은 당기에 실현가능한 이익이 아니다. 따라서 장기투자목적의 지분상품은 결산일에 공정가치로 평가하지만, 보유하고 처분하는 과정에서 발생하는 공정가치의 변동에 따른 손익은 당기손익에 포함하지 않고 기타포괄손익으로 분류한다.

지분상품을 장기투자 목적으로 취득했을 때에는 **기타포괄손익-공정가치측정 금융자산(FVOCI금융자산)**으로 기록한다. 결산일에는 공정가치로 평가하고, **FVOCI금융자산평가손익**은 기타포괄손익에 포함한다. 처분과정에서 발생하는 FVOCI금융자산처분손익 또한 FVOCI금융자산평가손익처럼 기타포괄손익에 포함한다. 지분상품에 대한 배당금은 배당금수익으로 기록한다.

당기손익-공정가치측정 금융자산과는 공정가치 평가라는 점에서 같지만 평가손익과 처분손익이 당기손익에 포함되지 않는다는 점에 차이가 있다.

결산일	차) FVOCI금융자산	***	대) FVOCI금융자산평가이익	***
	차) FVOCI금융자산평가손실	***	대) FVOCI금융자산	***
처분일	차) 현금	***	대) FVOCI금융자산 FVOCI금융자산처분이익	*** ***
	차) 현금 FVOCI금융자산처분손실	*** ***	대) FVOCI금융자산	*** ***

예제 2

결산월이 12월인 (주)바다는 20×1년 5월 1일에 (주)하늘 주식 17,000원을 취득하여 기타포괄손익-공정가치측정 금융자산(FVOCI금융자산)으로 분류하였다. 해당 주식의 시가는 20×1년도 말 19,000원, 20×2년도 말 18,000원이었다. 이 금융자산의 보유가 (주)바다의 당기순이익에 미치는 영향은 연도별로 각각 얼마인가?

[풀이]

		차변		대변	
①	20×1. 5.1	FVOCI금융자산	17,000	현금	17,000
②	20×1. 12.31	FVOCI금융자산	2,000	FVOCI금융자산평가이익	2,000
③	20×2. 12.31	FVOCI금융자산평가손실	1,000	FVOCI금융자산	1,000

FVOCI금융자산평가이익 2,000원과 FVOCI금융자산평가손실 1,000원은 기타포괄손익항목으로 당기순이익에 영향을 미치지 않는다. 20×2년 기타포괄손익누계액의 FVOCI금융자산평가이익은 1,000원이 남는다.

2.3 금융자산(채무상품)

채무상품 역시 보유목적에 따라 당기손익-공정가치측정 금융자산(FVPL금융자산)과 기타포괄손익-공정가치측정 금융자산(FVOCI금융자산)으로 분류한다. 이자수익을 인식하는 것 외에는, 지분상품의 공정가치 평가와 평가손익의 분류는 같다. 해당 내용은 회계원리 범위를 벗어나므로 본 장에서는 설명을 생략한다.

상각후원가측정 금융자산

다만 채무상품을 보유하는 목적이 매매가 아니라 주어진 원금와 이자를 수취하는 것이라면 **상각후원가측정금융자산**(AC금융자산)으로 분류한다. 채무상품을 중간에 매도할 목적이 아니므로 공정가치로 평가하지 않으며, 만기까지 보유함으로써 이자수익을 얻고자 하므로 발생한 이자수익을 인식한다. 복리로 이자를 반영하여 원가를 인식하는 방법을 **유효이자율법**이라한다.

결산일	차) 현금	***	대) 이자수익	***

예제 3

결산일이 12월 31일인 내가기업은 20×1년 1월 1일에 만기 2년, 표시이자율10%, 액면금액 20,000원인 회사채(상각후원가측정금융자산)를 20,000원에 취득하였다. 동 사채의 시장이자율은 표시이자율과 같다. 취득 시점과 결산일, 상환일의 분개를 하시오.

[풀이]

20×1. 1. 1	차) AC금융자산	20,000	대) 현금	20,000
20×1.12.31	차) 현금	2,000	대) 이자수익	2,000
20×2.12.31	차) 현금	2,000	대) 이자수익	2,000
	차) 현금	20,000	대) AC금융자산	20,000

그런데, 만약 이자를 현금으로 수령하지 않거나 이자로 수령한 현금이 발생액보다 적은 경우, 차액은 AC금융자산에 가산한다. 적게 수령한 이자로 인해 원금이 증가하는 것으로 이해하면 된다. 자세한 내용은 11장 부채에서 다루도록 한다.

결산일	차) 현금	***	대) 이자수익*	***
	AC금융자산**	***		

* 유효이자율에 의한 이자수익

** 현금으로 수취한 금액이 유효이자율에 의한 이자수익에 미치지 않는 경우

예제 4

결산일이 12월 31일인 누가기업은 20×1년 1월 1일에 만기 2년, 표시이자율 0%, 액면 금액 20,000원인 국공채(상각후원가측정 금융자산)를 16,529원에 취득하였다. 이 국공채의 시장이자율은 10% 이다. 취득 시점과 결산일, 상환일의 분개를 하시오.

[풀이]

20×1. 1. 1	차) AC금융자산	16,529	대) 현금	16,529
20×1.12.31	차) AC금융자산	1,653	대) 이자수익	1,653
20×2.12.31	차) AC금융자산	1,818	대) 이자수익	1,818
	차) 현금	20,000	대) AC금융자산	20,000

표시이자율은 0%이지만 이 금융상품의 시장이자율은 10%이므로, 금융상품 보유를 통해 10%의 이자수익을 얻을 수 있다.

- 20×1년도 이자수익=16,529×0.10=1,653원

  20×1년도 AC금융자산의 장부금액=16,529+1,653=18,182원

• 20×2년도 이자수익=18,182×0.10=1,818원
20×1년도 AC금융자산의 장부금액=18,182+1,818=20,000원

1,653원, 1,818원의 이자수익이 발생하였으며, 현금으로 수취하지 않아 장부금액이 증가하였다. 취득원가 16,529원과 만기 상환액 20,000원의 차이는 지급하지 않은 시장이자율 10%를 상환일에 지급한 이자이다.

제3절 지분법주식

기업은 장단기 매매차익을 얻는 것이 아니라 피투자회사의 의사결정에 중대한 영향력을 행사할 목적으로 다른 기업의 주식을 보유하기도 한다. 다른 기업에 대한 지분율이 20% 이상이면, 피투자기업을 **관계기업**이라 하고 투자회사는 관계기업에 대해 유의적인 영향력이 있는 것으로 간주한다.

이 경우 해당 주식을 **관계기업주식** 또는 **지분법주식**으로 기록하고 **지분법**을 적용하여 회계처리한다.

지분법은 피투자회사의 손익에 대한 투자회사의 지분 만큼을 투자회사의 지분법손익으로 인식하는 방법이다. 피투자회사가 이익(손실)을 보고하면 이익(손실)×지분율 만큼 **지분법이익(지분법손실)**이 투자회사의 손익계산서에 영업외손익 항목으로 인식된다. 그리고 지분법손익으로 인해 지분법주식의 장부금액이 증감하게 된다. 한편 피투자회사가 이익을 배당하면 투자회사의 지분 만큼 지분법주식의 금액을 회수한 것으로 기록한다.

취득시	차) 지분법주식	***	대) 현금	***
피투자사 이익보고	차) 지분법주식	***	대) 지분법이익*	***
피투자사 손실보고	차) 지분법손실*	***	대) 지분법주식	***
피투자사 현금배당	차) 현금	***	대) 지분법주식	***

* 투자지분비율 만큼 인식

지분법은 보유 지분의 시세 차익이나 손실을 인식하는 것이 아니라 피투자회사의 손익에 대한 투자회사 몫의 변화를 회계처리하는 것이다.

예제 5

20×1년 5월 7일 국제(주)는 동네(주)의 보통주 40%를 120만원에 취득하고 지분법주식으로 처리하였다. 20×1년 말 동네(주)는 20만원의 이익을 보고하였으며 이 중에서 5만원을 20×2년 3월 15일에 현금으로 배당하였다. 그리고 20×1년 말 동네(주) 보통주 40%의 시가는 124만원이었다. 각 일자별로 필요한 분개를 하고, 20×2년 배당 이후 지분법주식의 장부금액이 얼마인지를 계산하시오.

[풀이]

	차변		대변	
20×1. 5. 7	지분법주식	1,200,000	현금	1,200,000
20×1.12.31	지분법주식	80,000	지분법이익	80,000
20×2. 3.15	현금	20,000	지분법주식	20,000

배당이후 지분법주식의 장부금액=1,260,0000

학·습·정·리

01 금융자산은 금융자산의 관리를 위한 ( )과 금융자산의 계약상 현금흐름 특성을 고려하여 분류를 달리한다.

02 지분상품은 원칙적으로 ( )금융자산으로 분류한다. 다만 최초 인식시점에 기타포괄손익-공정가치측정 금융자산(FVOCI금융자산)으로 분류되도록 선택할 수 있다.

03 채무상품을 보유하는 목적이 매매가 아니라 주어진 원금와 이자를 수취하는 것이라면 ( )금융자산으로 분류하고 결산일에 공정가치로 평가하지 않는다.

04 기타포괄손익-공정가치측정 금융자산(FVOCI금융자산)으로 분류한 지분상품은 결산일에 공정가치로 평가하고, 평가손익은 ( )에 포함한다.

05 당기손익-공정가치측정 금융자산(FVPL금융자산)으로 분류되는 지분상품은 결산일에 공정가치로 평가하고, 평가손익은 ( )에 포함한다.

06 상각후원가측정금융자산은 결산일에 공정가치로 평가하지 않으며 ( )법에 따라 이자수익을 인식한다.

07 임대수익 또는 시세차익을 목적으로 한 건물이나 토지 등의 부동산은 ( )으로 기록한다.

08 지분상품과 채무상품 중에 상각후원가측정 금융자산으로 분류될 수 있는 것은 ( )이다.

09 다른 기업에 대한 지분율이 20% 이상이면, 피투자기업을 ( )이라 하고 투자회사는 이 기업에 대해 유의적인 영향력이 있는 것으로 간주한다.

10 ( )은 피투자회사의 경영실적 중에서 지분율만큼 투자주식에 반영하는 방법으로, 시세차익을 회계처리하는 것이 아니라 피투자회사의 이익에 대한 몫의 변화를 회계처리한다.

풀이

01 보유목적 **02** 당기손익-공정가치측정(FVPL) **03** 상각후원가측정(AC) **04** 기타포괄손익
05 당기손익 **06** 유효이자율 **07** 투자부동산 **08** 채무상품 **09** 관계기업 **10** 지분법

기·본·문·제

01 다음 거래를 분개하시오.

20×8년 7월 1일	당기손익-공정가치측정 금융자산(FVPL금융자산)으로 A주식 20주를 주당 500원에, B주식 10주를 주당 2,100원에 현금으로 취득하다.
20×8년 12월 31일	주당 공정가치는 A주식 490원, B주식 2,250원이다.
20×9년 2월 3일	A주식 10주와 B주식 5주를 15,400원에 처분하다.

02 다음 거래를 분개하시오.

20×1년 3월 20일	기타포괄손익-공정가치측정 금융자산(FVOCI금융자산)으로 상장기업인 망연기업의 보통주 20주를 주당 5,300원에 현금 취득하다.
20×1년 12월 31일	결산일 현재 망연기업의 보통주의 시가는 주당 5,600원이다.
20×2년 3월 5일	망연기업 보통주 20주를 주당 6,000원에 처분하다.

03 천지기업은 개벽기업이 20×3년 1월 1일에 발행한 사채(만기 20×4년 12월 31일, 액면금액 10,000원, 표시이자율 0%)를 상각후원가측정 금융자산(AC금융자산)으로 취득하였다. 사채의 취득금액은 7,972원이며, 이와 동일한 등급의 사채에 대한 시장이자율은 12%이다. 다음 물음에 답하시오.

① 20×3년도 이자수익과 20×3년도 말 금융자산의 장부금액은 얼마인가?

② 20×4년도 이자수익과 20×3년도 말 금융자산의 장부금액은 얼마인가?

③ 취득시점, 결산일, 상환일에 필요한 분개를 하시오.

04 20×1년 8월 15일 가나다(주)는 ABC(주)의 보통주 30%를 3,000만원에 취득하였다. ABC(주)는 20×1년말 100만원의 이익을 보고하였으며 20×2년 3월 25일에 40만원의 현금배당을 실시하였다. 가나다(주)는 20×2년 9월 15일에 보유중인 ABC(주) 주식을 모두 3,020만원에 처분하였다. 이 주식의 처분은 20×2년 포괄손익계산서에 어떤 영향을 미치는가?

풀이

01

20×8. 7. 1	차) FVPL금융자산	31,000	대) 현금	31,000
20×8.12.31	차) FVPL금융자산	1,300	대) FVPL금융자산평가이익	1,300
20×9. 2. 3	차) 현금	15,400	대) FVPL금융자산	16,150
	FVPL금융자산처분손실	750		

* 20×8년 12월 31일의 분개에서 평가이익은 다음과 같이 구성된다.

A주식의 평가손실	(200원)	= 20주×(−10)
B주식의 평가이익	1,500원	= 10주×(+150)
계	1,300원	

02

20×1. 3.20	차) FVOCI금융자산	106,000	대) 현금	106,000
20×1.12.31	차) FVOCI금융자산	6,000	대) FVOCI금융자산평가이익	6,000
20×2. 3. 5	차) 현금	120,000	대) FVOCI금융자산	112,000
			대) FVOCI금융자산처분이익	8,000

* FVOCI금융자산(지분상품)의 평가이익과 처분이익은 당기순이익 계산에 포함되지 않고 기타포괄손익으로 분류되어 자본의 기타포괄손익누계액에 누적된다.

03

① 20×3년도 이자수익 : 7,972×0.12=957원

20×3년도 말 AC금융자산의 장부금액 : 7,972+957=8,929원

② 20×4년도 이자수익 : 8,929×0.12 = 1,071원

20×3년도 말 AC금융자산의 장부금액 : 8,929+1,071=10,000원

③

(취득)	20×3.1.1	차) AC금융자산	7,972	대) 현금	7,972
(이자)	20×3.12.31	차) AC금융자산	957	대) 이자수익	957
(이자)	20×4.12.31	차) AC금융자산	1,071	대) 이자수익	1,071
(상환)	20×4.12.31	차) 현금	10,000	대) AC금융자산	10,000

04

20×1. 8.15	차) 지분법주식	3,000만원	대) 현금	3,000만원
20×1.12.31	차) 지분법주식	30만원	대) 지분법이익	30만원
20×2. 3.25	차) 현금	12만원	대) 지분법주식	12만원
20×2. 9.15	차) 현금	3,020만원	대) 지분법주식	3,018만원
			지분법주식처분이익	2만원

연·습·문·제

01 당기순이익에 영향을 미치지 않는 것은?

① 당기손익-공정가치측정 금융자산의 평가손익
② 당기손익-공정가치측정 금융자산의 처분손익
③ 기타포괄손익-공정가치측정 금융자산의 평가손익
④ 상각후원가측정 금융자산의 처분손익

02 보유 중인 지분증권이 분류될 수 있는 계정이 아닌 것은?

① 당기손익-공정가치측정 금융자산
② 기타포괄손익-공정가치측정 금융자산
③ 상각후원가측정 금융자산
④ 지분법주식

03 보유 중인 채무증권이 분류될 수 있는 계정이 아닌 것은?

① 당기손익-공정가치측정 금융자산
② 기타포괄손익-공정가치측정 금융자산
③ 상각후원가측정 금융자산
④ 지분법주식

※ [4-5] (주)오리가 보유하고 있는 무중(주)의 주식에 관한 거래 자료이다.

20×1년 10월 10일 : 주식 3,000원 취득
20×1년 12월 31일 : 주식의 시가 3,800원
20×2년 2월 10일 : 주식 전부를 3,500원에 처분

04 (주)오리가 당기손익-공정가치측정 금융자산으로 분류할 때, 20×2년 2월 10일 (주)오리의 회계처리로 옳은 것은?

	차 변		대 변	
①	현금	3,500	FVPL금융자산	3,000
			FVPL금융자산처분이익	500
②	현금	3,500	FVPL금융자산	3,800
	FVPL금융자산처분손실	300		
③	현금	3,500	FVPL금융자산	3,500
④	현금	3,500	FVPL금융자산	3,800
	FVPL금융자산평가이익	800	FVPL금융자산처분이익	500

05 (주)오리가 기타포괄손익-공정가치측정 금융자산으로 분류할 때, 20×2년 2월 10일 (주)오리의 회계처리로 옳은 것은?

	차 변		대 변	
①	현금	3,500	FVOCI금융자산	3,000
			FVOCI금융자산처분이익	500
②	현금	3,500	FVOCI금융자산	3,800
	FVOCI금융자산처분손실 (당기손익)	300		
③	현금	3,500	FVOCI금융자산	3,500
④	현금	3,500	FVOCI금융자산	3,800
	FVOCI금융자산처분손실 (기타포괄손익)	300		

※ [6–7] 12월 결산법인인 (주)해님은 20×1년 11월 15일에 (주)달님의 주식 100주를 주당 100원에 취득하였다. (주)달님 주식의 20×1년 말 주당 공정가치는 120원이었으며, (주)해님은 20×2년 초에 (주)달님 주식 50주를 주당 130원에 처분하였다. 단, 법인세는 없다.

06 (주)해님이 (주)달님 주식을 당기손익-공정가치측정 금융자산으로 분류하는 경우와 기타포괄손익-공정가치측정 금융자산으로 분류하는 경우, 20×1년도 말 평가손익으로 인해 당기순이익은 각각 얼마나 증가하는가?

① 0, 0
② 0, 2,000
③ 2,000, 0
④ 2,000, 2,000

07 (주)해님이 (주)달님 주식을 당기손익-공정가치측정 금융자산으로 분류하는 경우와 기타포괄손익-공정가치측정 금융자산으로 분류하는 경우, 금융자산의 처분이익으로 인해 당기순이익은 각각 얼마나 증가하는가?

① 500, 500
② 500, 0
③ 1,500, 500
④ 1,500, 0

08 대박(주)는 20×1년 7월 1일 기타포괄손익-공정가치측정 금융자산으로 A주식을 10,000원에 현금 취득하였으며 20×4년 2월 1일에 A주식 전부를 10,060원에 처분하였다. 각 연도 결산일의 공정가치는 다음과 같았다. 각 연도의 당기순이익에 미치는 영향을 설명한 것으로 옳은 것은? 단, 법인세는 고려하지 않는다.

20×1.12.31	9,800원
20×2.12.31	10,100원
20×3.12.31	9,950원

① 20×1년도 200원 감소 ② 20×2년도 100원 증가
③ 20×3년도 150원 감소 ④ 20×4년도 영향없음

09 기타포괄손익-공정가치측정 금융자산으로 분류되는 지분상품의 회계처리로 적절하지 않은 것은?

① 결산일에 공정가치로 평가하지 않아도 된다.
② 평가손익은 당기손익에 포함하지 않는다.
③ 평가손익은 기타포괄손익에 포함한다.
④ 처분에 앞서 평가손익을 인식하고 기타포괄손익에 포함한다.

10 상각후원가측정 금융자산의 회계처리로서 적절하지 않은 것은?

① 계약상 현금흐름을 수취하기 위해 보유하는 지분상품이 해당된다.
② 공정가치의 변동보다는 이자수익의 인식이 중요한 정보이다.
③ 결산일에 공정가치로 평가하지 않는다.
④ 유효이자율법을 적용하여 이자수익을 인식한다.

11 울릉(주)는 20×3년 초에 액면금액 100,000원인 국공채를 만기 3년, 표시이자율 연 0%, 조건으로 82,640원에 취득하여 상각후원가측정 금융자산으로 분류하였다. 이 국공채의 시장이자율은 연 10%이다. 20×3년도와 20×4년도 이자수익은 각각 얼마인가?

① 1,736 1,736 ② 8,264 8,264
③ 8,264 9,090 ④ 9,090 10,000

12 한라(주)는 20×3년 초에 액면 10,000인 사채를 만기 3년, 연이자율 6%, 연이자 매년 12월말 지급조건으로 9,485원에 발행하였으며, 태백(주)가 발행일에 이를 상각후원가측정(AC) 금융자산으로 취득하였다. 이 사채의 유효이자율이 8%일 경우, 20×3년 말 결산일 분개로 옳은 것은?

	차변	금액	대변	금액
①	차) 현금	569	대) 이자수익	569
②	차) 현금	600	대) 이자수익	600
③	차) 현금	759	대) 이자수익	759
			AC금융자산	159
④	차) 현금	600	대) 이자수익	759
	AC금융자산	159		

13 지분법 회계처리에 대해 설명한 것으로 거리가 먼 것은?

① 피투자회사에 유의적인 영향력을 행사할 목적으로 보유하는 주식을 지분법적용투자주식이라 한다.

② 특별한 반증이 없는 한 피투자회사에 대한 지분율이 20% 이상이면 유의적인 영향력이 있는 것으로 본다.

③ 지분법은 피투자회사의 일부를 투자회사의 것으로 간주하는 회계처리 방법이다.

④ 지분법이익 또는 지분법손실은 기타포괄손익 항목으로 당기순이익에 포함하지 않는다.

14 (주) 놀부는 20×1년 초에 (주)흥부의 주식 30%를 250,000원에 취득하였다. 20×1년도에 (주)흥부는 30,000원의 이익을 보고하였으며, 기중에 10,000원의 배당을 현금으로 지급하였다. (주)놀부의 20×1년도 재무제표에 보고되는 지분법이익과 지분법주식은 각각 얼마인가?

① 6,000	256,000	② 6,000	259,000
③ 9,000	256,000	④ 9,000	259,000

15 (주)태양은 20×1년 초에 임대수익과 시세차익을 목적으로 토지를 100,000원에 취득하였다. (주)태양은 원가 대신 공정가치로 평가하기로 하였으며, 20×1년 말 이 토지의 공정가치는 98,000원이었다. 투자부동산 평가손익은 얼마이며 20×1년 포괄손익계산서에 어떻게 반영되는가?

① 평가손익이 없음

② 기타포괄손실인 재평가손실 2,000원

③ 기타포괄손실인 투자부동산평가손실 2,000원

④ 당기손실인 투자부동산평가손실 2,000원

풀이

01 ③ FVOCI금융자산평가손익은 기타포괄손익으로 분류된다.

02 ③

03 ④

04 ②

05 ④ 주식의 경우 FVOCI금융자산의 처분손익은 당기순이익에 포함하지 않는다.

06 ③ FVPL금융자산평가이익 = (120 − 100) × 100주 = 2,000, 당기순이익 증가

FVOCI금융자산평가이익은 기타포괄이익으로 당기순이익에 포함되지 않는다.

07 ② FVPL금융자산처분이익 = (130 − 120) × 50주 = 500
FVOCI금융자산처분이익은 기타포괄이익으로 당기순이익에 포함되지 않는다.

08 ④ FVOCI금융자산처분손익은 당기순이익에 영향을 미치지 않는다.

09 ①

10 ①

11 ③ 20×3년도 이자수익 = 82,640 × 0.10 = 8,264,
20×4년도 이자수익 = (82,640 + 8,264) × 0.10 = 9,090.4

12 ④ 이자수익 = 9,485 × 0.08 = 758.8(≒ 759)
현금으로 받은 이자는 600원(= 10,000원 × 0.06)이며, 159원은 미수령한 이자로 원금에 가산한다.

13 ④ 지분법손익은 영업외손익으로 분류한다.

14 ③

	차변		대변	
취득 시점	지분법주식	250,000	현금	250,000
흥부 이익보고	지분법주식	9,000	지분법이익	9,000
흥부 배당	현금	3,000	지분법주식	3,000

15 ④ 투자부동산을 공정가치로 평가하는 경우 평가손익은 당기손익으로 분류한다.

MEMO

Chapter

11

부 채

제 1 절　부채의 이해
제 2 절　현재가치
제 3 절　사채
제 4 절　충당부채와 우발부채

◉ 주요 학습 내용

재무상태표

자 산		부 채		
	유동자산		유동부채	매입채무
				기타채무
				유동성장기부채
	유동자산		비유동부채	장기차입금
				사채
				충당부채
		자 본		

손익계산서

비 용		수 익
	이자비용	

◉ 김소호 커피전문점 이야기

김소호 씨는 커피머신의 구입과 마늘쑥커피 연구개발에 예상외로 자금이 많이 소요되자 금융기관으로부터 자금을 조달하기로 하였다. 곰곰이 생각해 보니 조달된 자금은 유무형자산에서 창출된 이익으로 상환해야 하므로 적어도 원금 상환은 3년 후에나 가능할 것 같았다. 그래서 단기자금을 차입하는 대신 장기차입금을 조달하기로 하고, 직원 나대로 씨에게 몇 곳의 금융기관에 들러 자금차입 조건을 알아보도록 하였다. 얼마 후 나대로 씨는 1천만원의 자금을 만기 3년, 연이자율 6%의 조건으로 차입하는 것이 가능하다고 보고하였다. 하지만 그 길로 은행을 방문한 김소호 씨는 이 조건으로 빌릴 수 있는 금액이 948만원에 불과하다는 사실에 놀라고 말았다. 1년 마다 60만원의 이자를 꼬박 지급하고 3년 후에는 1천만원의 원금을 상환하는데도 말이다. 이자는 꼬박 꼬박 받으면서 상환 원금보다 52만원이나 낮은 금액을 빌려주다니. 이런 불만에 은행 담당자로부터 실질이자율이 8%이기 때문이라는 답변이 돌아왔다.

비유동자산에서 기대되는 현금은 장기간 발생하는 것이므로 장기차입금과 같은 비유동부채로 조달하는 것이 일반적이다. 자산과 부채를 유동성에 따라 나누는 것은 이 때문이다. 기업이 실질이자율 보다 낮은 이자를 지급하고 자금을 차입할 경우에는 실질이자와 지급이자의 차이에 의해 발행금액보다 조달금액이 낮게 된다. 결국 실질이자율로 자금을 조달하고 이자비용을 부담하는 것이다.

제1절 부채의 이해

부채(Liabilities)는 과거사건의 결과로 기업이 경제적 자원을 이전해야 하는 현재의무이다. 부채는 재무상태표일로 부터 만기가 1년 이내에 도래하는 **유동부채**(current liabilities)와 1년 후에 도래하는 **비유동부채**(non-current liabilities)로 분류한다. 다만, 정상적인 영업주기 내에 소멸될 것으로 예상되는 매입채무와 미지급비용 등은 1년 이내에 결제되지 않더라도 유동부채로 분류한다.

유동부채는 기업의 경상적인 영업자금을 조달하는 수단이며, 비유동부채는 토지, 건물, 기계장치 등 비유동자산의 취득에 필요한 장기자금을 조달하는 수단이다.

유동부채와 비유동부채로 분류되는 계정은 [자료 11-1]과 같다.

자료 11-1 유동부채와 비유동부채

유동부채	매입채무 기타채무(미지급금, 선수금, 차입금 등) 유동성장기부채 등
비유동부채	장기매입채무 장기기타채무(미지급금, 선수금, 차입금 등) 사채 충당부채 등

제2절 현재가치

2.1 현재가치 평가의 대상

현재가치란 미래의 1원과 현재의 1원이 가치에서 차이가 있다는 사실에 기초하여 미래의 화폐금액을 현재의 화폐금액으로 계산한 금액이다. 재무상태표의 부채와 자산은 재무상태표일 현재의 금액을 의미하므로 재무제표에 보고되는 화폐성 비유동자산과 화폐성 비유동부채는 현재가치로 평가하여 보고된다.

유동자산이나 유동부채는 1년 이내 현금화가 가능하므로 중요성 관점에서 현재가치로 평가하지 않는다. 한편 미래가치와 현재가치에 차이를 야기하는 것은 화폐성 항목이다. **화폐성**이란 인플레이션으로 인한 화폐가치의 변동과 관계없이 금액이 계약 등에 의하여 일정액의 화폐금액으로 고정되어 있는 것을 의미한다. 현재가치 평가 대상이 되는 항목에는 장기매출채권과 장기매입채무, 장기미수금과 장기미지급금, 장기대여금과 장기차입금, 사채 등이 있다.

2.2 화폐의 시간가치

2.2.1 미래가치

은행에 예금을 하면 이자를 받는다. 예를 들어 만기가 1년이고 연 10%의 이자를 지급하는 정기예금에 오늘 100원을 예금한다면 1년 후에 받게 될 현금은 110원(=100×1.10)이다. 만기가 2년이라면 2년 후에 받게 될 현금은 얼마가 될까? 이를 **현금흐름도**에 나타내면 다음과 같다.

시 점 :	0	10%	1	2
현금흐름 :	100			?

이자는 복리로 계산하는 것이 일반적이므로 2년 후에 받게 될 현금은 121원(=110×1.1)이 될 것이다. **복리계산**(compounding)이란 원금과 이자가 이후 기간에 재투자된다는 가정 하에 현재가치로부터 미래가치를 계산하는 방식이다.

현재 시점에서 단 한 번의 현금흐름이 있고, 각 기간의 이자율이 동일하다면 일정 기간(n) 후의 **미래가치**(future value)를 계산하는 식은 다음과 같다.

$$미래가치_n = 현금흐름_0 \times (1 + 이자율)^n$$

여기서 $(1 + 이자율)^n$ 을 **미래가치요소**라 하는데, 이는 주어진 이자율 하에서 현재

1원의 n기간 이후의 미래가치를 의미한다. 부록의 [일시금 1원의 미래가치 : 미래가치 요소] 표는 미래가치 계산을 쉽게 할 수 있도록 미리 계산해 놓은 것이다.

만기가 2년이고 연 10%의 이자를 지급하는 정기예금에 오늘 100원을 예금한다면 2년 후에 받게 될 현금은 121원이다.

$$\text{미래가치}_2 = 100\text{원} \times (1+0.10)^2 = 100\text{원} \times 1.21$$
$$= 121\text{원}$$

[자료 11-2]는 이자율과 기간에 따른 미래가치의 변화를 나타낸 것이다. 이자율이 '0'인 경우를 제외하고 이자율이 높을수록, 그리고 기간이 증가할수록 미래가치는 증가한다.

자료 11-2 일시금 1원의 미래가치: 미래가치요소 $(1+\text{이자율})^{\text{기간}}$

기간 (n)	1%	2%	3%	4%	5%	6%	7%	8%	9%	10%
1	1.0100	1.0200	1.0300	1.0400	1.0500	1.0600	1.0700	1.0800	1.0900	1.1000
2	1.0201	1.0404	1.0609	1.0816	1.1025	1.1236	1.1449	1.1664	1.1881	1.2100
3	1.0303	1.0612	1.0927	1.1249	1.1576	1.1910	1.2250	1.2597	1.2950	1.3310
4	1.0406	1.0824	1.1255	1.1699	1.2155	1.2625	1.3108	1.3605	1.4116	1.4641
5	1.0510	1.1041	1.1593	1.2167	1.2763	1.3382	1.4026	1.4693	1.5386	1.6105
6	1.0615	1.1262	1.1941	1.2653	1.3401	1.4185	1.5007	1.5869	1.6771	1.7716
7	1.0721	1.1487	1.2299	1.3159	1.4071	1.5036	1.6058	1.7138	1.8280	1.9487
8	1.0829	1.1717	1.2668	1.3686	1.4775	1.5938	1.7182	1.8509	1.9926	2.1436
9	1.0937	1.1951	1.3048	1.4233	1.5513	1.6895	1.8385	1.9990	2.1719	2.3579
10	1.1046	1.2190	1.3439	1.4802	1.6289	1.7908	1.9672	2.1589	2.3674	2.5937

2.2.2 현재가치

한편 이자율이 연 10%일 때 2년 후에 121원을 받기로 하고 은행에 정기예금을 한다면 현재 시점에서 예금해야 하는 금액은 얼마일까? 앞서 미래가치에서 살펴보았듯이 현재 100원을 연 10%의 이자율로 예금할 때 2년 후에 받게 될 금액은 121원이다. 따라서 이자율이 10%라면 현재 100원을 받는 것과 2년 후에 121원을 받는 것은 무차별하다. 여기서 최초의 금액 100원을 이자율이 10%일 때 2년 후에 받을 121원의

현재가치(present value)라 한다.

단 한 번의 현금흐름이 있고 그 기간의 이자율이 동일하면, 일정 기간(n) 후의 현금흐름을 현재가치로 계산하는 식은 다음과 같다.

$$현재가치_0 = \frac{현금흐름_n}{(1+이자율)^n}$$

여기서 $1/(1+이자율)^n$을 **현재가치요소**라 하는데, 이는 주어진 이자율 하에서 n기간 이후 미래 1원의 현재가치를 의미한다. 부록의 **[일시금 1원의 현재가치 : 현재가치요소]** 표는 현재가치 계산을 쉽게 할 수 있도록 미리 계산해 놓은 것이다. 이 표를 현가표 또는 **현재가치표**라고도 한다. 그리고 현재가치를 계산하는 것을 **할인**(discounting)이라 한다.

이자율이 연 10%일 때 2년 후에 121원을 받기로 하고 은행에 정기예금을 한다면 현 시점에서 예금해야 하는 금액은 100원이 된다.

$$현재가치_0 = \frac{121원}{(1+0.10)^2} = 121원 \times 0.8264$$
$$= 100원$$

자료 11-3 일시금 1원의 현재가치: 현재가치요소 $1/(1+이자율)^{기간}$

기간 (n)	1%	2%	3%	4%	5%	6%	7%	8%	9%	10%
1	0.9901	0.9804	0.9709	0.9615	0.9524	0.9434	0.9346	0.9259	0.9174	0.9091
2	0.9803	0.9612	0.9426	0.9246	0.9070	0.8900	0.8734	0.8573	0.8417	0.8264
3	0.9706	0.9423	0.9151	0.8890	0.8638	0.8396	0.8163	0.7938	0.7722	0.7513
4	0.9610	0.9238	0.8885	0.8548	0.8227	0.7921	0.7629	0.7350	0.7084	0.6830
5	0.9515	0.9057	0.8626	0.8219	0.7835	0.7473	0.7130	0.6806	0.6499	0.6209
6	0.9420	0.8880	0.8375	0.7903	0.7462	0.7050	0.6663	0.6302	0.5963	0.5645
7	0.9327	0.8706	0.8131	0.7599	0.7107	0.6651	0.6227	0.5835	0.5470	0.5132
8	0.9235	0.8535	0.7894	0.7307	0.6768	0.6274	0.5820	0.5403	0.5019	0.4665
9	0.9143	0.8368	0.7664	0.7026	0.6446	0.5919	0.5439	0.5002	0.4604	0.4241
10	0.9053	0.8203	0.7441	0.6756	0.6139	0.5584	0.5083	0.4632	0.4224	0.3855

미래가치는 현재의 화폐금액을 미래의 특정 시점을 기준으로 하여 그 시점에서의 화폐금액으로 계산한 것이고 현재가치는 미래에 발생할 화폐금액을 현재 시점의 화폐금액으로 계산한 것이다. 따라서 각 기간의 이자율이 동일하다면 현재가치와 미래가치 간에는 역의 관계가 성립한다.

$$현재가치요소 = \frac{1}{미래가치요소}$$

예제 1

다음 각 물음에 답하시오.

① 100만원을 연이자율 5% 예금에 가입할 경우 8년 후 금액은 얼마인가?
② 200만원을 차입하고 연이자율 8%는 원금과 함께 상환하기로 한 경우 5년 후 상환금액은 얼마인가?
③ 6년 후 갚아야할 500만원의 채무를 연이자율 8%로 할인하여 현재 상환한다면 얼마인가?
④ 10년 후 받을 800만원의 채권을 연이자율 10%로 할인하여 현재 수령한다면 얼마인가?

[풀이]

① 100만원×미래가치요소(5%, 8년) = 100만원×1.4775 = 1,477,500원
② 200만원×미래가치요소(8%, 5년) = 200만원×1.4693 = 2,938,600원
③ 500만원×현재가치요소(8%, 6년) = 500만원×0.6302 = 3,151,000원
④ 800만원×현재가치요소(10%, 10년) = 800만원×0.3855 = 3,084,000원

2.2.3 연금의 현재가치

연금이란 일정 기간 동안 일정 금액을 계속적으로 지급하거나 받는 것을 말한다. 앞으로 3년 동안 100원을 받는 것을 3년 연금이라 한다. 연금의 지급 시점이 기말인 경우를 기말급 연금이라 한다.

연간 이자율이 10%이고 향후 3년간 기말에 100원씩 지급하는 연금을 현재가치로 계산하면 얼마일까? 현금흐름도에서 알 수 있듯이 연금의 현재가치는 각 지급액의 현재가치를 계산하고 이를 더하여 계산된다.

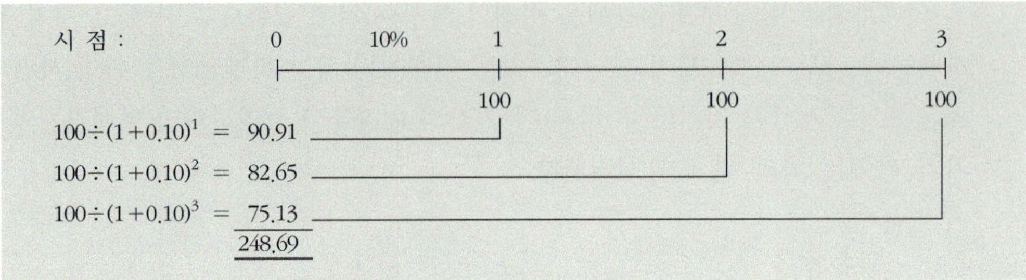

각 기간의 이자율 및 연금지급액이 동일한 경우 기말급 연금의 현재가치를 계산하는 식은 다음과 같다.

$$\text{연금의 현재가치}_{n,\ \text{기말급}} = \frac{\text{연금지급액}}{(1+\text{이자율})} + \frac{\text{연금지급액}}{(1+\text{이자율})^2} + \cdots + \frac{\text{연금지급액}}{(1+\text{이자율})^n}$$

$$= \text{연금지급액} \times [1/(1+\text{이자율})^1 + \cdots + 1/(1+\text{이자율})^n]$$

여기서 $1/(1+\text{이자율})^1 + \cdots + 1/(1+\text{이자율})^n$ 을 **기말급 연금의 현재가치요소**라 하는데, 이는 주어진 이자율 하에서 n기간 동안 1원씩 기말급으로 연금을 지급하는 경우의 현재가치를 의미한다. 부록의 [기말연금 1원의 현재가치 : 기말연금의 현재가치요소] 표는 기말급 연금의 현재가치 계산을 쉽게 할 수 있도록 미리 계산해 놓은 것이다.

자료 11-4 기말급 연금 1원의 현재가치 : 기말급 연금의 현재가치요소

기간 (n)	1%	2%	3%	4%	5%	6%	7%	8%	9%	10%
1	0.9901	0.9804	0.9709	0.9615	0.9524	0.9434	0.9346	0.9259	0.9174	0.9091
2	1.9704	1.9416	1.9135	1.8861	1.8594	1.8334	1.8080	1.7833	1.7591	1.7355
3	2.9410	2.8839	2.8286	2.7751	2.7232	2.6730	2.6243	2.5771	2.5313	2.4869
4	3.9020	3.8077	3.7171	3.6299	3.5460	3.4651	3.3872	3.3121	3.2397	3.1699
5	4.8534	4.7135	4.5797	4.4518	4.3295	4.2124	4.1002	3.9927	3.8897	3.7908
6	5.7955	5.6014	5.4172	5.2421	5.0757	4.9173	4.7665	4.6229	4.4859	4.3553
7	6.7282	6.4720	6.2303	6.0021	5.7864	5.5824	5.3893	5.2064	5.0330	4.8684
8	7.6517	7.3255	7.0197	6.7327	6.4632	6.2098	5.9713	5.7466	5.5348	5.3349
9	8.5660	8.1622	7.7861	7.4353	7.1078	6.8017	6.5152	6.2469	5.9952	5.7590
10	9.4713	8.9826	8.5302	8.1109	7.7217	7.3601	7.0236	6.7101	6.4177	6.1446

[자료 11-4]를 이용하여 앞에서 언급한 기말급 연금의 현재가치를 계산해 보자. 연간 이자율이 10%이고 향후 3년간 기말에 1원씩 지급되는 연금의 현재가치는 2.4869이다. 그러므로 연간 이자율이 10%이고 3년 동안 기말에 100원을 받는 연금의 현재가치는 248.69원이 된다.

예제 2

다음 각 물음에 답하시오.

① 매 년도 말에 100만원씩 20년간 수령하는 기말급 연금을 현재 1월초에 일시불로 수령한다면 얼마인가? 단, 연 할인율은 8%임.

② 매 년도 말에 20만원씩 10년간 지급해야 하는 부채를 현재 1월 초에 일시불로 지급한다면 얼마인가? 단, 연 할인율은 8%임

③ 3년 후 연말에 원금 100만원을 지급하고 3년간 연말에 10만원씩 이자를 지급해야 하는 채무를 현재 1월초에 상환할 경우 금액은 얼마인가? 단, 연 할인율은 12%임.

[풀이]

① 100만원×기말급 연금 현재가치요소(8%, 20년) = 100만원×9.8181 = 9,818,100원

② 20만원×기말급 연금 현재가치요소(8%, 10년) = 20만원×6.7101 = 1,342,020원

③ 100만원×현재가치요소(12%, 3년)+10만원×기말연금의 현재가치요소(12%, 3년)
  = 100만원×0.7118+10만원×2.4018 = 711,800+240,180 = 951,980원

제3절 사 채

3.1 사채의 발행과 발행가격

사채(corporation bond)는 주식회사가 확정채무임을 표시하는 증권을 발행하여 타인으로부터 장기간 거액의 자금을 차입함으로써 발생하는 금융부채이다. 사채를 발행한 회사는 일정 기간마다 일정한 이자를 지급하고 만기일에 원금을 상환한다.

기업은 사채를 직접 발행하여 자금을 조달하기도 하지만(**직접발행**), 대개 증권회사 등의 중개인에게 사채발행 업무와 자금조달의 일부 또는 전체를 위임하기도 한다(**간접발행**). 다수의 채권자를 물색하여 거액의 자금을 조달해야 하는 특성상 직접발

행은 쉽지 않다. 실무에서는 주로 중개인이 사채발행업무 일체를 위임받고 자금조달 총액에 대해 책임을 지는 **총액인수법**이 이용되고 있다.

사채를 발행한 회사는 사채의 액면금액에 액면이자율을 곱한 금액을 정기적인 이자지급일에 지급하며 만기일 또는 상환일에는 사채의 액면금액을 상환한다. 사채를 발행할 때 사채권자에게 발행하는 사채권에는 사채의 액면금액, 사채의 이율, 사채의 상환일, 이자지급일 등이 표시되어 있다.

사채의 주요 요소를 살펴보면 다음과 같다.

자료 11-5 사채의 주요 요소

- 발 행 일 : 사채의 발행일자
- 만 기 일 : 원금의 상환일자
- 발 행 금 액 : 발행일에 사채를 발행하고 조달한 금액
- 액 면 금 액 : 만기일에 상환할 원금
- 액면이자율 : 표시이자율이라고도 하며 액면금액에 대한 이자지급비율
- 이자지급일 : 이자를 지급하는 일자

전환사채와 신주인수권부사채

사채에는 부여된 조건에 따라 다양한 종류가 있다. 보증사채 · 무보증사채, 담보사채 · 무담보사채, 일시상환사채 · 연속상환사채 · 수의상환사채, 기명식사채 · 무기명식사채, 전환사채, 신주인수권부사채 등 조건만큼이나 다양하다. 이 중 전환사채와 신주인수권부사채는 주식발행에 의해 향후 자본이 증가할 수 있는 특징이 있다.

전환사채(convertible bonds)는 사채권자의 청구에 의해 보통주로 전환이 가능한 사채이다. 기업은 전환권을 부여하는 조건으로 낮은 이자율에 사채를 발행할 수 있으며, 채권자는 주가가 상승할 경우 보통주로 전환함으로써 높은 수익을 기대할 수 있다. 전환사채의 전환권이 행사되면 부채는 감소하고 자본이 그만큼 증가하게 되어 재무구조가 개선되는 효과가 있다. 구주주 입장에서는 지분이 희석되는 점이 단점일 수 있다.

신주인수권부사채(bonds with stock warrants)는 사채의 만기 이전에 사채 발행기업의 신주를 인수할 수 있는 권리가 부여된 사채이다. 일반적으로 기업이 유상증자를 할 때 기존 주주(구주주라 함)에게 신주를 인수할 권리를 우선 부여한다. 신주인수권부사채를 보유한 사채권자는 주주는 아니지만 주주처럼 신주 인수에 참여할 수가 있는 것이다. 전환사채는 사채 자체가 보통주로 전환되는 것인 반면 신주인수권부사채는 사채는 변화가 없이 사채권자에게 신주청약권을 부여한다는 점에 차이가 있다.

사채의 **액면이자율** 또는 **표시이자율**은 사채권에 표시된 이자율이다. 사채를 발행하는 기업은 사채를 발행할 때 항상 사채에 표시된 액면금액으로 발행하는 것은 아니다. 예를 들어 액면이자율보다 자금시장에서 거래되는 유효이자율이 더 높은 경우에는 액면금액 이하의 금액으로 할인발행되고, 반대의 경우에는 액면금액 이상의 금액으로 할증발행된다.

액면이자율 = 유효이자율 : 액면발행 (발행금액 = 액면금액)
액면이자율 < 유효이자율 : 할인발행 (발행금액 < 액면금액)
액면이자율 > 유효이자율 : 할증발행 (발행금액 > 액면금액)

여기서 **유효이자율**이란 **시장이자율**이라고도 하는 것으로 사채를 발행하는 시점에서 취득하여 이를 만기일까지 보유하는 경우에 얻을 수 있는 실질수익률이다.

액면이자율이 유효이자율보다 낮다면 그 차이만큼의 이자는 사채를 상환할 때 추가로 지급해야 하므로 사채의 발생액보다 상환액이 커서 사채는 **할인발행**된다. 반면 액면이자율이 유효이자율보다 높다면 그 차이만큼은 사채를 상환할 때 차감할 것이므로 사채의 발생액보다 상환액이 작아서 사채는 **할증발행**된다. 〈예제 3〉을 통해 액면이자율과 유효이자율이 다를 때 발행금액이 어떻게 달라지는지 살펴보자.

신용등급과 사채의 시장이자율

신용등급이 낮은 기업이 발행하는 사채는 신용등급이 높은 기업이 발행하는 사채에 비해 원금과 이자를 상환하지 못할 위험이 크다. 따라서 동일한 조건의 사채를 발행할 경우 신용등급이 낮은 기업이 발행하는 사채의 시장이자율이 신용등급이 높은 기업이 발행하는 사채의 시장이자율에 비해 높다. 이는 신용등급이 낮은 기업에 대해 상대적으로 높은 이자를 요구하는 것을 의미한다. 같은 조건의 사채를 발행할 경우 신용등급이 높은 기업에 비해 신용등급이 낮은 기업은 시장이자율이 높아 발행가격이 낮게 된다.

예제 3

20×3년 1월 1일 제주기업은 20×5년 12월 31일이 상환일인 사채(액면금액 : 10,000원, 액면이자율 10%)를 발행하였다. 위 사채의 이자는 매년 12월 31일에 지급된다.
다음 세 가지 경우의 발행가격을 각각 계산하시오.

① 위와 동일한 등급의 사채에 대한 유효이자율이 10%인 경우

② 위와 동일한 등급의 사채에 대한 유효이자율이 12%인 경우
③ 위와 동일한 등급의 사채에 대한 유효이자율이 8%인 경우

[풀이]

① 원금의 현재가치 $=10,000\div(1+0.10)^3=10,000\times0.7513=7,513$
이자의 현재가치 $=1,000\div(1+0.10)^1+1,000\div(1+0.10)^2+1,000\div(1+0.10)^3$
$=1,000\times2.4868=2,487$
사채의 발행가격 $=7,513+2,487=10,000$원 (액면발행)
② 원금의 현재가치 $=10,000\div(1+0.12)^3=10,000\times0.7118=7,118$
이자의 현재가치 $=1,000\div(1+0.12)^1+1,000\div(1+0.12)^2+1,000\div(1+0.12)^3$
$=1,000\times2.4018=2,402$
사채의 발행가격 $=7,118+2,402=9,520$원 (할인발행)
③ 원금의 현재가치 $=10,000\div(1+0.08)^3=10,000\times0.7938=7,938$
이자의 현재가치 $=1,000\div(1+0.08)^1+1,000\div(1+0.08)^2+1,000\div(1+0.08)^3$
$=1,000\times2.5771=2,577$
사채의 발행가격 $=7,938+2,577=10,515$원 (할증발행)

〈예제 3〉의 ②를 보면, 사채의 발행금액 즉, 사채를 발행하고 조달한 금액은 9,520원인데 반해 3년 후 액면금액 즉, 상환금액은 10,000원으로 480원이 더 크다. 이는 이 사채의 유효이자율은 12%인 반면 지급이자율은 10%이므로 3년 동안 지급하는 이자가 충분하지 않기 때문이다. 3년간 부족한 연간 이사율 2%에 상낭하는 금액이 480원으로, 이 480원은 결국 3년간의 이자인 셈이다.

〈예제 3〉의 ③은 사채의 발행금액 보다 상환금액이 515원 오히려 적다. 이 사채의 유효이자율은 8%로 지급이자율 10%보다 오히려 낮기 때문이다. 3년간 더 지급하는 연간 2%에 상당하는 515원만큼 상환액이 발행액보다 적은 것이다.

3.2 사채의 회계처리

3.2.1 액면발행의 경우

액면발행이란 액면이자율과 유효이자율이 같아서 사채의 발행금액과 액면금액이 동일한 경우를 말한다. 사채를 액면발행한 경우에는 액면금액에 액면이자율을 곱한 금액을 이자비용으로 인식한다.

발행일	차) 현금	***	대) 사채	***
결산일 이자지급	차) 이자비용	***	대) 현금	***

예제 4

20×3년 1월 1일 제주기업은 20×5년 12월 31일이 상환일인 사채(액면금액 10,000원, 표시이자율 연 10%, 이자지급일 매년 12월 31일)를 발행하였다. 이와 동일한 등급의 사채에 대한 유효이자율은 10%이다. 사채의 발행일과 각 연도 말 이자지급 및 상환 과 관련된 분개를 하시오.

[풀이]

	일자	차변		대변	
발행	20×3. 1. 1	현금	10,000	사채	10,000
이자지급	20×3.12.31	이자비용	1,000	현금	1,000
이자지급	20×4.12.31	이자비용	1,000	현금	1,000
이자지급	20×5.12.31	이자비용	1,000	현금	1,000
상환	20×5.12.31	사채	10,000	현금	10,000

3.2.2 할인발행의 경우

할인발행이란 사채발행금액이 액면금액보다 적은 경우를 말한다. 이 경우에 사채발행금액과 액면금액의 차이를 **사채할인발행차금**이라하며, 사채의 액면금액에서 차감하는 형식으로 기재한다. 사채할인발행차금은 사채의 발행일부터 최종상환일까지의 기간 동안 유효이자율법을 적용하여 상각하고 이를 사채이자에 가산한다.

사채할인발행차금에 관한 회계처리를 위해서는 다음과 같은 **유효이자율법**에 의한 **사채할인발행차금상각표**를 작성하는 것이 편리하다. 〈예제 5〉로 이 표의 의미를 이해해 보자.

연도	기초금액 ①	유효이자율 ②	총이자비용 ③=①×②	현금이자 ④	할인액상각 (할증액상각) ⑤=③-④	기말금액 ①+⑤

발행일	차) 현금	***	대) 사채	***
	사채할인발행차금	***		

결산일 이자지급	차) 이자비용	***	대) 현금	***
			사채할인발행차금	***

예제 5

20×3년 1월 1일 제주기업은 20×5년 12월 31일이 상환일인 사채(액면금액 10,000원, 표시이자율 연10%, 이자지급일 매년 12월 31일)를 발행하였다. 이와 동일한 등급의 사채에 대한 유효이자율은 12%이다.

① 사채의 발행금액은 얼마인가?
② 유효이자율법에 의한 사채할인발행차금상각표를 작성하시오.
③ 사채의 발행일과 각 연도 말 이자지급 및 상환과 관련된 분개를 하시오.
④ 각 연도 말 사채의 장부금액은 얼마인가?

[풀이]

① 9,520원 (예제 3 ②참조)

②

	기초장부금액 ①	유효이자율 ②	이자비용 ③=①×②	현금지급 ④	할인상각액 ⑤=③-④	기말장부금액 ①+⑤
20×3	9,520		1,142	1,000	142	9,662
20×4	9,662	12%	1,159	1,000	159	9,821
20×5	9,821		1,179	1,000	179	10,000
합계			3,480	3,000	480	

③

	일자	차변		대변	
발행	20×3. 1. 1	현금 사채할인발행차금	9,520 480	사채	10,000
이자지급	20×3.12.31	이자비용	1,142	현금 사채할인발행차금	1,000 142
이자지급	20×4.12.31	이자비용	1,159	현금 사채할인발행차금	1,000 159
이자지급	20×5.12.31	이자비용	1,179	현금 사채할인발행차금	1,000 179
상환	20×5.12.31	사채	10,000	현금	10,000

④

부분재무상태표 20×3.1.1

비유동부채	
사채	10,000
(사채할인발행차금)	(480)
	9,520

부분재무상태표 20×3.12.31

비유동부채	
사채	10,000
(사채할인발행차금)	(338)
	9,662

부분재무상태표 20×4.12.31

비유동부채	
사채	10,000
(사채할인발행차금)	(179)
	9,821

부분재무상태표 20×5.12.31

비유동부채	
사채	0
(사채할인발행차금)	(0)
	0

〈예제 5〉에서 각 회계기간의 이자비용은 현금으로 지급한 1,000원이 아님을 확인하기 바란다. 사채의 상환금액과 발행금액의 차이를 의미하는 사채할인발행차금 480원의 성격은 이자이다. 즉, 3년간 손익계산서에 인식되는 이자비용은 3,000원(=1,000원×3개년)이 아니라 3,480원이다. 유효이자율법을 적용하면 각 연도별 이자비용은 1,142원, 1,159원, 1,179원으로 3년간 이자비용은 3,480원이 된다. 연도별로 이자비용이 다른 것은 복리를 적용하기 때문이다.

3.2.3 할증발행의 경우

할증발행이란 사채의 발행금액이 액면금액보다 큰 경우를 말한다. 이 경우에 액면금액과 사채발행금액과의 차이를 **사채할증발행차금**이라하며 사채의 액면금액에 가산하는 형식으로 기재한다. 사채할증발행차금은 사채의 발행일부터 최종상환일까지의 기간 동안 **유효이자율법**을 적용하여 상각하고 이 상각액은 사채이자에서 차감한다.

사채할증발행차금상각표는 앞서 살펴본 사채할인발행차금상가표와 같다. 해당 표에서 할인상각액 대신 할증상각액을 기재한다. [예제 6]으로 이 표의 의미를 이해해 보자.

발행일	차) 현금	***	대) 사채	***
			사채할증발행차금	***

결산일 이자지급	차) 이자비용	***	대) 현금	***
	사채할증발행차금	***		

예제 6

20×3년 1월 1일 제주기업은 20×5년 12월 31일이 상환일인 사채(액면금액 : 10,000원, 표시이자율 연 10%, 이자지급일 매년 12월 31일)를 발행하였다. 이와 동일한 등급의 사채에 대한 유효이자율은 8%이다.

① 사채의 발행금액은 얼마인가?
② 유효이자율법에 의한 사채할증발행차금상각표를 작성하시오.
③ 사채의 발행일과 각 연도 말 이자지급 및 상환과 관련된 분개를 하시오.
④ 각 연도 말 사채의 장부금액은 얼마인가?

[풀이]

① 10,515원 (예제 3 ③참조)

②

	기초장부금액 ①	유효이자율 ②	이자비용 ③=①×②	현금지급 ④	할증상각액 ⑤=③−④	기말장부금액 ①+⑤
20×3	10,515		841	1,000	−159	10,356
20×4	10,356	8%	828	1,000	−172	10,184
20×5	10,184		816	1,000	−184	10,000
합계			2,485	3,000	−515	

③

	일자	차변		대변	
발행	20×3. 1. 1	현금	10,515	사채 사채할증발행차금	10,000 515
이자지급	20×3.12.31	이자비용 사채할증발행차금	841 159	현금	1,000
이자지급	20×4.12.31	이자비용 사채할증발행차금	828 172	현금	1,000
이자지급	20×5.12.31	이자비용 사채할증발행차금	816 184	현금	1,000
상환	20×5.12.31	사채	10,000	현금	10,000

④

부분재무상태표 20×3.1.1.	
비유동부채	
사채	10,000
사채할증발행차금	515
	10,515

부분재무상태표 20×3.12.31.	
비유동부채	
사채	10,000
사채할증발행차금	356
	10,356

부분재무상태표 20×4.12.31.	
비유동부채	
사채	10,000
사채할증발행차금	184
	10,184

부분재무상태표 20×5.12.31.	
비유동부채	
사채	0
사채할증발행차금	0
	0

〈예제 6〉에서 각 회계기간의 이자비용은 현금으로 지급한 1,000원이 아님을 확인하기 바란다. 사채의 상환금액과 발행금액의 차이를 의미하는 사채할증발행차금 515원의 성격은 음(−)의 이자이다. 즉, 3년간 손익계산서에 인식되는 이자비용은 3,000원(=1,000원 × 3개년)이 아니라 2,485원(=3,000원−515원)이다. 유효이자율법을 적용하면 각 연도별 이자비용은 841원, 828원, 816원으로 3년간 이자비용은 2,485원이 된다.

3.3 사채의 상환

3.3.1 사채의 조기상환

사채는 만기일에 상환하는 것이 일반적이나 경우에 따라서는 만기일 이전에도 상환할 수 있다. 전자를 **만기상환**, 후자를 **조기상환**이라 한다. 만기일에 상환하는 경우에는 장부상의 사채금액과 액면금액이 정확하게 일치하기 때문에 상환에 따른 손익은 발생하지 않는다. 하지만 사채를 조기에 상환하는 경우에는 대체로 사채의 장부금액과 상환금액이 달라서 **사채상환손익**이 발생하게 된다.

만기일 이전에 사채를 상환하는 이유는 사채를 발행한 회사의 자금사정이 좋아져서 이자비용을 더 이상 부담하려 하지 않거나, 매입할 때의 시장이자율이 발행할 때의 시장이자율보다 높아져서 사채의 가격이 하락하여 조기에 상환할 경우 상환이익이 발생하기 때문이다. 사채를 상환하는 경우에는 상환시점에서의 사채의 장부금액과 상환금액의 차이를 사채상환손익으로 인식한다.

예제 7

〈예제 5〉에서 제주기업은 20×4년 12월 31일에 사채 전부를 9,900원에 상환하였다. 사채의 상환에 따른 거래를 분개하시오.

[풀이]

차) 사채	10,000	대) 사채할인발행차금	179
사채상환손실	79	현금	9,900

* (예제 5)에서 20×4.12.31 시점의 다음의 사채를 상환한 것이다.

비유동부채	
사채	10,000
(사채할인발행차금)	(179)
	9,821

3.3.2 자기사채

자기사채(treasury bonds)란 사채를 발행한 회사가 자기가 발행한 사채를 취득하여 보유하고 있는 사채를 말한다. 자기사채는 사채를 상환한 것과 실질적으로 같기 때문에 자기사채의 회계처리는 사채를 조기 상환한 것과 같다. 자기사채를 취득한 경우에는 이에 상당하는 액면금액 과 사채발행차금 등을 사채계정에서 직접 차감하고 장부금액과 취득금액의 차이는 **사채상환이익** 또는 **사채상환손실**로 인식한다.

3.4 상각후원가측정 금융자산

지금까지는 사채를 발행한 기업의 회계처리에 대해 살펴보았다. 반면 이 사채를 취득한 기업이 사채를 만기까지 보유함으로써 이자수익을 목적으로 취득한 경우에는 10장에서 살펴본 바와 같이 **상각후원가측정금융자산**(**AC금융자산**)으로 처리한다. 상각후원가측정 금융자산의 회계처리는 사채를 발행한 기업의 회계처리와 대칭적이다.

발행일	차) AC금융자산	***	대) 현금	***
결산일 이자수취	차) 현금	***	대) 이자수익	***
	AC금융자산	***		

예제 8

〈예제 5〉에서 이어도기업은 20×3년 1월 1일에 제주기업이 발행한 사채를 상각후원가측정 금융자산(AC금융자산)으로 취득하였다. 취득일, 이자수취일, 상환일 시점의 분개를 하시오.

[풀이]

	일자	차변		대변	
취득	20×3. 1. 1	AC금융자산	9,520	현금	9,520
이자수취	20×3.12.31	현금 AC금융자산	1,000 142	이자수익	1,142
이자수취	20×4.12.31	현금 AC금융자산	1,000 159	이자수익	1,159
이자수취	20×5.12.31	현금 AC금융자산	1,000 179	이자수익	1,179
상환	20×5.12.31	현금	10,000	AC금융자산	10,000

제4절 충당부채와 우발부채

4.1 충당부채

부채 중에서 지출하는 시기 또는 금액이 불확실한 부채를 **충당부채**라 한다. 확정부채는 지급금액과 지급시기가 확정된 반면, 충당부채는 현재 의무가 존재하지만 지출의 시기와 금액이 불확실하여 추정이 필요한 부채이다.

충당부채에는 **판매보증충당부채**, **손해배상충당부채**, **하자보수충당부채**, **지급보증충당부채** 등이 있다. 예를 들어 상품이나 제품을 판매하면 A/S비용과 같은 추가적인 판매보증비용이 발생하는데, 판매보증충당부채는 이를 합리적으로 추정하여 설정한 충당부채이다. 손해배당충당부채는 손해를 배상해야할 사건이 발생한 경우 배상액을 추정하여 설정한 충당부채이다.

결산일	차) ○○비용	***	대) ○○충당부채	***
충당부채지급	차) ○○충당부채	***	대) 현금 등	***

예제 9

다음의 거래를 분개하시오.

① 20×1.12.31	당기 매출에 대해 판매보증충당부채 25,000원을 설정하다.
② 20×2.1.5	고객의 무상 A/S 신청 건으로 8,000원을 지출하다.
③ 20×21.2.10	손해배상 청구소송이 발생하여 손해배상충당부채로 10,000원을 설정하다.

[풀이]

① 20×1.12.31	차) 판매보증비	25,000	대) 판매보증충당부채	25,000
② 20×2.1.5	차) 판매보증충당부채	8,000	대) 현금	8,000
③ 20×2.10	차) 손해배상손실	10,000	대) 손해배상충당부채	10,000

4.2 우발부채

현재 의무의 존재, 지출의 시기와 금액이 불확실하여 부채의 인식요건을 충족하지 못하는 **우발부채**는 부채로 인식하지 않으며, 주석으로 관련 내용을 보고한다. 예를 들어 소송사건의 경우 패소할 가능성이 낮거나 패소하더 라도 손해배상액을 신뢰성있게 추정할 수 없을 경우에는 우발부채로 주석에 공시한다.

우발부채는 다음에 해당하는 의무이다.

- 이상의 불확실한 미래 사건의 발생 여부로만 그 존재 유무를 확인할 수 있는 잠재적 의무
- 해당 의무를 이행하기 위하여 경제적 효익이 있는 자원을 유출할 가능성이 높지 않은 경우 또는 해당 의무의 이행에 필요한 금액을 신뢰성 있게 측정할 수 없는 경우

한편, **우발자산**은 불확실한 미래 사건의 발생 여부로만 그 존재 유무를 확인할 수 있는 잠재적 자산으로 경제적 효익의 유입가능성이 높지 않으면 공시하지 않는다.

학·습·정·리

01 재무상태표의 부채와 자산은 재무상태표일 현재의 금액을 의미하므로 재무제표에 보고되는 화폐성 비유동자산과 화폐성 비유동부채는 (   )로 평가하여 보고된다.

02 (   )는 주식회사가 확정채무임을 표시하는 증권을 발행하고, 일정 기간마다 일정한 이자를 지급하고 만기일에 원금을 상환하는 조건으로 차입하는 경우에 발생하는 비유동부채이다.

03 (   )이란 시장이자율이라고도 하는 것으로 사채를 발행하는 시점에서 취득하여 이를 만기일까지 보유하는 경우에 얻을 수 있는 수익률을 의미한다.

04 사채에 대해서 액면이자율보다 시장이자율이 더 높은 경우에는 사채는 액면금액 이하의 금액으로 (   )발행된다.

05 사채 할인발행에서 사채발행금액과 액면금액의 차이를 (   )이라고 한다.

06 사채할인발행차금은 사채의 발행일부터 최종 상환일까지의 기간 동안 (   )을 적용하여 상각하고 이를 사채이자에 가산한다.

07 사채를 조기에 상환하는 경우에는 사채의 장부금액과 상환금액이 달라서 대체로 (   )이 발생하게 된다.

08 (   )란 사채를 발행한 회사가 자기가 발행한 사채를 취득하여 보유하고 있는 사채를 말한다.

09 (   )는 상품이나 제품을 판매하면 A/S비용과 같은 추가적인 판매보증비용이 발생하므로 이를 합리적으로 추정하여 설정하는 충당부채다.

10 (   )는 충당부채와 달리 자원의 유출가능성이 낮거나 금액을 신뢰성있게 측정할 수 없어서 부채로 인식하지 않고 주석으로 관련 내용을 공시한다.

풀이

01 현재가치 **02** 사채 **03** 유효이자율 **04** 할인 **05** 사채할인발행차금 **06** 유효이자율법
07 사채상환손익 **08** 자기사채 **09** 판매보증충당부채 **10** 우발부채

기·본·문·제

01 다음 각 상황의 현재가치를 계산하시오.

① 회수일이 3년 후인 장기매출채권 100만원의 현재가치는? 할인율은 10%임.

② 상환일이 5년 후인 장기매입채무 100만원의 현재가치는? 할인율은 10%임.

③ 10년간 매년말 10만원씩 지급하는 연금을 현재 연초에 일시불로 수령할 경우 금액은? 할인율은 6%임.

④ 당기 초에 액면금액 10만원의 사채를 3년 만기, 액면이자율 연 8%, 매년 말 이자지급 조건으로 발행한 경우, 발행금액은 얼마인가? 단, 동 사채의 유효이자율은 10%임.

⑤ 당기 초에 액면금액 10만원의 사채를 3년 만기, 액면이자율 연 8%, 매년 말 이자지급 조건으로 발행한 경우, 발행금액은 얼마인가? 단, 동 사채의 유효이자율은 6%임.

02 결산월이 12월인 (주)견우는 20×6년 1월 1일에 상환일이 20×8년 12월 31일인 사채(액면금액 : 10,000원, 표시이자율 6%)를 발행하여 현금을 조달하였다. 이 사채의 이자는 매년 12월 31일에 지급하며, 이와 동일한 등급의 사채에 대한 유효이자율은 8%이다.

① 사채의 발행금액을 계산하시오.

② 유효이자율법에 의한 사채할인발행차금상각표를 작성하시오.

③ 사채의 발행일, 이자지급일, 상환일 시점의 분개를 하시오.

④ 사채의 각 연도 말 장부금액은 각각 얼마인가?

⑤ 만약 이 사채를 20×7년 12월 31일에 9,850원에 상환하였다면 사채상환손익은 얼마인가?

⑥ 이 사채를 (주)직녀가 상각후원가측정 금융자산으로 취득하였을 경우 취득일, 이자수취일, 상환일 시점의 분개를 하시오.

풀이

01

① 100만원×현가요소(3년, 10%) = 100만원×0.7513 = 751,300원

② 100만원×현가요소(5년, 10%) = 100만원×0.6209 = 620,900원

③ 10만원×기말연금현가요소(10년, 6%) = 10만원×7.3601 = 736,010원

④ 10만원×현가요소(3년, 10%)+8천원×기말연금현가요소(3년, 10%)
= 10만원×0.7513+8천원×2.4869 = 95,025원

⑤ 10만원×현가요소(3년, 6%)+8천원×기말연금현가요소(3년, 6%)
= 10만원×0.8396 + 8천원×2.6730 = 105,344원

02

①

10,000×현가요소(8%, 3년)+600×연금의 현가요소(8%, 3년)
= 10,000×0.7938+600×2.5771 = 7,938+1,546 = 9,484원

②

	기초장부금액 ①	유효이자율 ②	이자비용 ③=①×②	현금지급 ④	할인상각액 ⑤=③−④	기말장부금액 ①+⑤
20×6	9,484		759	600	159	9,643
20×7	9,643	8%	771	600	171	9,814
20×8	9,814		786	600	186	10,000
합계			2,316	1,800	516	

③

	일자	차변		대변	
발행	20×6. 1. 1	현금 사채할인발행차금	9,484 516	사채	10,000
이자지급	20×6.12.31	이자비용	759	현금 사채할인발행차금	600 159
이자지급	20×7.12.31	이자비용	771	현금 사채할인발행차금	600 171
이자지급	20×8.12.31	이자비용	786	현금 사채할인발행차금	600 186
상환	20×8.12.31	사채	10,000	현금	10,000

④

부분재무상태표 20×6.1.1

비유동부채	
사채	10,000
(사채할인발행차금)	(516)
	9,484

부분재무상태표 20×6.12.31

비유동부채	
사채	10,000
(사채할인발행차금)	(357)
	9,643

부분재무상태표 20×7.12.31

비유동부채	
사채	10,000
(사채할인발행차금)	(186)
	9,814

부분재무상태표 20×8.12.31

비유동부채	
사채	0
(사채할인발행차금)	(0)
	0

⑤

차) 사채	10,000	대) 사채할인발행차금	186
사채상환손실	36	현금	9,850

⑥

	일자	차변		대변	
취　득	20×6. 1. 1	AC금융자산	9,484	현금	9,484
이자수취	20×6.12.31	현금 AC금융자산	600 159	이자수익	759
이자수취	20×7.12.31	현금 AC금융자산	600 171	이자수익	771
이자수취	20×8.12.31	현금 AC금융자산	600 186	이자수익	786
상　환	20×8.12.31	현금	10,000	AC금융자산	10,000

연·습·문·제

01 부채에 대한 설명으로 옳지 않은 것은?

① 부채는 과거의 거래나 사건의 결과로 현재 기업 실체가 부담하고 있고 미래에 자원의 유출 또는 사용이 예상되는 의무이다.
② 유동성장기부채는 비유동부채로 분류한다.
③ 부채는 보통 1년을 기준으로 유동부채와 비유동부채로 분류한다.
④ 정상적인 영업주기 내에 소멸할 것으로 예상되는 매입채무와 미지급비용 등은 보고기간 종료일로부터 1년 이내에 결제되지 않더라도 유동부채로 분류한다.

02 부채에 대한 설명으로 잘못된 것은?

① 지출 시기와 금액이 불확실한 충당부채는 주석으로 공시한다.
② 장기매입채무와 장기기타채무는 비유동부채로 분류한다.
③ 장기차입금, 사채 등은 현재가치로 평가하여 인식한다.
④ 우발부채는 부채로 인식하지 않는다.

03 현재가치로 평가하는 항목이 아닌 것은?

① 사채 ② 장기차입금
③ 단기대여금 ④ 장기매출채권

04 사채의 발행가격을 결정하는 방법으로 옳은 것은?

① 만기금액의 현재가치+이자지급액의 미래가치
② 만기금액의 미래가치+이자지급액의 현재가치
③ 만기금액의 현재가치+이자지급액의 현재가치
④ 만기금액의 미래가치+이자지급액의 미래가치

05 사채의 액면이자율보다 시장이자율이 더 낮은 경우에 사채는 어떻게 발행되는가?

① 발행금액 〉 액면금액
② 발행금액 〈 액면금액
③ 발행금액 = 액면금액
④ 발행금액 ≥ 액면금액

※ [6-8] (주)바람은 액면금액 10,000원, 액면이자율 연 10%, 이자 매년도 말 후급, 만기 3년 조건의 사채를 유효이자율 연 12%를 적용하여 20×3년 초에 발행하였다. 발행금액 계산은 다음 값을 참조하여 계산하고 원 미만은 절사한다.

	10%			12%	
기간	현가계수	연금현가계수	기간	현가계수	연금현가계수
3	0.751	2.4869	3	0.7118	2.4018

06 사채의 발행가격은 얼마인가?

① 7,118
② 9,520
③ 9,915
④ 10,000

07 사채의 발행 1년 후 장부금액은 얼마인가?

① 9,520
② 9,662
③ 9,821
④ 10,000

08 사채의 발행 2년 후 사채를 9,900원에 상환한다면 사채상환손익은 얼마인가?

① 사채상환이익 100
② 사채상환손실 100
③ 사채상환이익 79
④ 사채상환손실 79

09 20×3년 12월 31일 현재 재무상태표에는 사채 10,000원 사채할인발행차금 356원이 기록되어 있다. 이 사채의 액면이자율이 6%이고 유효이자율이 8%일 때, 20×4년도 이자비용은 얼마인가?

① 600
② 772
③ 800
④ 956

10 한라(주)는 20×3년 10월 1일에 액면 10,000원인 사채를 만기 3년, 연이자율 6%, 연이자 매년 6월말 지급조건으로 9,485원에 발행하였다. 이 사채의 유효이자율이 8%일 경우 20×3년 말에 한라(주)가 인식할 이자비용은 얼마인가? 단, 소수점 이하는 반올림한다.

① 40
② 150
③ 190
④ 200

11 태백(주)는 한라(주)가 발행한 액면 10,000원, 만기 3년, 연이자율 6%, 연이자 매년 6월말 지급조건의 사채를 9,485원에 20×3년 7월 1일에 취득하였다. 이 사채의 유효이자율이 8%일 경우 20×3년 말에 태백(주)가 인식할 이자수익은 얼마인가? 단, 소수점

이하는 반올림한다.

① 0 ② 300
③ 379 ④ 759

12 사채를 할인발행한 상황에서 유효이자율법을 적용하여 이자비용을 인식할 때, 다음 설명 중 잘못된 것은?

① 사채할인발행차금 상각액은 매기 증가한다.
② 사채의 장부금액은 만기에 가까워질수록 금액이 커진다.
③ 매 기간 계상되는 사채이자비용은 만기에 가까워질수록 금액이 커진다.
④ 현금으로 지급하는 이자비용은 만기에 가까워질수록 커진다.

13 사채를 할인발행한 경우, 사채의 발행시점부터 만기시점까지의 장부금액과 이자비용에 관한 설명 중 옳은 것은?

① 감소, 증가 ② 증가, 감소
③ 증가, 증가 ④ 감소, 감소

14 액면 100,000원, 만기 3년, 표시이자율 연 10%인 사채를 연초에 발행하면서 88,000원에 할인발행하였다. 이자비용을 유효이자율법으로 인식할 경우 사채발행 이후 3년 동안 인식해야 할 이자비용 총액은 얼마인가?

① 26,400 ② 30,000
③ 42,000 ④ 0

15 (주)신라는 20×1년도 초에 액면 10,000원의 사채를 만기 3년, 표시이자율 연 8%, 이자는 매년 말 후급 조건으로 9,500원에 발행하였다. 발행 당시 이 사채의 유효이자율은 10%였다. (주)신라가 동 사채를 20×2년 초에 9,700원에 현금 상환하였다면 사채상환손익은 얼마인가?

① 40 이익 ② 40 손실
③ 50 이익 ④ 50 손실

16 한라(주)는 20×3년 초에 액면 10,000인 사채를 만기 3년, 연이자율 6%, 연이자 매년 12월말 지급조건으로 9,485원에 발행하였으며, 태백(주)가 발행일에 이를 상각후원가측정 금융자산으로 매입하였다. 이 사채의 유효이자율이 8%일 경우 20×3년 말에 태백(주)가 인식할 이자수익은 얼마인가?

① 0 ② 159
③ 600 ④ 759

17 충당부채에 대한 설명으로 옳지 않은 것은?

① 과거에 발생한 사건이나 거래의 결과로 재무상태표일 현재 의무가 존재해야 한다.
② 경제적 효익이 있는 자원의 유출 가능성이 높아야 한다.
③ 의무 이행에 소요될 금액을 신뢰성있게 추정할 수 있어야 한다.
④ 지급금액과 지급시기가 확정되어 있어야 한다.

18 (주)직녀는 MP3를 판매하면서 보증비용으로 매출액의 10% 정도가 발생할 것으로 예상하고 있으며 설립 첫해인 20×8년 매출액은 30,000원이었다. 그리고 이 매출과 관련하여 이후에 보증비용으로 2,000원의 지출이 있었다. 이에 대한 회계처리로 옳은 것은?

① 매출 : (차) 현금		27,000	(대) 매출	27,000
② 보증에 따른 분개는 없다.				
③ 보증 : (차) 매출		3,000	(대) 제품보증충당부채	3,000
④ 지출 : (차) 제품보증충당부채		2,000	(대) 현금	2,000

19 20×1년 초에 설립된 (주)가을의 기중 매출은 30,000원이었다. 제품보증비용은 제품보증기간 동안 매출액의 10%에 해당할 것으로 추정되었으며, 당기에 매출 후 실제로 지출된 제품보증비용은 1,800원이었다. 결산일 현재 재무상태표에 계상할 제품보증충당부채는 얼마인가?

① 0 ② 1,200
③ 1,800 ④ 3,000

20 우발상황의 회계처리에 대한 설명으로 옳지 않은 것은?

① 우발부채는 현재의무 존재여부가 확인되지 않은 잠재적 의무이다.
② 우발손실에 대한 최선의 추정치를 우발부채로 재무제표에 부채로 보고한다.
③ 충당부채와 달리 자원의 유출가능성이 낮거나 금액을 신뢰성있게 측정할 수 없다.
④ 우발손실은 우발상황에 대한 잠재적 부채이다.

풀이

01 ② 장기부채 중 만기가 1년 미만 남은 것은 유동부채인 유동성장기부채로 분류한다.

02 ①

03 ③

04 ③

05 ①

06 ② 원금의 현재가치 = 10,000×0.7118 = 7,118
이자의 현재가치 = 1,000×2.4018 = 2,402
사채의 발행금액 = 9,520

07 ② 사채의 장부금액 = 10,000 − 338 = 9,662

	기초장부금액 ①	유효이자율 ②	이자비용 ③=①×②	현금지급 ④	할인상각액 ⑤=③−④	기말장부금액 ①+⑤
20×3	9,520		1,142	1,000	142	9,662
20×4	9,662	12%	1,159	1,000	159	9,821
20×5	9,821		1,179	1,000	179	10,000
합계			3,480	3,000	480	

		차변		대변	
발행	20×3.1.1	현금 사채할인발행차금	9,520 480	사채	10,000
이자지급	20×3.12.31	이자비용	1,142	현금 사채할인발행차금	1,000 142

08 ④

		차변		대변	
이자지급	20×4.12.31	이자비용	1,159	현금 사채할인발행차금	1,000 159
조기상환	20×4.12.31	사채 사채상환손실	10,000 79	현금 사채할인발행차금	9,900 179

09 ② 사채의 장부금액 9,644(= 10,000-356)×8% = 772

10 ③ 9,485×0.08×3/12 = 189.7

11 ③ 9,485×0.08×6/12 = 379.4

12 ④

13 ③

14 ③ 3년간 현금지급 이자 = 100,000×10%×3년 = 30,000
사채할인발행차금 = 12,000

이자비용 총액 = 42,000

15 ④ 9,500+9,500×0.10－10,000×0.08 = 9,650

차) 사채	10,000	대) 사채할인발행차금	350
사채상환손실	50	현금	9,700

16 ④ 이자수익 = 9,485×0.08 = 759

차) 현금	600	대) 이자수익	759
AC금융자산	159		

17 ④

18 ④

19 ②

20 ②

MEMO

Chapter

12

자 본

제 1 절　자본의 이해
제 2 절　증자와 감자
제 3 절　이익잉여금
제 4 절　기타자본요소
제 5 절　자본변동표

◉ 주요 학습 내용

재무상태표	
자 산 유동자산 비유동자산	부 채 유동부채 비유동부채
	자 본 자본금 자본잉여금 기타자본요소 이익잉여금

포괄손익계산서
당기순이익
+/− 기타포괄손익
총포괄이익

◉ 김소호 커피전문점 이야기

김소호 씨는 커피머신의 구입과 마늘쑥커피 연구개발에 예상 외로 자금이 많이 소요되자 장기차입금을 조달할 계획이었다. 그러나 이자부담이 만만치 않아 대신 주식회사로 전환하고 주식을 발행하여 자금을 조달하기로 마음을 바꾸었다.

김소호 씨는 커피전문점이 문을 연지 얼마 되지 않았지만 그래도 사업이 안정적으로 정착되고 있고 조민긴 이익도 예상되는 터라 주식발행에 의한 자본조달이 어렵지는 않을 것 같았다. 게다가 평소 커피숍을 사장과 직원 모두 한 마음으로 키워 그 성과를 나누는 것이 좋겠다고 생각해왔으므로 나대로 씨에게 주식을 취득할 의사가 있는지 타진하기로 하였다.

며칠을 고민한 끝에 나대로 씨는 주식을 인수하고 주주가 되기로 하였다. 항상 우유부단해 이러지도 저러지도 못하던 나대로 씨가 이런 결심을 하게 된 것은 주주가 되면 의사결정에 참여하고 이익을 배당받을 수 있다는 김소호 씨의 말 때문이었다. 이참에 모든 것을 확실히 해두는 것이 나중에 있을지도 모를 다툼을 피하는 길이라는 생각에, 나대로 씨는 김소호 씨에게 투자액 천만원에 대해 시장이자율 8%만큼의 이익배당을 해달라고 요구하였다. 그러면서 사채를 발행하여 자금을 조달하면 8%의 이자를 부담하므로 자신도 그 정도는 받는 것이 타당하다는 주장을 덧붙였다.

김소호 씨는 주식과 자본의 특징을 오해한 나대로 씨를 어떻게 설득할지 고민이 되었다.

일정한 이자를 받기로 하고 자금을 기업에 빌려준 투자자를 채권자라 하며 이렇게 조달한 자금을 기업은 부채로 기록한다. 부채에 대해 기업은 이자를 정기적으로 지급하고 만기에 원금을 상환해야 하며 자본에 대해 우선변제를 해야 한다. 반면 이익배당을 받기로 하고 자금을 기업에 투자한 투자자를 주주라 하며 이렇게 조달한 자금을 기업은 자본으로 기록한다. 주주는 의사결정에 참여할 수 있으며 자본에 대해 기업은 이익을 배당한다.

제1절 자본의 이해

자본은 비유동부채와 함께 사업을 영위하기 위해 필요한 장기자금의 원천이다. 자본은 차입금과 같은 부채와 달리 확정된 이자가 지급되지 않고 상환의무가 없다는 점에서 안정적인 자금원이다.

자본은 발생 원천에 따라 납입자본과 이익잉여금으로 구분된다. **납입자본**은 주주 출자 분으로 자본금과 자본잉여금으로 구성되며, 이익잉여금은 사내 유보된 누적이익을 의미한다. 이익잉여금은 배당의 재원이며, 납입자본을 재원으로 하는 배당은 납입자본의 환급에 해당하므로 원칙적으로 불가능하다.

회계기준에서는 자본을 **자본금**, **자본잉여금**, **이익잉여금**과 **기타자본요소**로 구분한다. 기타자본요소에는 자본조정과 기타포괄손익누계액이 있다.

자료 12-1 자본의 분류와 계정

<table>
<tr><th colspan="2">분류</th><th>내용</th><th>계정</th></tr>
<tr><td colspan="2">자본금</td><td>발행주식의 액면총액</td><td>보통주자본금
우선주자본금</td></tr>
<tr><td colspan="2">자본잉여금</td><td>자본거래에서 발생한 잉여금</td><td>주식발행초과금
감자차익
자기주식처분이익</td></tr>
<tr><td rowspan="2">기타자본
요소</td><td>자본조정</td><td>자본의 가감 조정 항목</td><td>(−)감자차손
(−)자기주식처분손실
(−)자기주식
(+)미교부주식배당금</td></tr>
<tr><td>기타포괄손익누계액</td><td>기타포괄손익 누계</td><td>재평가이익
FVOCI금융자산(지분상품)평가손익</td></tr>
<tr><td colspan="2">이익잉여금</td><td>내부 유보 누적순이익</td><td>이익준비금
임의적립금
미처분이익잉여금
(또는 미처리결손금)</td></tr>
</table>

자본 = 자본금 + 자본잉여금 + 자본조정 + 기타포괄손익누계액 + 이익잉여금
(기타자본요소)

제2절 증자와 감자

2.1 주식의 종류

주식회사는 주식을 발행하여 자본을 조달하는데, 주식에는 보통주와 우선주가 있다.

보통주(普通株 ; common stock)는 주식회사가 발행하는 가장 일반적인 형태의 주식으로, 한 가지 종류의 주식을 발행하는 경우에는 보통주만 발행할 수 있다. 보통주를 소지한 주주는 주식을 매매할 수 있는 권리, 이익배당에 참가할 수 있는 권리, 주주총회에서 의결권을 행사할 수 있는 권리, 그리고 청산시에 잔여재산을 분배받을 수 있는 권리 등을 갖는다. 보통주 주주를 기업의 소유주라고 하는데, 이는 주주들이 의결권을 갖고 있으며 주주들의 투자에 따른 결과가 기업의 성패와 직접적으로 관련되기 때문이다.

우선주(優先株 ; preferred stock)는 대개 배당금의 지급이나 청산시 잔여재산의 분배에 있어서 보통주에 비해 우선하는 특권을 갖는 주식이다. 그러나 주주총회에서 의결권이 없고 배당이 일정 한도로 제한된다는 점에서 보통주에 비해 불리하다.

배당 조건에 따라 우선주는 여러 종류로 발행된다. **참가적 우선주**는 정해진 배당률의 배당을 초과하여 보통주와 함께 일정한 한도까지 이익배당을 받을 수 있는 우선주이다. **누적적 우선주**는 특정 연도에 이익배당을 받지 못한 경우 이후 연도에 지급받지 못한 이익배당을 우선 지급받을 수 있는 권리가 부여된 우선주이다.

전환우선주와 상환우선주

보통주로 전환할 수 있는 권리를 부여한 우선주를 **전환우선주**라 한다. 발행은 우선주의 형태이지만 일정 기간이 지난 후 보통주로 전환할 수 있는 주식이다. 전환우선주가 전환권을 행사하게 되면 보통주에 대한 우선 배당권이 사라지고 의결권이 회복된다.

상환우선주는 일반적인 주식과 달리 만기가 있어 상환을 전제로 발행된 우선주이다. 국채택국제회계기준에서는 회사가 상환을 회피할 수 있는 무조건적인 권리를 보유하고 있다면 자본으로 분류하고 그렇지 않다면 부채로 분류하도록 하고 있다.

2.2 증 자

유상증자

주식회사는 주식을 발행하여 자본을 납입받아 회사를 설립한다. 그리고 회사 설립 이후에도 주식을 발행하여 증자를 하기도 한다. 증자에는 유상증자와 무상증자가 있다.

유상증자는 주식을 발행하고 실제 자금이 유입되는 증자로서 자본금이 증가하면서 회사의 순자산이 증가한다. 대개 발행금액은 액면금액을 초과하는데, 액면금액을 **자본금**으로 기록하고 초과금액을 **주식발행초과금**으로 기록한다. 주식발행초과금은 주주와의 자본거래에서 발생한 잉여금으로 자본잉여금으로 분류한다. 유상증자는 외부에서 자금이 실제로 유입된다는 점에서 **실질적 증자**라고도 한다.

보통주와 우선주를 함께 발행할 때에는 자본금을 보통주자본금과 우선주자본금으로 구분한다.

유상증자	차) 현금	***	대) 보통주자본금	***
			우선주자본금	***
			주식발행초과금	***

예제 1

다음 거래를 분개하시오.

① 우리(주)는 주당 액면금액 1,000원인 보통주 300주를 주당 1,500원에 발행하여 주식회사를 설립하다.

② 나라(주)는 사업을 확장하기 위해 주당 액면금액 1,000원인 보통주 100주와 주당 액면금액 500원인 우선주 100주를 각각 1,200원과 600원에 발행하고 대금을 전액 현금으로 납입받다.

[풀이]

① 차) 현금	450,000	대) 자본금	300,000
		주식발행초과금	150,000
② 차) 현금	180,000	대) 보통주자본금	100,000
		우선주자본금	50,000
		주식발행초과금	30,000

무상증자

무상증자는 주식을 발행하지만 실제 자금이 유입되지 않는 증자로서 자본금은 증가하지만 회사의 순자산이 증가하지는 않는다. 자본 중에서 자본잉여금이나 이익준비금을 자본전입하면, 자본금은 증가하고 그만큼 자본잉여금이나 이익잉여금은 감소하여 자본 크기에는 영향이 없다. 뒤에서 살펴보겠지만, 이익준비금은 이익잉여금을 내부에 적립한 법정적립금이다. 무상증자는 외부에서 자금이 실제로 유입되지 않고 자본의 구성에 변화만 야기하므로 **형식적 증자**라고도 한다.

무상증자	차) 자본잉여금	***	대) 자본금	***
	이익준비금	***		

예제 2

다음 거래를 분개하고, 자본의 증가액을 계산하시오.

① 동강(주)는 이사회의 결의에 따라 자본잉여금인 주식발행초과금 500,000원을 자본에 전입하고 보통주를 발행하다.

② 남강(주)는 이사회의 결의에 따라 이익잉여금인 이익준비금 400,000원을 자본에 전입하고 보통주를 발행하다.

[풀이]

① 차) 주식발행초과금	500,000	대) 자본금	500,000
② 차) 이익준비금	400,000	대) 자본금	400,000

①은 자본금이 증가하고 자본잉여금이 감소하였으며 ②는 자본금이 증가하고 이익잉여금이 감소하여, 자본의 구성에만 변화가 있고 자본 총액에는 변화가 없다

2.3 감 자

유상감자

주식회사에서는 자본을 감소시킬 수 있으나 흔하게 일어나는 일은 아니다. 자본의 감소는 주주나 채권자의 이해관계에 중대한 영향을 미치기 때문에 상법에서는 감자에 대해 엄격하게 규정하고 있다. 증자와 마찬가지로 감자의 경우에도 유상감자와 무상감자로 나뉘어진다.

유상감자는 실제 자금이 유출되는 감자로서 자본금이 감소하면서 회사의 순자산이 감소한다. 유상감자의 방법으로는 주식의 액면금액을 주주에게 반환함으로써 자본금을 감소시키는 것과 회사가 주식을 매입하여 이를 소각시킴으로써 자본금을 감소시키는 것이 있다. 어떤 경우이건 감자가 이루어진 후에 회사의 순자산은 감소하므로 유상감자를 **실질적 감자**라고도 한다.

감자차익은 자본거래에서 발행한 잉여금으로 자본잉여금으로 분류한다. 반면 **감자차손**은 자본조정으로 분류한다. 감자차익이 있는 경우에 감자차손이 발생하면 우선적으로 감자차익과 상계한다.

구분	차변		대변	
유상감자	차) 자본금	***	대) 현금	***
감자차익이 발생하는 경우	차) 자본금	***	대) 현금	***
			감자차익	***
감자차손이 발생하는 경우	차) 자본금	***	대) 현금	***
	감자차손	***		

무상감자

무상감자에서는 자본금이 감소하지만 회사의 순자산은 감소하지 않으므로 무상감자를 **형식적 감자**라고도 한다. **이월결손금**을 자본금과 상계하여 이미 납입한 주금액의 일부를 주주의 손실로 처리하여 제거하면, 자본금은 감소하고 이월결손금은 제거되어 자본 크기에는 영향이 없다.

이월결손금보전	차)	자본금	***	대)	이월결손금	***
감자차익이 발생하는 경우	차)	자본금	***	대)	이월결손금 감자차익	*** ***
감자차손이 발생하는 경우	차)	자본금 감자차손	*** ***	대)	이월결손금	***

예제 3

다음 감자거래를 분개하고, 자본의 감소액을 계산하시오.

① 양파(주)는 주주총회의 결의를 거쳐 액면금액 1주당 5,000원인 보통주 100주를 1주당 5,200원에 매입하여 소각하고 대금은 현금으로 지급하다.

② 도레미(주)는 주주총회의 결의를 거쳐 이월결손금 520,000원을 보전하기 위해 액면금액 1주당 500원인 보통주식 1,200주를 무상으로 감자하다.

[풀이]

①	차) 자본금	500,000	대)	현금	520,000
	감자차손	20,000			
②	차) 자본금	600,000	대)	이월결손금	520,000
				감자차익	80,000

①은 유상감자이며, ②는 결손보전을 위한 무상감자이다.

주식병합과 주식분할

주식분할(stock splits)은 주식의 액면가를 낮추는 것으로, 주식수는 증가하지만 자본 합계에는 변화가 없다. 주식병합(reverse stock splits)은 주식분할과 반대로 주식의 액면가를 높이는 것으로, 역시 주식수는 감소하지만 자본 합계에는 변화가 없다.

주식분할과 주식병합은 자본과 자본금의 변화를 야기하지 않으므로 회계처리를 필요로 하는 회계상 거래에 해당되지 않는다.

제3절 이익잉여금

3.1 이익잉여금의 분류

이익잉여금은 주주들과의 자본거래에서 발생하는 자본잉여금과는 달리 영업활동의 결과인 손익거래에서 발생한 누적된 이익에서 주주들에게 배당한 배당금과 자본에 전입한 금액을 제외하고 기업의 내부에 유보된 유보이익이다. 경우에 따라서는 손익거래에서 이익이 아닌 손실이 누적될 수도 있는데 이러한 누적손실을 **결손금**이라 한다.

이익잉여금은 법정적립금, 임의적립금과 미처분이익잉여금으로 분류하여 기록하고 관리한다. 이익잉여금의 일부는 법정적립금인 이익준비금에 적립하고, 일부는 주주총회의 결의에 따라 임의적립금에 적립한다. 나머지 이익잉여금은 미처분이익잉여금으로 전기이월이익잉여금에 당기순손익을 누적한 것이다.

자료 12-2 이익잉여금의 분류

① **법정적립금** : 상법의 규정에 의하여 적립된 이익준비금과 상법 이외의 법령의 규정에 의하여 적립된 기타법정적립금

② **임의적립금** : 정관의 규정 또는 주주총회의 결의로 적립된 사업확장적립금 · 감채적립금 · 배당평균적립금 · 결손보전적립금 등

③ **미처분이익잉여금(미처리결손금)** : 전기이월이익잉여금(결손금)에 당기순이익(손실) 등을 가산한 금액

3.2 이익잉여금의 처분

이익잉여금은 적립되거나 배당되고 나머지는 미처분이익잉여금으로 분류된다.

12월 결산법인의 경우 다음 해 2~3월에 개최되는 주주총회에서 **미처분이익잉여금의 처분**이 결정된다. 미처분이익잉여금의 일부가 적립 또는 배당으로 처분된다. 미처분이익잉여금의 처분 내역은 **이익잉여금처분계산서**라는 보고서를 통해 확인할 수 있

다. 이익잉여금처분계산서는 재무제표는 아니며 주석으로 공시되는 회계보고서이다.

자료 12-3 이익잉여금의 처분

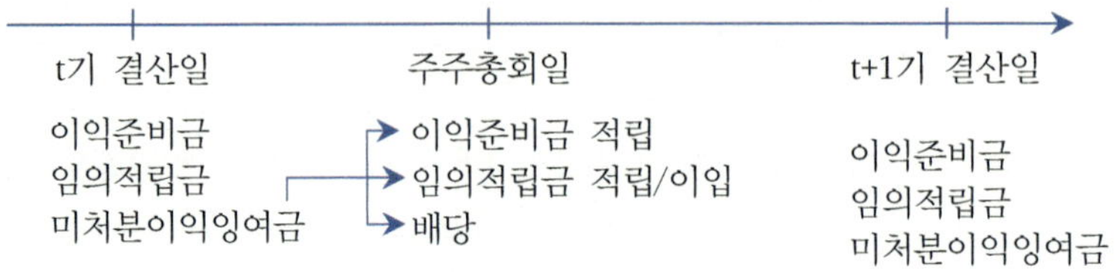

법정적립금의 적립

이익준비금이란 상법의 규정에 의하여 적립한 이익잉여금이다. 상법에서는 주식회사가 그 자본금의 2분의 1에 달할 때까지 매 결산기에 이익배당액(주식배당 제외)의 1/10 이상의 금액을 이익준비금으로 적립하도록 규정하고 있다. 이익준비금은 법정적립금으로, 무상증자에 의한 **자본전입**에 사용하거나 미처리결손금을 메우는 **결손보전**에만 사용할 수 없다.

임의적립금의 적립 또는 이입

임의적립금은 이익준비금과 같이 법령에 의해서 강제적으로 적립하는 것이 아니라 정관의 규정이나 주주총회의 결의에 의해 기업 내부에 적립되어 있는 잉여금을 말한다. 임의적립금 적립이 임의적이므로 적립의 취소, 즉 **이입** 또한 자유롭다. 법정적립금과 임의적립금의 가장 큰 차이는 배당가능 여부로, 이익준비금은 배당이 불가능하지만 임의적립금은 배당이 가능하다.

기업은 사업을 확장하거나 회사채와 같은 부채를 감소시키기 위해서 또는 장래에 발생할지도 모를 손실로 인해 재무적 곤경에 처하지 않기 위해서 잉여금의 일부를 임의적립금의 형태로 유보한다. 자주 사용되는 임의적립금의 예로는 **사업확장적립금**, **감채적립금**, **배당평균적립금**, **결손보전적립금** 등이 있다.

이익준비금 적립	차) 미처분이익잉여금	***	대) 이익준비금	***

임의적립금 적립	차) 미처분이익잉여금	***	대) ○○적립금	***
이입	차) ○○적립금	***	대) 미처분이익잉여금	***

예제 4

다음 거래를 분개하시오.

① 미처분이익잉여금 중 2,000,000원을 결손보전적립금으로 처분하다.

② 결산을 한 결과 순손실 2,500,000원이 발생되어 이 중 2,000,000원은 전기에 처분한 결손보전적립금으로 보전하고 나머지는 이익잉여금으로 보전하였다.

[풀이]

	차변	금액	대변	금액
①	차) 미처분이익잉여금	2,000,000	대) 결손보전적립금	2,000,000
②	차) 미처분이익잉여금	500,000	대) 미처리결손금	2,500,000
	결손보전적립금	2,000,000		

배 당

배당은 이익을 주주에게 돌려주는 것으로, 기업은 이익잉여금의 일부를 배당하고 나머지를 사내에 유보한다. 배당의 종류에는 **현금배당**과 **주식배당**이 있으며, 배당 시기에 따라 주주총회 결의에 의한 **기말배당**과 이사회 결의에 의한 기중의 **중간배당**이 있다.

기말배당의 경우 배당기준일(회계기말)에 주식을 보유한 주주를 대상으로 주주총회에서 배당금액을 결정하고 이후 배당금을 지급하는 절차를 거치게 된다. 결산일이 아니라 주주총회일에 배당금의 지급의무와 배당금액이 확정되므로 배당기준일에는 회계처리가 없다.

현금배당의 경우, 주주총회일(배당이 확정된 날)에 이익잉여금 처분과 **미지급배당금**(부채)를 인식하고, 배당금 지급일에 미지급배당금을 현금으로 지급한 것으로 처리한다.

주식배당의 경우, 주주총회일에 이익잉여금 처분과 **미교부주식배당금**(자본조정의 가산 항목)을 인식하고, 배당금지급일에 미교부주식배당금을 감소시키고 자본금을 증가시킨다. 주식배당은 신주를 발행하여 배당하는 것으로 이익잉여금이 감소한 만큼 자본금이 증가하여 자본 크기에는 영향이 없다. 주식배당과 무상증자는 자본금은 증가하지만 순자산에는 영향이 없다는 점에서 같다.

구분	차변	금액	대변	금액
배당 결의	차) 미처분이익잉여금	***	대) 미지급배당금	***
			미교부주식배당금	***
현금 배당	차) 미지급배당금	***	대) 현금	***
주식 배당	차) 미교부주식배당금	***	대) 자본금	***

예제 5

다음 거래를 분개하시오.

① 낙동강(주)는 3월 10일 주주총회에서 배당가능이익 중 5,000,000원을 현금으로 배당하기로 결의하였다. 그리고 4월 10일에 배당금을 현금으로 지급하였다.

② 오리알(주)는 3월 12일 주주총회에서 배당가능이익 중 3,000,000원을 주식으로 배당하기로 결의하였다. 그리고 4월 12일에 주식을 발행하여 배당금을 지급하였다.

[풀이]

① 3.10	차) 미처분이익잉여금	5,000,000	대) 미지급배당금	5,000,000
4.10	차) 미지급배당금	5,000,000	대) 현금	5,000,000
② 3.12	차) 미처분이익잉여금	3,000,000	대) 미교부주식배당금	3,000,000
4.12	차) 미교부주식배당금	3,000,000	대) 자본금	3,000,000

자료 12-4 이익잉여금처분계산서(예시)

이익잉여금처분계산서

(주)나리 제5기 20×1.1.1~20×1.12.31 (단위: 원)
처분확정일 20×2.2.28

미처분이익잉여금		2,400
전기이월이익잉여금	900	
당기순이익	1,500	
임의적입립금의 이입액		600
감채적립금의 이입	600	
이익잉여금의 처분액		(800)
이익준비금	100	
임의적립금	200	
현금배당금	500	
차기이월미처분이익잉여금		2,200

20×1.12.31 재무상태표의 미처분이익잉여금은 전기이월이익잉여금에 당기순이익을 합친 2,400원이다. 20×2년 2월 28일 주주총회에서, 임의적립금 600원이 미처분이익잉여금으로 이입되고 이익준비금, 임의적립금, 현금배당금으로 800원이 처분되어 차기이월미처분이익잉여금은 2,200원이 되었다. 이익잉여금 중에서 실제로 외부로 유출된 것은 현금배당금 500원이다.

자본전입과 결손보전

자본전입은 자본잉여금이나 이익준비금을 사용하여 자본금을 증가시키는 것을 의미한다. 자본잉여금이나 이익준비금을 재원으로 한 무상증자에 의해 자본금이 증가하게 된다.(예제2)

결손보전은 자본금이나 잉여금을 사용하여 미처리결손금을 메우는 것을 의미한다. 무상감자에 의해 자본금을 감소시키고 이를 미처리결손금을 제거하는데 사용하거나(예제3의 ②) 자본잉여금이나 이익잉여금의 적립금으로 미처리결손금을 제거할 수 있다.

자본전입과 결손보전으로 자본의 구성요소가 변하지만 자본의 크기는 달라지지 않는다.

제 4 절 기타자본요소

4.1 자본조정

자본조정은 자본금, 자본잉여금, 이익잉여금에는 속하지 않지만 그 성격상 언젠가는 자본에 가산하거나 또는 자본에서 차감할 항목이다. 자본에 가산하거나 차감할 항목으로 자본에 대한 평가계정으로서 의의가 있다. 자본조정에 속하는 계정에는 **자기주식, 자기주식처분손실, 감자차손** 등이 있다.

〈예제 3〉에서 감자차손에 대해 살펴보았다. 여기서는 자기주식에 대해 살펴본다.

자기주식은 기업이 이미 발행한 주식을 주주로부터 취득한 주식이다. 자기주식에 대해서는 의결권이 없고 배당금이 지급되지 않는다. 취득한 자기주식은 자본의 감소로 보아 자본조정(차감항목)으로 기록한다. 이후 자기주식을 처분하는 경우 발생하는 자기주식처분이익은 자본잉여금으로 분류하고, 자기주식처분손실은 자기주식처분이익과 상계한 후 자본조정(차감항목)으로 분류한다.

보유중인 자기주식을 소각할 수 있는데, 이 경우 감자로 회계처리한다. 감자에 따른 감자차익은 자본잉여금으로, 감자차손은 감자차익과 상계한 후 자본조정(차감항목)으로 분류한다.

자기주식 거래는 자본거래로 당기순이익에 영향을 미치지 않으며 직접 자본에 영향을 미친다.

예제 6

자주(주)의 자기주식 매매와 관련한 다음 일련의 거래를 분개하시오.

① 자주(주)는 주주들로부터 액면금액 1주당 5,000원인 보통주식 300주를 주당 5,500원에 취득하고 대금 1,650,000원은 현금으로 지급하다.

② 보유하고 있던 자기주식 중 100주를 주당 5,800원에 처분하다.

③ 보유하고 있던 자기주식 중 100주를 주당 5,100원에 처분하다.

[풀이]

	차변	금액	대변	금액
①	차) 자기주식	1,650,000	대) 현금	1,650,000
②	차) 현금	580,000	대) 자기주식	550,000
			자기주식처분이익	30,000
③	차) 현금	510,000	대) 자기주식	550,000
	자기주식처분이익	30,000		
	자기주식처분손실	10,000		

자기주식과 자기주식처분손실은 자본조정으로 분류되어 자본을 감소시키는 항목이며, 자기주식처분이익은 자본잉여금으로 분류되어 자본을 증가시키는 항목이다.

4.2 기타포괄손익누계액

포괄손익계산서에서 포괄손익은 당기순이익과 기타포괄손익으로 나뉘어 보고된다. 9장에서 살펴본 유형자산의 **재평가이익**과 10장에서 살펴본 **FVOCI금융자산평가손익**(지분상품)은 당기순이익 계산에 포함되지 않는 기타포괄손익 항목이다. 당기순이익은 이익잉여금에 누적되고, 기타포괄손익은 기타포괄손익누계액에 누적된다.

제5절 자본변동표

자본변동표(statement of change in equity)는 자본의 크기와 그 변동에 대한 정보를 제공하는 재무제표로서 자본을 구성하는 자본금, 자본잉여금, 자본조정, 기타포괄손익누계액, 이익잉여금(결손금)의 변동에 대한 포괄적인 정보를 제공한다.

자본은 주식의 발행에 의한 자본 조달(유상증자), 이익 발생 등에 의해 증가한다.

반면 주식의 상환에 의한 자본 감소(유상감자), 현금배당 등에 의해 감소한다.

자본변동표 양식은 [자료 12-5]와 같다. 이 보고서는 자본의 구성항목이 기초에서 기말사이에 어떻게 변동되었는지를 제시한다.

자료 12-5 자본변동표 양식

자본변동표

제×기 20×1년 1월 1일 ~ 20×1년 12월 31일

(단위: 원)

구 분	자본금	자본 잉여금	자본 조정	기타포괄 손익누계액	이익 잉여금	총 계
20×1. 1. 1						
연차배당						
중간배당						
유상증자						
유형자산재평가						
당기순이익(손실)						
20×1.12.31						

학·습·정·리

01 (　　　　　)은 배당의 재원이며, 납입자본을 재원으로 하는 배당은 납입자본의 환급에 해당하므로 원칙적으로 불가능하다.

02 (　　　　　)는 배당금의 지급이나 청산시 잔여재산의 분배에 있어서 보통주에 비해 우선하는 특권을 갖는 주식으로, 대개 주주총회에서 의결권이 없으며 배당이 일정 한도로 제한된다.

03 유상증자에서 발행금액은 대개 액면금액을 초과하는데, 액면금액을 자본금으로 기록하고 초과금액을 (　　　　　)으로 기록한다.

04 (　　　　　)는 주식을 발행하지만 실제 자금이 유입되지 않는 증자로서 자본금은 증가하지만 회사의 순자산이 증가하지는 않는다.

05 이월결손금을 자본금과 상계하여 이미 납입한 주금액의 일부를 주주의 손실로 처리하여 삭제하면, (　　　　　)은 감소하고 이월결손금은 제거되어 자본 크기에는 영향이 없다.

06 (　　　　　)은 이익준비금과 같이 법령에 의해서 강제적으로 적립하는 것이 아니라 정관의 규정이나 주주총회의 결의에 의해 기업 내부에 적립되어 있는 잉여금을 말한다.

07 (　　　　　)배당은 신주를 발행하여 배당하는 것으로 이익잉여금이 감소한 만큼 자본금이 증가하여 자본 크기에는 영향이 없다

08 (　　　　　)은 기업이 이미 발행한 주식을 주주로부터 취득한 주식으로, 자본이 감소한 것으로 보아 자본조정(차감항목)으로 분류한다.

09 포괄손익계산서에서 포괄손익은 당기순이익과 (　　　　　)으로 나뉘어 보고된다.

10 재평가에 의해 자산의 공정가치가 장부금액보다 높게 평가되면 (　　　　　)이 발생하게 되는데 이는 당기손익을 구성하지 않으며 기타포괄이익으로 분류한다.

풀이

01 이익잉여금 **02** 우선주 **03** 주식발행초과금 **04** 무상증자 **05** 자본금 **06** 임의적립금
07 주식 **08** 자기주식 **09** 기타포괄손익 **10** 재평가이익

기·본·문·제

01 다음은 (주)회계의 자본거래 내역이다. 일련의 거래를 분개하고, 자본금과 자본이 각각 얼마나 증가하는지를 구하시오.

① 보통주 100주(액면 500원)를 주당 1,300원에 발행하다.

② 주식발행초과금을 재원으로 보통주 주식 100주(액면 500원)를 발행하여 주주들에게 무상 교부하다.

③ 액면금액 1주당 500원인 보통주 100주를 1주당 510원에 매입하여 소각하고 대금은 현금으로 지급하다.

④ 이월결손금 460,000원을 보전하기 위해 액면금액 1주당 5,000원인 보통주 식 100주를 무상감자하다.

02 다음 표는 20×2년도 기초와 기말의 자본의 구성을 제시하고 있다. 20×2년 중에 발생한 추가 자료를 자본변동표에 채우고 자본에 어떠한 영향을 미쳤는지 설명하시오.

(단위 : 원)

	자본금	자본잉여금	이익잉여금	기타포괄손익 누계액	자본 합계
20×1.12.31	10,000	5,000	6,500	0	21,500
유상증자					
당기순이익					
현금배당					
FVOCI금융자산평가이익					
20×2.12.31	12,000	8,000	7,000	400	27,400

추가 자료

유상증자 : 액면 100원의 보통주 20주를 주당 250원에 발행

당기순이익 : 600원

현금배당 : 100원

20×2년 중에 매입한 FVOCI금융자산(지분상품)의 평가이익 400원 발생

03 다음은 (주)부기의 자기주식 거래이다. 분개를 하고, 자기주식 거래 전체를 통해 자본의 증감액을 계산하시오.

① 액면가 500원인 보통주 주식 10주를 주당 5,200원에 현금으로 취득하다.

② 자기주식 5주를 주당 5,000원에 현금으로 처분하다.

③ 자기주식 5주를 주당 5,500원에 현금으로 처분하다.

04 (주)보람의 주주총회에서 결의된 이익잉여금의 처분 내역은 다음과 같다. 주주총회일 결의 후 작성되는 이익잉여금처분계산서의 빈칸을 채우시오.

전기이월이익잉여금	6,200원	당기순이익	1,400원
이익준비금 적립	200원	감채적립금 적립	300원
현금배당	500원	사업확장적립금 이입	400원

이익잉여금처분계산서

(주)보람 제2기 20×1.1.1~20×1.12.31 처분확정일 20×2.2.28 (단위: 원)

미처분이익잉여금		( )
전기이월이익잉여금	( )	
당기순이익	( )	
임의적입립금의 이입액		( )
사업확장적립금의 이입	( )	
이익잉여금의 처분액		( )
이익준비금	( )	
임의적립금	( )	
현금배당금	( )	
차기이월미처분이익잉여금		( )

풀이

01

	차변		대변	
①	현금	130,000	자본금 주식발행초과금	50,000 80,000
②	주식발행초과금	50,000	자본금	50,000
③	자본금 감자차손	50,000 1,000	현금	51,000
④	자본금	500,000	이월결손금 감자차익	460,000 40,000

① 자본금 50,000원 증가, 자본 130,000원 증가

② 자본금 50,000원 증가, 자본 불변 (자본금이 증가한 만큼 자본잉여금이 감소함)

③ 자본금 50,000원 감소, 자본 51,000원 감소

④ 자본금 500,000원 감소, 자본 불변

02

(단위 : 원)

	자본금	자본잉여금	이익잉여금	기타포괄손익누계액	자본 합계
20×1.12.31	10,000	5,000	6,500	0	21,500
유상증자	2,000	3,000			5,000
당기순이익			600		600
현금배당			(100)		(100)
FVOCI금융자산평가이익				400	400
20×2.12.31	12,000	8,000	7,000	400	27,400

유상증자 : 자본금, 자본잉여금, 자본 증가
당기순이익 : 이익잉여금, 자본 증가
현금배당 : 이익잉여금, 자본 감소
FVOCI금융자산(지분상품)평가이익 : 기타포괄손익누계액, 자본 증가

03

	차변		대변	
①	자기주식	52,000	현금	52,000
②	현금 자기주식처분손실	25,000 1,000	자기주식	26,000
③	현금	27,500	자기주식 자기주식처분손실 자기주식처분이익	26,000 1,000 500

자기주식 거래 전체를 통해서는 자기주식처분이익 500원만큼 자본잉여금이 증가하여 자본 500원이 증가함

04

이익잉여금처분계산서

(주)보람

제2기 20×1.1.1～20×1.12.31
처분확정일 20×2.2.28

(단위: 원)

미처분이익잉여금		7,600
전기이월이익잉여금	6,200	
당기순이익	1,400	
임의적입립금의 이입액		400
사업확장적립금의 이입	400	
이익잉여금의 처분액		(1,000)
이익준비금	200	
임의적립금	300	
현금배당금	500	
차기이월미처분이익잉여금		7,000

연·습·문·제

01 (주)서울은 액면가 1,000원인 보통주 1,000주를 주당 1,500원에 발행하여 현금으로 납입받았다. 이 거래와 관련된 설명으로 잘못된 것은?

① 자본금이 1,000,000원 증가한다.
② 자본잉여금이 500,000원 증가한다.
③ 자본이 1,500,000원 증가한다.
④ 이익잉여금이 500,000원 증가한다.

02 다음 자료에서 이익잉여금은 얼마인가?

주식발행초과금	100,000	이익준비금	200,000
자기주식처분이익	300,000	임의적립금	400,000
감자차익	500,000		

① 500,000　　② 600,000
③ 700,000　　④ 800,000

03 다음 자료에서 자본잉여금으로 보고되는 금액은 얼마인가?

주식발행초과금	500,000	이익준비금	300,000
자기주식처분이익	400,000	미처분이익잉여금	200,000
재무구조개선적립금	300,000	우선주자본금	200,000

① 500,000　　② 700,000
③ 900,000　　④ 1,100,000

04 다음 적립금 중에서 이입 대상이 아닌 것은?

① 이익준비금　　② 배당평균적립금
③ 감채적립금　　④ 사업확장적립금

05 (주)부산은 주식발행초과금과 이익준비금을 각각 절반씩 재원으로 50%의 무상증자를 실시하였다. 무상증자 전 자본금은 50,000원(100주×액면 500원)이었다. 이 거래와 관련된 설명으로 잘못된 것은?

① 자본금이 25,000원 증가한다.
② 자본잉여금이 12,500원 감소한다.

③ 이익잉여금이 12,500원 감소한다.

④ 자본이 25,000원 증가한다.

06 재무상태표의 자본에 해당하는 계정과목이 아닌 것은?

① FVPL금융자산(지분상품)평가손익 ② 재평가잉여금

③ 자기주식 ④ 이익준비금

07 자본의 구성이 다음과 같은 상황에서, 이익준비금을 재원으로 한 40%의 무상증자를 실시하였다. 무상증자 후 증가하는 자본금과 자본은 각각 얼마인가?

자본금(액면금액 500)	10,000	주식발행초과금	20,000
이익준비금	12,000	미처분이익잉여금	8,000

① 0, 0 ② 0, 4,000

③ 4,000, 0 ④ 4,000, 0

08 자본금이 1,000,000원인 회사가 유통 중인 주식 중 1/4에 해당하는 부분을 무상 소각하여 이월결손금 200,000원을 보전하였다. 그 결과 나타나는 계정과 금액으로 옳은 것은?

① 감자차손 50,000 ② 주식평가이익 50,000

③ 감자차익 50,000 ④ 주식처분이익 50,000

09 신라(주)는 자본잉여금 60,000원을 재원으로 주식 120주(액면 500원)를 발행하여 주주들에게 무상 교부하였다. 무상증자 전 자본은 자본금 120,000원, 자본잉여금 200,000원, 이익잉여금 25,600원으로 구성되어 있었다. 무상증자 후 주당순자산(=순자산/주식수)은 얼마인가?

① 500 ② 750

③ 960 ④ 1,440

10 배당에 대한 설명으로 옳은 것은?

① 당기에 현금배당으로 당기순이익이 감소한다.

② 3개월간 주식을 보유한 주주는 3개월분의 배당을 받는다.

③ 현금배당은 비용으로 처리한다.

④ 주식배당은 자본의 크기에 영향을 미치지 않는다.

11 20×8년 12월 결산일 현재 (주)가득의 자본금은 보통주(400주, 액면 100원)와 우선주(200주, 액면 100원, 5% 배당률)로 구성되어 있다. 20×8 사업년도 현금배당은 6,000원이며 20×7년에는 손실로 배당을 하지 못하였다. 위 우선주가 누적적 비참가적 우선주인 경우, 우선주와 보통주의 배당금은 각각 얼마인가?

① 1,000, 4,000　　② 1,000, 5,000
③ 2,000, 4,000　　④ 2,000, 5,000

12 주식배당, 무상증자, 주식분할에 대한 설명으로 올바른 것은?

① 주식배당, 무상증자로 자본금이 변하지는 않는다.
② 주식배당, 무상증자, 주식분할로 인해 발행주식수가 변하지는 않는다.
③ 주식분할로 자본잉여금 또는 이익잉여금이 감소할 수 있다.
④ 주식배당, 무상증자, 주식분할로 인하여 자본의 총액이 변하지는 않는다.

13 20×1년도 기초와 기말의 자산과 부채는 다음과 같다.

(단위 : 원)

	자산	부채
기초	30,000	25,000
기말	41,500	35,000

20×1년도 기중에 유상증자 1,000원을 실시하고 이익처분으로 현금배당 100원, 주식배당 200원, 임의적립금 적립 300원을 하였다. 자본에 영향을 미치는 다른 거래가 없었다면, 당기순이익은 얼마인가?

① 600　　② 800
③ 900　　④ 1,100

14 다음 자료에서 기말 지본은 얼마인가?

기초자본	10,000	유상증자	2,000	무상증자	3,000
당기순이익	500	현금배당	300	주식배당	200

① 12,000　　② 12,200
③ 15,000　　④ 15,200

15 다음 빈칸에 들어갈 거래 또는 사건으로 적절하지 않은 것은?

	자본금	자본잉여금	이익잉여금	기타자본요소	합계(원)
20×1.12.31	10,000	12,000	9,000	0	31,000
①	6,000	(6,000)			0
당기순이익			1,700		1,700
②			(400)		(400)
③	600		(600)		0
④				4,400	4,400
20×2.12.31	16,600	6,000	9,700	4,400	36,700

① 유상증자
② 현금배당
③ 주식배당
④ 재평가이익

16 당기 초에 설립된 (주)미래는 기중에 자기주식 10주를 50,000원에 취득하였고 이 중 5주를 현금 30,000원에 처분하였다. 이 주식거래에 대한 회계처리로서 옳은 것은?

① 자기주식을 단기보유목적으로 취득하였다면 FVPL금융자산으로 분류한다.
② 자기주식의 취득으로 순자산이 감소한다.
③ 자기주식의 처분으로 당기순이익이 증가한다.
④ 자기주식의 처분으로 총포괄이익이 증가한다.

17 (주)한국은 건물을 20×1년 초에 100,000원에 취득하여 연수합계법(내용연수 4년, 잔존가치 10,000원)으로 감가상각하였다. 20×2년도 말 건물의 공정가치가 50,000원인 경우 재평가모형 적용시 증가할 자본은 얼마인가?

① 13,000
② 15,000
③ 17,000
④ 20,000

18 (주)용궁은 주당 10,000원에 매입한 자기주식 1,000주를 주당 13,000원에 처분하여 자기주식 매각에 따른 차익 3,000,000원이 발생하였다. 이 차익에 대한 회계처리로 바른 설명은?

① 포괄손익계산서상의 영업외이익으로 처리한다.
② 재무상태표상의 자본조정 항목으로 처리한다.
③ 재무상태표상의 자본잉여금 항목으로 처리한다.
④ 재무상태표상의 기타포괄손익누계액 항목으로 처리한다.

※ [19-20] 다음은 재무상태표와 이익잉여금처분계산서 자료의 일부이다.

전기이월이익잉여금	5,000원	당기순이익	1,500원
이익준비금 적립	500원	임의적립금 적립	300원
현금배당	200원	주식배당	200원

19 주주총회에서 이익잉여금의 처분이 결정된 후 미처분이익잉여금은 얼마인가?

① 5,300
② 5,500
③ 5,700
④ 5,800

20 주주총회에서 이익잉여금의 처분이 결정된 후 자본은 얼마나 감소하는가?

① 200원　　② 400원
③ 700원　　④ 1,200원

풀이

01 ④ 차) 현금 1,500,000 　대) 자본금 1,000,000
　　　　　　　　　　　　　　　주식발행초과금 500,000

02 ② 주식발행초과금, 자기주식처분이익, 감자차익은 자본잉여금이다.

03 ③

04 ① 이익준비금은 법정적립금으로 적립과 이입이 제한되어 있다.

05 ④ 차) 주식발행초과금 12,500 　대) 자본금 25,000
　　　이익준비금 12,500

06 ①

07 ④ 발행주식수 = 10,000/500×40% = 8주
증가하는 자본금 8주×500 = 4,000원
감소하는 이익준비금 4,000원
자본의 변화는 없음

08 ③ 차) 자본금 250,000 　대) 이월결손금 200,000
　　　　　　　　　　　　　　감자차익 50,000

09 ③ 차) 자본잉여금 60,000 　대) 자 본 금 60,000

	자본금	자본잉여금	이익잉여금	자본	주식 수	주당순자산
무상증자전	120,000	200,000	25,600	345,600	240주	1,440
무상증자후	180,000	140,000	25,600	345,600	360주	960

10 ④ 배당기준일(회계기말)에 주식을 보유한 주주에 대해 배당을 하며, 현금배당과 달리 주식배당으로 인해서는 자본이 감소하지 않는다.

11 ③ 우선주배당금 : 200주×100×0.05%×2년 = 2,000
보통주배당금 : 6,000－2,000 = 4,000

12 ④

13 ① 기초자본 = 5,000, 기말자본 = 6,500
6,500 = 5,000+1,000+당기순이익－100, 당기순이익 = 600

14 ② 무상증자와 주식배당은 자본 전체 크기에 영향을 미치지 않는다.

기말자본 = 10,000+2,000+500−300 = 12,200

15 ① 잉여금 감소, 자본금 증가는 무상증자에 해당된다.

16 ②

차) 자기주식	50,000	대) 현금	50,000
차) 현금	30,000	대) 자기주식	25,000
		자기주식처분이익	5,000

17 ① 장부금액 = 100,000−(100,000-10,000)×(4+3)/10 = 37,000

재평가잉여금 = 50,000−37,000 = 13,000

18 ③

19 ① 5,000+1,500−500−300−200−200 = 5,300

20 ① 현금배당 200원 외에는 외부로 유출되지 않고 자본 내 계정의 재분류에 해당된다.

Chapter

13

현금흐름표

◉ 주요 학습 내용

현금흐름표
영업활동 순현금유입액＝영업활동 현금유입액－영업활동 현금유출액
투자활동 순현금유입액＝투자활동 현금유입액－투자활동 현금유출액
재무활동 순현금유입액＝재무활동 현금유입액－재무활동 현금유출액

◉ 김소호 커피전문점 이야기

손님도 많고 판매도 꽤나 잘 되고 있는 편인데 월 말 현금사정이 그리 좋은 편이 아닌 사실에 김소호 사장은 적잖이 놀랐다. 점포 앞길 공사로 손님이 눈에 띄게 줄어든 지난달에는 오히려 현금사정이 괜찮은 편이었다. 어쩌다 수선비에 인테리어 보수비로 현금이 나가면 이익만으로는 현금 관리가 쉽지 않음을 느꼈다. 김소호 사장은 월별 손익계산서에 찍히는 이익과 현금 사정 사이에 왜 차이가 있는지 여간 고민이 아니다.

손익계산서에 보고되는 수익, 비용, 이익은 발생기준에 따른 것으로 현금흐름과 차이가 있다. 현금흐름표는 현금기준에 따라 작성되는 보고서로 다른 재무제표를 보완하는 역할을 한다. 특히 현금흐름표는 영업활동, 투자활동, 재무활동으로 기업의 활동을 구분하여 현금흐름을 제시한다. 영업활동에서 창출된 현금이 투자에 사용되고 부채를 상환하는데 적절한지 세심하게 관리해야 한다.

제1절 현금흐름표의 이해

현금흐름표(statement of cash flows)는 회계기간 동안 현금의 유입과 유출 혹은 현금의 원천과 사용에 관한 정보를 제공하는 재무제표이다. 다른 재무제표와 달리 현금흐름표는 **발생기준**(accrual basis)이 아니라 **현금기준**(cash basis)에 의해 작성된다.

현금흐름 정보는 기업의 현금 창출능력에 대한 정보를 제공한다. 또한 영업활동으로 인한 현금흐름과 순이익 간의 차이 및 그러한 차이가 발생한 원인에 대한 정보를 제공한다. 발생주의에 의해 계산되는 당기순이익은 추정과 판단의 영향을 받으므로 미래 현금흐름을 평가하는데 한계가 있다. 이익이 발생하였으나 현금흐름의 어려움으로 도산에 이르는 흑자도산의 경우는 현금흐름 정보의 중요성을 보여준다.

제2절 현금의 개념 및 활동별 현금흐름

현금흐름표에서 현금이란 **현금 및 현금성자산**을 의미하며, 재무상태표의 현금 및 현금성자산과 동일한 개념이다(이하에서는 편의상 현금 및 현금성자산을 현금이라 한다).

현금흐름표는 현금흐름을 영업활동 현금흐름, 투자활동 현금흐름, 재무활동 현금흐름으로 구분하여 표시한다. 단순히 현금의 유출입보다는 활동별 현금 유출입 정보를 제시함으로써 보다 의미있는 현금 정보를 얻을 수 있기 때문이다.

현금흐름표에서 현금흐름은 다음과 같이 활동별로 현금흐름을 구하여 합산하는 방식으로 제시된다.

현금의 순증가/순감소 = 영업활동 현금유입/유출액
± 투자활동 현금유입/유출액
± 재무활동 현금유입/유출액

영업활동 현금흐름

영업활동은 기업의 주요 수익창출 활동을 말하며 주로 제품의 생산과 판매활동,

상품과 용역의 구매와 판매 활동 및 관리 활동을 포함한다.

투자활동 현금흐름

투자활동은 장기성 자산 및 현금성자산에 속하지 않는 기타 투자자산의 취득과 처분을 말한다. 투자활동은 유·무형자산, 다른 기업의 지분상품이나 채무상품 등의 취득과 처분 활동, 제3자에 대한 대여 및 회수 활동 등을 포함한다.

재무활동 현금흐름

재무활동은 기업의 납입자본과 차입금의 크기 및 구성 내용에 변동을 가져오는 활동을 말한다. 재무활동은 자본과 차입금의 조달, 환급 및 상환에 관한 활동을 포함한다.

영업활동, 투자활동, 재무활동별 현금흐름의 예시를 살펴보면 [자료 13-1]과 같다. 각 활동별 순현금흐름의 합은 현금의 순증가로서, 기말현금과 기초현금의 차이이다.

자료 13-1 활동별 현금흐름 예시

활동별 현금흐름		예시
영업활동 순현금흐름	현금유입	재화의 판매와 용역 제공에 따른 현금유입 로열티, 수수료, 중개료 및 기타수익에 따른 현금유입
	현금유출	재화와 용역의 구입에 따른 현금유출 종업원과 관련하여 직·간접으로 발생하는 현금유출
투자활동 순현금흐름	현금유입	유형자산, 무형자산 및 기타 장기성 자산의 처분에 따른 현금유입 다른 기업의 지분상품이나 채무상품 및 공동기업 투자지분의 처분에 따른 현금유입 제3자에 대한 선급금 및 대여금의 회수에 따른 현금유입
	현금유출	유형자산, 무형자산 및 기타 장기성 자산의 취득에 따른 현금유출 다른 기업의 지분상품이나 채무상품 및 공동기업 투자지분의 취득에 따른 현금유출 제3자에 대한 선급금 및 대여금
재무활동 순현금흐름	현금유입	주식이나 기타 지분상품의 발행에 따른 현금유입 담보·무담보부사채 및 어음의 발행과 기타 장·단기차입에 따른 현금유입
	현금유출	주식의 취득이나 상환에 따른 소유주에 대한 현금유출 차입금의 상환에 따른 현금유출
현금의 순증가 = 기말현금-기초현금		

활동별 현금흐름 구분에서 이자, 배당금, 법인세에 대해서는 실무의 편의를 위해 대체적인 구분을 허용하고 있다.

- 이자수취, 이자지급, 배당금수취, 배당금지급은 매 기간 일관성 있게 영업활동, 투자활동 또는 재무활동으로 분류하며, 각각 별도로 공시한다.
- 법인세로 인한 현금흐름은 별도로 공시하며, 대개 영업활동 현금흐름으로 분류한다.

제3절 현금흐름표 양식

현금흐름표의 영업활동 현금흐름을 계산하고 제시하는 방식에는 직접법과 간접법이 있다. 투자활동과 재무활동의 현금흐름 제시 방식은 두 방법 하에서 같다.

3.1 직접법에 따른 현금흐름표

직접법은 총현금유입과 총현금유출을 주요 항목별로 구분하여 표시하는 방법이다. [자료 13-2]는 직접법에 따른 현금흐름표 양식이다.

직접법은 회계에 익숙하지 않은 사람들도 기업의 현금흐름을 쉽게 이해할 수 있는 장점이 있다. 현금유입의 원천과 현금유출의 용도를 표시함으로써 기업이 영업활동을 통하여 조달한 현금흐름과 각각의 원천을 쉽게 파악할 수 있다. 그리고 영업활동으로부터의 현금창출능력을 평가하기 쉽다. 이러한 이유로 회계기준은 직접법을 권장하고 있다.

자료 13-2 직접법에 의한 현금흐름표 양식

현금흐름표

제×기 20×1년 1월 1일 ~ 20×1년 12월 31일

(단위 : 원)

영업활동현금흐름		
고객으로부터의 유입된 현금	30,150	
공급자와 종업원에 대한 현금유출	(27,600)	
영업으로부터 창출된 현금	2,550	
이자지급	(270)	
법인세의 납부	(900)	
영업활동순현금흐름		1,380
투자활동현금흐름		
기업의 취득에 따른 순현금흐름	(550)	
유형자산의 취득	(350)	
설비의 처분	20	
이자수취	200	
배당금수취	200	
투자활동순현금흐름		(480)
재무활동현금흐름		
유상증자	250	
장기차입금	250	
리스부채의 지급	(90)	
배당금지급	(1,200)	
재무활동순현금흐름		(790)
현금및현금성자산의 순증가		110
기초 현금및현금성자산		120
기말 현금및현금성자산		230

3.2 간접법에 따른 현금흐름표

간접법은 당기순이익(손실)에 영업활동으로 인한 현금흐름을 계산하는 데 필요한 조정 사항들을 반영하여 현금흐름을 계산하는 방법이다. 이 과정은 당기순이익과 영업활동 현금흐름 사이의 차이의 원인을 제시한다. [자료 13-3]은 간접법에 따른 현금

흐름표 양식이다.

간접법은 당기순이익에서 출발하여 영업활동으로 인한 현금흐름을 계산하기 때문에 재무제표 간의 **연계성**(articulation)을 잘 보여준다. 그리고 당기순이익과 영업활동 현금흐름 간 차이의 원인을 파악하기가 쉽다.

자료 13-3 간접법에 의한 현금흐름표 양식

현금흐름표

제×기 20×1년 1월 1일 ~ 20×1년 12월 31일

(단위 : 원)

영업활동현금흐름		
당기순이익	2,950	
가감:		
감가상각비	450	
법인세비용	440	
투자수익	(500)	
이자비용	400	
	3,740	
매출채권 및 기타채권의 증가	(500)	
재고자산의 감소	1,050	
매입채무의 감소	(1,740)	
영업에서 창출된 현금	2,550	
이자지급	(270)	
법인세의 납부	(900)	
영업활동순현금흐름		1,380
투자활동현금흐름	(이하 같음)	

간접법을 적용하는 경우, 영업활동 순현금흐름은 당기순손익에 다음 항목들의 영향을 조정하여 제시한다.

① 감가상각비, 대손상각비 등 비현금항목

② 재고자산과 영업활동에 관련된 채권 · 채무의 변동

③ 투자활동 현금흐름이나 재무활동 현금흐름으로 분류되는 기타 모든 항목

①은 당기순이익 계산에 포함되었지만 현금흐름에 영향을 미치지 않는 손익 항목으로 당기순이익에 가감한다. ②는 재고자산과 영업활동에 관련된 채권·채무에 의한 현금의 증감을 반영하는 항목이다. ③은 영업활동과 관련이 없으므로 투자활동이나 재무활동 현금흐름으로 분류하기 위해 조정하는 항목이다.

제4절 현금흐름표 작성 사례

(주)다팔아는 상품을 매매하는 상기업으로 회계기간은 1월 1일~12월 31일이다. 2기 현금흐름표 작성을 위한 기초 자료는 다음과 같다.

포괄손익계산서

제2기: 20×2년 1월 1일 ~ 20×2년 12월 31일

(주)다팔아 (단위 : 원)

과목	금액	
매출액		3,550
매출원가		2,500
매출총이익		1,050
판관비		490
급여	200	
감가상각비	10	
대손상각비	30	
임차비용	250	
영업이익		560
이자비용		35
세전이익		525
법인세비용		15
당기순이익		510

재 무 상 태 표

제2기: 20×2년 1월 1일 ~ 20×2년 12월 31일
제1기: 20×1년 1월 1일 ~ 20×1년 12월 31일

(주)다팔아 (단위 : 원)

	2기	1기	변동액
자산			
현금및현금성자산	2,305	2,200	105
매출채권	1,850	1700	150
(대손충당금)	220	190	30
재고자산	2,250	950	1,300
선급비용	600	100	500
비품	800	300	500
(감가상각누계액)	70	60	10
자산총계	7,515	5,000	2,515
부채			
매입채무	1,450	450	1,000
단기차입금	1,530	330	1,200
미지급이자	20	0	20
당기법인세부채	115	100	15
사채	500	700	-200
부채총계	3,615	1,580	2,035
자본			
자본금	3,000	3,000	0
이익잉여금	900	420	480
자본총계	3,900	3,420	480

현 금 계 정

제2기: 20×2년 1월 1일 ~ 20×2년 12월 31일

(주)다팔아 (단위 : 원)

전기이월	2,200	임차비용	750
매출	1,700	비품	500
단기차입금	1,200	매입채무	1,000
매출채권	1,700	매입	1,800
		급여	200
		이자비용	15
		사채	200
		이익잉여금	30
		차기이월	2,305
합계	6,800	합계	6,800

4.1 직접법에 의한 현금흐름표의 작성

4.1.1 현금 계정의 재구성에 의한 현금흐름표 작성

현금 계정의 차변에는 현금유입액과 상대 계정이 제시되어 있고, 대변에는 현금유출액과 상대 계정이 제시되어 있다. 이를 활동별로 구분하여 재구성하면 간단하게 현금흐름표를 작성할 수 있다.

현금

제2기: 20×2년 1월 1일 ~ 20×2년 12월 31일

(주)다팔아 (단위 : 원)

		차변	금액	대변	금액		
영업	①	매출	1,700	매입채무	1,000	③	영업
영업	②	매출채권	1,700	매입	1,800	④	영업
				급여	200	⑤	영업
				임차비용	750	⑥	영업
				이자비용	15	⑦	영업
				이익잉여금	30	⑧	영업
투자				비품	500	⑨	투자
재무	⑩	단기차입금	1,200	사채	200	⑪	재무
		현금유입액	4,600	현금유출액	4,495		
				현금증가액	105		

각 거래를 추정하고 활동별 현금유출입으로 구분하면 다음과 같다.

① (영업활동, 현금유입) 매출로 인한 현금 유입

② (영업활동, 현금유입) 매출채권을 현금으로 회수

③ (영업활동, 현금유출) 매입채무를 현금으로 지급

④ (영업활동, 현금유출) 상품을 매입하고 현금으로 지급

⑤ (영업활동, 현금유출) 급여를 현금으로 지급

⑥ (영업활동, 현금유출) 임차비용을 현금으로 지급

⑦ (영업활동, 현금유출) 이자비용을 현금으로 지급

⑧ (영업활동, 현금유출) 이익잉여금을 현금배당

- 이익잉여금이 전기 대비 480원 증가하였는데 당기순이익이 510원이므로 현금배당은 30원임. 이자, 배당을 영업활동으로 분류

⑨ (투자활동, 현금유출) 비품을 현금으로 취득

⑩ (재무활동, 현금유입) 단기차입으로 현금 조달

⑪ (재무활동, 현금유출) 사채를 현금으로 상환

재구성한 현금 계정을 현금유출입 항목별로 구분하여 현금흐름표 양식을 작성하면 다음과 같다. 앞서 ① ②는 고객으로부터 현금유입(매출로 인한 현금유입액)이며, ③④는 공급자에 대한 현금유출(상품 매입에 따른 현금유출)이다. 그리고 ⑤는 종업원에 대한 현금유출이다.

현금흐름표(직접법)

제2기 20×2년 1월 1일 ~ 20×2년 12월 31일

(주)다팔아 (단위 : 원)

영업활동현금흐름		
고객으로부터 현금유입	3,400	
공급자에 대한 현금유출	(2,800)	
종업원에 대한 현금유출	(200)	
임차료 지급	(750)	
영업활동에서 창출된 현금	(350)	
이자지급	(15)	
현금배당	(30)	
영업활동순현금흐름		(395)
투자활동현금흐름		
비품취득	(500)	
투자활동순현금흐름		(500)
재무활동현금흐름		
단기차입	1,200	
사채상환	(200)	
재무활동순현금흐름		1,000
현금및현금성자산의 순증가		105
기초 현금및현금성자산		2,200
기말 현금및현금성자산		2,305

4.1.2 재무제표 계정을 이용한 현금흐름표 작성

현금 계정을 재구성하는 대신 재무상태표와 손익계산서의 관련 계정을 분석하여 현금흐름표를 작성할 수 있다.

손익을 현금유출입으로 조정하는 방법

발생기준으로 인식한 수익을 현금기준에 따른 현금유입액으로 수정한다. 수익이 발생해도 현금으로 유입되지 않는 부분이 있으므로 당기 중에 증가한 관련 미수액 증가분을 차감하고, 수익이 발생하지 않았음에도 현금을 미리 받는 부분이 있으므로 당기 중에 증가한 관련 선수액을 더하여 현금유입액을 계산한다.

수익 − △수익의 미수액 + △수익의 선수액 = 현금유입

발생기준으로 인식한 비용을 현금기준에 따른 현금유출액으로 수정한다. 비용이 발생해도 현금으로 유출되지 않는 부분이 있으므로 당기 중에 증가한 관련 미지급액 증가분을 차감하고, 비용이 발생하지 않았음에도 현금을 미리 지급하는 부분이 있으므로 당기 중에 증가한 관련 선급액을 더하여 현금유출액을 계산한다.

비용 − △비용의 미지급액 + △비용의 선급액 = 현금유출

영업활동현금흐름

• 고객으로부터 현금유입

매출 중에서 미수액은 매출채권이고 선수액은 선수금이므로, 매출과 고객으로부터 현금유입 사이의 관계는 다음과 같다.

매출 3,550 − △매출채권 150 + △선수금 0 = 고객으로부터 현금유입 3,400원

매출채권의 대손충당금 증가액은 30원으로 대손상각비 30원과 같다.

• 공급자에 대한 현금유출

매입 중에서 미지급액은 매입채무이고 선급액은 선급금이므로, 매입과 공급자에

대한 현금유출 사이의 관계는 다음과 같다.

그런데, 매입에 대한 정보가 재무제표에 없으므로 매출원가 계산식을 이용하여 매입액을 계산한다.

기초 950 + 매입 - 기말재고 2,250 = 매출원가 2,500, 매입 = 3,800원
매입 3,800 - △매입채무 1,000 + △선급금 0 = 공급자에 대한 현금유출 2,800원

• 종업원에 대한 현금유출

급여 중에서 미지급액은 미지급급여이고 선급액은 선급급여이므로, 급여와 종업원에 대한 현금유출 사이의 관계는 다음과 같다.

급여 200 - △미지급급여 0 + △선급급여 0 = 종업원에 대한 현금유출 200원

• 임차료 지급

임차비용 중에서 미지급액은 미지급임차료이고 선급액은 선급임차비용이므로, 임차비용과 임차로 인한 현금유출 사이의 관계는 다음과 같다.

임차비용 250 - △미지급임차비용 0 + △선급임차비용 500 = 임차료 지급 750원

• 기타 현금유출

이자비용 35 - △미지급이자 20 + △선급이자 0 = 이자지급 15원
법인세비용 15 - △미지급법인세(당기법인세부채) 15 + △선급법인세 0
= 법인세납부 0원
기초이익잉여금 420 + 당기순이익 510 - 현금배당 = 기말이익잉여금 900,
현금배당 30원

투자활동현금흐름

• 비품의 취득으로 인한 현금유출 500원

재무활동현금흐름

• 단기차입금으로 인한 현금유입 1,200원
• 사채의 상환으로 인한 현금유출 200원

직접법에 의한 현금흐름표는 현금계정의 재구성에 의한 현금흐름표와 같다.

4.2 간접법에 의한 현금흐름표의 작성

당기순이익을 조정하여 영업활동순현금흐름을 계산하는 간접법에 의한 현금흐름표 작성 절차는 다음과 같다.

현금흐름표(간접법)

제×기 20×1년 1월 1일 ~ 20×1년 12월 31일

(주)다팔아 (단위 : 원)

영업활동현금흐름		
당기순이익	510	
가감:		
감가상각비	10	
대손상각비	30	
이자비용	35	
법인세비용	15	
영업활동으로 인한 자산·부채 변동	600	
매출채권의 증가	(150)	
재고자산의 증가	(1,300)	
선급비용의 증가	(500)	
매입채무의 증가	1,000	
영업활동에서 창출된 현금	(350)	
이자지급	(15)	
현금배당	(30)	
영업활동순현금흐름		(395)
투자활동현금흐름		
비품취득	(500)	
투자활동순현금흐름		(500)
재무활동현금흐름		
단기차입	1,200	
사채 상환	(200)	
재무활동순현금흐름		1,000
현금및현금성자산의 순증가		105
기초 현금및현금성자산		2,200
기말 현금및현금성자산		2,305

당기순이익에 계산에 포함되었지만 비현금거래를 가감한다. 감가상각비와 대손상각비는 현금유출이 없는 항목이므로 당기순이익에 가산하고, 이자비용과 법인세

비용은 별도로 표시하므로 이 비용이 없던 것으로 가정하여 당기순이익에 가산한다. 만약 이자수익이 발생하였다면 당기순이익에서 차감한다.

그리고 재고자산과 영업활동과 관련된 채권과 채무를 조정한다. 재고자산이 증가(감소)하면 현금이 감소(증가)하므로 현금유출(현금유입)로 표시한다. 그리고 채권이 증가(감소)하면 현금이 감소(증가)하므로 현금유출(현금유입)로 표시한다. 채무가 증가(감소)하면 현금이 증가((감소)하므로 현금유입(현금유출)로 기록한다.

이자, 배당금 수취와 지급, 법인세 납부는 별도로 제시한다.

학·습·정·리

01 다른 재무제표와 달리 현금흐름표는 발생기준이 아니라 (　　　　　)기준에 의해 작성된다.

02 현금흐름표는 현금흐름을 영업활동 현금흐름, 투자활동 현금흐름, (　　　　　)활동 현금흐름으로 구분하여 표시한다.

03 (　　　　　)활동은 기업의 주요 수익창출 활동을 말하며, 주로 제품의 생산과 판매활동, 상품과 용역의 구매와 판매 활동 및 관리 활동을 포함한다.

04 (　　　　　)활동은 유·무형자산, 다른 기업의 지분상품이나 채무상품 등의 취득과 처분 활동, 제3자에 대한 대여 및 회수 활동 등을 포함한다.

05 (　　　　　)활동은 기업의 납입자본과 차입금의 크기 및 구성 내용에 변동을 가져오는 활동으로, 자본과 차입금의 조달, 환급 및 상환에 관한 활동을 포함 한다.

06 (　　　　　)활동 현금흐름을 계산하고 제시하는 방식에 따라, 현금흐름표는 직접법과 간접법으로 작성된다.

07 영업활동 현금흐름을 매출처로부터 현금유입이나 종업원에 대한 현금 유출처럼 항목별로 구분하여 현금흐름을 계산하는 방법은 (　　　　　)이다.

08 직접법과 간접법 중에서 당기순이익과 영업활동 현금흐름 사이의 차이의 원인을 제시하는 방법은 (　　　　　)이다.

09 이자 수취와 지급, (　　　　　)의 수취와 지급은 매 기간 일관성 있게 영업활동, 투자활동 또는 재무활동으로 분류하며, 각각 별도로 공시한다.

10 현금흐름표에서 현금이란 현금 및 (　　　　　)을 의미한다.

풀이

01 현금 **02** 재무 **03** 영업 **04** 투자 **05** 재무 **06** 영업 **07** 직접법 **08** 간접법
09 배당금 **10** 현금성자산

기·본·문·제

01 다음 거래를 현금흐름표의 영업활동, 투자활동 또는 재무활동으로 구분하시오.

① 재화의 판매와 용역 제공에 따른 현금유입
② 보험회사의 경우 수입보험료, 보험금, 연금 및 기타 급부금과 관련된 현금유입과 유출
③ 다른 기업의 지분상품이나 채무상품 및 조인트벤처 투자지분의 취득에 따른 현금 유출
④ 담보 · 무담보부사채 및 어음의 발행과 기타 장 · 단기 차입에 따른 현금흐름
⑤ 유형자산, 무형자산 및 기타 장기성 자산의 처분에 따른 현금유출
⑥ 단기매매목적으로 보유하는 계약에서 발생하는 현금유입과 유출
⑦ 현금성자산으로 간주되는 상품이나 단기매매목적으로 보유하는 상품의 취득에 따른 현금 유출
⑧ 차입금의 상환에 따른 현금유출
⑨ 로열티, 수수료, 중개료 및 기타수익에 따른 현금유입
⑩ 종업원과 관련하여 직간접적으로 발생하는 현금유출

02 다음 현금 유출입 자료를 이용하여 직접법에 따른 현금흐름표를 작성하시오.

(단위 : 원)

고객으로부터 현금유입	2,000	공급자에 대한 현금유출	1,300
급여 지급	400	기계 처분	500
차입금 상환	450	대여금 지급	550
주식 발행	900	무형자산 취득	150
기초현금	200	기말현금	750

03 다음 자료를 이용하여 간접법에 따른 현금흐름표의 영업활동현금흐름을 작성하시오.

당기순이익	780	법인세비용	120	감가상각비	80
대손상각비	50	이자비용	40	이자지급	50
매출채권 증가	340	재고자산 감소	260	매입채무 감소	550
미지급비용 증가	20	배당금 지급	10	법인세 납부	100

04 다음 자료를 이용하여 ① 고객으로부터 현금유입액 ② 공급자에 대한 현금유출액을 계산하시오.

매출액	12,300원	매출원가	9,200원
기중 매출채권 감소액	500원	기중 선수금 증가액	200원
기초 재고자산	1,200원	기말 재고자산	1,600원
기초 매입채무	1,800원	기말 매입채무	2,100원

풀이

01

영업활동-① ② ⑥ ⑦ ⑨ ⑩

투자활동-③ ⑤

재무활동-④ ⑧

02

1. 영업활동 현금흐름		300
고객으로부터 현금유입	2,000	
공급자에 대한 현금유출	(1,300)	
종업원에 급여 지급	(400)	
2. 투자활동 현금흐름		(200)
기계 처분	500	
무형자산 취득	(150)	
대여금 지급	(550)	
3. 재무활동 현금흐름		450
차입금 상환	(450)	
주식 발행	900	
4. 현금의 증가		550
5. 기초현금		200
6. 기말현금		750

03

영업활동현금흐름		
당기순이익	780	
가감:		
감가상각비	80	
대손상각비	50	
이자비용	40	
법인세비용	120	
영업활동으로 인한 자산·부채 변동	1,070	
매출채권의 증가	(340)	
재고자산의 감소	260	
매입채무의 감소	(220)	
미지급비용의 증가	20	
영업활동에서 창출된 현금	790	
이자지급	(50)	
현금배당	(10)	
법인세 납부	(100)	
영업활동순현금흐름		630

04

① 고객으로부터 현금유입액

매출액 12,300－매출채권 증가액(-500)＋선수금 증가액 200 = 13,000원

② 공급자에 대한 현금유출액

기초 재고자산 1,200＋당기재고자산매입액 - 기말 재고자산 1,600 = 매출원가 9,200

당기재고자산매입액 9,600원

매입액 9,600－매입채무 증가액 300＋선급금 증가액 = 9,300원

연·습·문·제

01 다음 현금흐름표에서 빈칸에 들어갈 금액은 얼마인가?

기초현금	1,000
기말현금	3,000
영업활동으로부터의 순현금유입액	2,500
투자활동으로부터의 순현금유입액	−800
재무활동으로부터의 순현금유입액	(　)

① 300　② 700
③ 1,300　④ 2,300

02 현금흐름표에 대한 설명으로 옳지 않은 것은?

① 직접법과 간접법으로 작성할 수 있다.
② 현금 및 현금성자산 중에서 현금의 변화를 제시한다.
③ 발생주의 정보를 보완하는 역할을 한다.
④ 채무상환능력과 현금창출능력을 평가할 수 있다.

03 현금흐름표상 활동의 분류가 다른 것은?

① 차입금의 상환에 따른 현금유출
② 다른 기업의 주식 취득에 따른 현금유출
③ 제3자에 대한 대여금의 회수에 따른 현금유입
④ 유형자산의 처분에 따른 현금유입

04 현금흐름표에서 제공하는 현금유출입 정보가 아닌 것을 모두 고른 것으로 올바른 것은?

ⓐ 현금을 당좌예금에 예치	ⓑ 비유동자산의 취득
ⓒ 급여의 지급	ⓓ 주식의 발행
ⓔ 배당 또는 이자지급	ⓕ 현금성 자산을 현금으로 취득

① ⓐ　② ⓐ, ⓕ
③ ⓑ, ⓒ, ⓓ, ⓔ　④ ⓐ, ⓑ, ⓒ, ⓓ, ⓔ, ⓕ

05 현금흐름표에서 이자와 배당금의 수취 및 지급은 각각 어떤 활동으로 분류되는가?

① 재무활동, 재무활동
② 영업활동, 재무활동
③ 재무활동, 투자활동
④ 매 기간 일관성 있게 활동을 분류한다.

06 다음 현금흐름표의 빈칸에 들어갈 숫자로 옳은 것은?

과목	제3기	
	금액(원)	
영업활동으로 인한 현금흐름		①
매출활동으로부터의 유입액	4,500	
매입 및 종업원에 대한 유출액	(②)	
이자비용 유출액	(200)	
투자활동으로 인한 현금흐름		(3,100)
건물의 취득	(5,000)	
토지의 매각	③	
재무활동으로 인한 현금흐름		1,200
사채의 발행	1,200	
현금의 증가		④
기초현금		2,300
기말현금		2,400

① 영업활동으로 인한 순현금유입액은 1,800원이다.
② 매입 및 종업원에 대한 현금유출액은 2,300원이다.
③ 토지의 매각에 따른 현금유출액은 1,900원이다.
④ 당기 순현금유입액은 2,400원이다.

07 간접법에 의해 현금흐름표를 작성할 경우 당기순이익에서 영업활동현금흐름을 계산하는 과정에서 조정되는 것이 아닌 것은?

① 감가상각비, 대손상각비 등 비현금항목
② 재고자산과 영업활동에 관련된 채권·채무의 변동
③ 투자활동 현금흐름이나 재무활동 현금흐름으로 분류되는 기타 모든 항목
④ 현금 및 현금성자산의 변화를 야기하지 않는 항목

08 한강(주)의 모든 매출거래는 외상으로 이루어지며 20×1년도 매출액은 28,700원이었다. 그리고 기초의 매출채권 잔액은 32,000원이고, 기말 매출채권 잔액은 34,000원이었다. 상품의 매출활동으로부터의 당기 현금유입액은 얼마인가?

① 26,700 ② 28,700
③ 28,900 ④ 291,00

09 다음 자료를 이용하여 계산한 고객으로부터 현금유입액은 얼마인가?

매출액	12,800원	기중 매출채권 감소액	500원	기중 선수금 증가액	200원

① 12,100 ② 12,500
③ 13,100 ④ 13,500

10 다음 자료를 이용하여 계산한 공급자에 대한 현금유출은 얼마인가?

기중 상품매입액	8,800원	기초 매입채무	3,600원	기말 매입채무	4,200원

① 4,600 ② 5,200
③ 8,200 ④ 8,800

11 다음 자료는 (주)미래의 당기 재무제표의 일부이다. 당기 매출원가가 80,100원일 때 상품의 매입활동으로부터의 당기 현금유출액은 얼마인가? 단, 모든 매입 거래는 외상으로 이루어진다.

기초상품재고액	15,200	기말상품재고액	17,400
기초매입채무	26,000	기말매입채무	28,300

① 80,000 ② 80,100
③ 80,200 ④ 80,300

12 다음 급여 관련 자료에서 현금흐름표에 보고되는 종업원에 대한 현금유출액은 얼마인가?

- 전기 미지급 급여 2,000원을 당기에 전액 지급하다.
- 당기 손익계산서에 급여로 기록된 금액은 10,000원이다.
- 당기 재무상태표에 미지급급여로 기록된 금액은 3,000원이다.

① 9,000 ② 10,000
③ 11,000 ④ 12,000

13 20×2년도 포괄손익계산서에 임차비용과 이자비용은 각각 3,000원과 2,000원이었다. 그리고 재무상태표에 선급임차비용과 미지급이자는 다음과 같았다.

	20×1년 재무상태표	20×2년 재무상태표
선급임차비용	0원	400원
미지급이자	600원	0원

20×2년도에 현금으로 지급한 임차비용과 이자비용은 각각 얼마인가?

① 2,600, 1,400 ② 3,400, 1,400
③ 2,600, 2,600 ④ 3,400, 2,600

14 다음 자료를 이용하여 계산한 영업활동현금흐름은 얼마인가?

당기순이익	5,400	대손상각비	300	감가상각비	100
매출채권증가	300	재고자산감소	200	매입채무감소	400

① 5,300 ② 5,400
③ 5,500 ④ 6,100

15 다음 자료를 이용하여 계산한 건물 처분에 따른 현금유입액은 얼마인가?

기초 건물	4,100	기초 감가상각누계액	800
기말 건물	5,300	기말 감가상각누계액	1,100
감가상각비	550	건물처분손실	150
기중 건물 취득원가	1,900		

① 300 ② 450
③ 550 ④ 700

풀이

01 ①

02 ②

03 ①

04 ② 당좌예금과 현금성자산은 현금 및 현금성자산에 포함된다.

05 ④

06 ② ④ = 2,400 − 2,300 = 100
①−3,100+1,200 = 100 이므로, ① = 2,000

4,500+②-200 = 2,000 이므로, ② = -2,300
-5,000+③ = -3,100 이므로, ③ = 1,900

07 ④

08 ① 매출액 28,700원-매출채권 증가액 2,000 + 선수금 증가액 0 = 26,700원

09 ④ 12,800-(-500)+200 = 13,500

10 ③ 8,800-600 = 8,200원

11 ① 매출원가 80,100 = 기초상품 15,200+당기상품매입액-기말상품 17,400원
당기상품매입액 82,300원
매입액 82,300-매입채무 증가액 2,300+선급액 증가액 0 = 80,000원

12 ① 급여 10,000-미지급급여 증가액 1,000 = 9,000원

13 ④ 임차비용 3,000-미지급 임차비용 증가액 0+선급임차비용 증가액 400 = 3,400원
이자비용 2,000-미지급이자비용 증가액(-600)+선급이자비용 증가액 0 = 2,600원

14 ① 5,400+300+100-300+200-400 = 5,300

15 ① 건물 : 4,100+1,900-처분건물 취득원가 = 5,300, 700원
감가상각누계액 : 800+550-처분건물 감가상각누계액 = 1,100, 250원

차) 현금	***	대) 건물	700
감가상각누계액	250		
건물처분손실	150		

MEMO

Chapter

14

재무제표분석

◉ 주요 학습 내용

요소구성비율분석
추세분석
비율분석
수익성, 활동성, 안정성, 유동성

제1절 재무제표분석의 의의

1.1. 재무제표분석의 의의

재무제표분석(financial statements analysis)이란 과거와 현재의 재무제표 정보에 대한 분석을 통하여 기업의 재무상태와 경영성과를 평가하고 장래의 위험을 추정하는 것을 말한다.

재무제표분석은 판단을 필요로 하는 과정으로 추세, 절대적 금액 및 관계에 있어서 중요한 변화(전환점)를 파악하고 변화에 대한 근본적인 이유를 조사하는 것이다. 재무제표에 대한 분석결과는 기업이 장래에 성공을 하거나 또는 실패를 하는데 대한 경고를 보내는 역할을 할 수도 있다.

재무제표 분석은 경영분석, 투자분석, 신용분석 등에 활용되고, 기업의 경제적 현황을 이해하기 위한 수단으로 다양하게 사용된다.

자료 14-1 재무제표분석의 이용

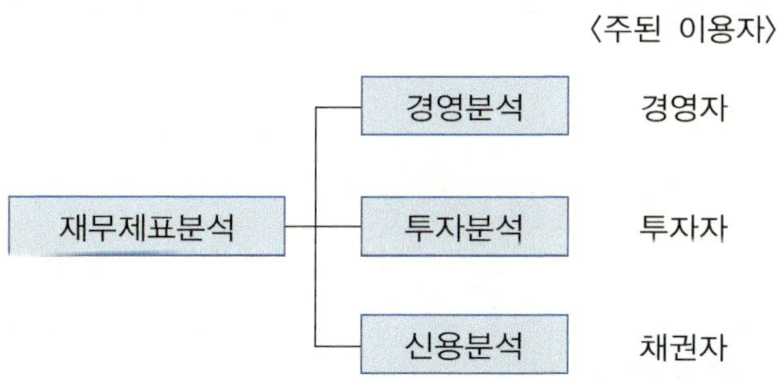

1.2 재무제표분석의 유의사항

재무제표를 분석하고 결과를 해석할 때 주의할 점이 있다.

- 비교대상 재무제표는 같은 종류여야 한다. 연결재무제표와 별도재무제표를 서로 비교하는 것은 적절하지 않다.
- 재무제표분석은 자료의 신뢰성에 전적으로 의존한다. 신뢰할 수 없는 재무제표는 분석대상으로 적절하지 않으므로 감사의견과 감사보고서를 참고해야 한다.
- 회계처리방법이 기업 간 또는 기간 간에 다를 수 있다. 자산재평가와 투자부동산의 공정가치평가는 기업의 선택사항이다. 경우에 따라서는 주석이 재무제표 자체에서 발견된 사항보다 더 의미있는 정보를 제공할 수 있다.
- 회계수치에는 추정과 예상이 반영되어 있다. 추정과 예상이 합리적인지 살펴보아야 할 것이다.
- 개별 비율은 여러 해석이 가능하므로 다양한 비율을 함께 고려하여 해석한다. 성장을 위해 유동성이나 안정성을 다소 포기하는 경우가 있을 수 있다.
- 재무제표는 기업의 비경제적 활동에 대한 정보를 제공하는데 한계가 있다. 회계정보 외에도 경제 현황 및 전망, 산업 동향, 경영 전략, 사회적 책임 등에 대한 정보는 기업의 의사결정에 매우 중요하다.

제2절 재무제표분석 방법

재무제표분석에는 요소구성비율분석, 추세분석, 비율분석 등의 방법이 이용된다.

2.1 요소구성비율분석

요소구성비율분석(component ratio analysis)이란 재무제표를 구성하고 있는 각 항목의 상대적 크기를 분석하는 것으로 **수직적 분석**이라고도 한다. 기업 간 규모를 통제하고 재무제표 각 항목을 비교하기 위해서 재무상태표 항목은 총자산에 대한 비율로, 포괄손익계산서 항목은 매출액에 대한 비율로 표시한다. 이렇게 작성된 재무제표를 **공통형 재무제표**(common-size financial statements)라 한다.

2.2 추세분석

추세분석(trend analysis)이란 기준연도의 재무제표 항목을 기준으로 이후 연도의 동일 항목의 추세를 살피는 것으로, **수평적 분석** 또는 **시계열분석**이라고도 한다. 특정 비율의 추세를 살펴봄으로써 분석자는 이 비율이 상승하는지, 하락하는지, 아니면 상대적으로 안정적 인지를 알게 된다.

자료 14-2 손익계산서의 수직적분석과 수평적분석 예시

손익계산서

(단위: 천원)

구 분	20×3	20×2	20×1
매출액	100,000	95,000	91,000
매출원가	65,000	60,800	56,420
매출총이익	35,000	34,200	34,580
판매비와관리비	30,000	26,600	23,650
영업이익	5,000	7,600	10,930
법인세비용	1,500	2,280	3,279
당기순이익	3,500	5,320	7,651
수직적분석			
매출액	100.0%	100.0%	100.0%
매출원가	65.0	64.0	62.0
매출총이익	35.0	36.0	38.0
판매비와관리비	30.0	28.0	26.0
영업이이	5.0	8.0	12.0
법인세비용	1.5	2.4	3.6
당기순이익	3.5	5.6	8.4
수평적분석			
매출액	109.9%	104.4%	100.0%
매출원가	115.2	107.8	100.0
매출총이익	101.2	98.9	100.0
판매비와관리비	126.8	112.5	100.0
영업이익	45.7	69.5	100.0
법인세비용	45.7	69.5	100.0
당기순이익	45.7	69.5	100.0

2개년도 이상의 재무 자료를 제시하는 재무제표를 **비교재무제표**라 한다. 당기의 재무제표와 전기 혹은 전전기의 재무제표는 재무제표 요소의 중요한 변화 양상 및 추세에 대한 정보를 제공한다.

[자료 14-2]는 손익계산서를 대상으로 한 수직적 분석과 수평적 분석의 예시이다.

2.3 비율분석

비율분석(ratio analysis)에서는 재무제표 항목 간의 비율을 분석하여 항목 간의 상관관계를 판단한다. 비율분석은 수직적 분석과 유사하지만 기업의 수익성, 안정성, 활동성 등에 대한 분석을 목적으로 재무제표 구성요소 간의 의미있는 관계를 파악한다. 예를 들면 매출채권과 매출액, 순이익과 총자산, 유동자산과 유동부채 사이의 비율분석은 비율의 개별 구성요소만을 분석해서는 알 수 없는 상황이나 추세를 제시한다.

2.4 비교대상

금액이나 비율은 다른 금액이나 비율과 비교되지 않으면 의미를 해석하기 쉽지않다. 총 자산 중 60%가 유형자산인 것이 어떤 기업에게는 정상적인 수준이지만, 다른 기업에게는 그렇지 않을 수 있다.

분석자는 비율이나 다른 측정치들의 의미를 판단할 기준을 갖고 있어야 한다. 대체로 분석결과는 ① 사전에 결정된 표준, ② 동일 기업의 과거 비율, ③ 경쟁 기업의 비율, ④ 그 기업이 속한 산업평균 비율과 비교된다. 이러한 비율들이 그 기업을 평가할 수 있는 **비교대상**(benchmark)이 되는 것이다.

제3절 주요 재무비율

앞으로 살펴볼 주요 재무비율 분석을 위해 다음 [자료 14-3]의 재무제표를 이용한다. 이하 주요 재무비율은 제2기(20×2.1.1-20×2.12.31)의 계산 결과이다.

자료 14-3 불티나 주식회사의 재무제표

재무상태표

제2기 20×2.1.1 - 20×2.12.31

(주)불티나 제1기 20×1.1.1 - 20×1.12.31 (단위: 원)

	1기	2기
자산		
현금및현금성자산	600	560
매출채권	755	815
재고자산	825	1,125
유형자산	1,600	1,900
무형자산	330	365
자산총계	4,110	4,765
부채		
매입채무	580	730
단기차입금	270	510
미지급금	150	140
장기차입금	400	400
사채	1,000	1,100
부채총계	2,400	2,880
자본		
자본금 (액면 100원)	1,500	1,500
이익잉여금	210	385
자본총계	1,710	1,885

포괄손익계산서

(주)불티나 제2기 20×2.1.1 - 20×2.12.31 (단위: 원)

매출액	1,775
매출원가	1,250
매출총이익	525
판관비	245
영업이익	280
이자비용	73
세전이익	208
법인세비용	23
당기순이익	185

* 주당 주가는 123원이다.
당기순이익에 대한 현금배당은 37원이다.

3.1 수익성 비율

수익성 비율은 이익의 수준을 측정한다.

① 매출액순이익률

매출액순이익률은 1원의 매출액이 벌어들인 순이익이다. 이 비율은 기업의 가격전략과 영업비용을 통제할 수 있는 능력을 반영하는 것이기 때문에 매우 중요하다. 매출액순이익률은 높을수록 바람직하지만 판매하는 제품의 성격, 그 기업의 경쟁전략, 높은 고정비와 같은 영업 특성 및 재무레버리지에 따라서 산업마다 다르고 기업 간에 차이가 있을 수 있다.

$$\text{매출액순이익률} = \frac{\text{당기순이익}}{\text{매출액}} = \frac{185}{1,775} = 0.104\ (10.4\%)$$

불티나는 100원을 매출하면 당기순이익으로 10.4원이 남았다.

② 매출액영업이익률

매출액영업이익률은 1원의 매출액이 벌어들인 영업이익이다. 매출액은 영업수익이고, 영업이익은 매출액에서 매출원가, 판매비와관리비 등 영업비용을 차감한 영업활동에서 발생한 이익이다. 매출액영업이익률은 영업성과를 측정하는 주요 지표로 사용되고 있다.

$$\text{매출액영업이익률} = \frac{\text{영업이익}}{\text{매출액}} = \frac{280}{1,775} = 0.158\ (15.8\%)$$

③ 자기자본순이익률

자기자본순이익률(ROE, return on equity)은 순이익을 자본으로 나눠서 측정한 수익성지표이다. 순이익은 주주의 몫이고 자기자본은 주주의 투자액이므로, 이 지표는 주주 관점에서 수익성을 측정한다.

$$\text{자기자본순이익률} = \frac{\text{당기순이익}}{\text{자기자본}} = \frac{185}{1,885} = 0.098\ (9.8\%)$$

④ 총자산영업이익률

총자산영업이익률(ROA, return on assets)은 영업이익을 총자산으로 나눠서 측정한 수익성지표이다. 영업이익은 영업활동에서 발생한 이익이고 총자산은 기업 전체의 투자액이므로, 이 지표는 기업 관점에서 수익성을 측정한다.

총자산영업이익률은 매출액영업이익률과 총자산회전율의 곱으로 나타낼 수 있다. 이 두 비율을 통해 총자산영업이익률을 개선할 수 있음을 알 수 있다.

$$총자산영업이익률 = \frac{영업이익}{총자산} = \frac{280}{4,765} = 0.059\ (5.9\%)$$

$$= \underset{(매출액영업이익률)}{\frac{영업이익}{매출액}} \times \underset{(총자산회전율)}{\frac{매출액}{총자산}} = \frac{280}{1,775} \times \frac{1,775}{4,765} = 0.158 \times 0.373$$

3.2 활동성 비율

활동성 비율은 자산이 얼마나 효율적으로 사용하였는지를 측정하며, 회전율과 회전기간 지표가 있다.

① 재고자산회전율과 재고자산회전기간

재고자산회전율은 재고자산의 판매가 얼마나 원활하게 이루어졌는지를 측정한다. 재고자산회전율이 높다는 것은 재고자산이 매출원가로 원활하게 전환되고 보유 중인 재고자산이 적다는 것을 의미한다. 분모는 분자와 기간을 일치시키기 위해서 대개 평균값을 사용한다.

$$재고자산회전율 = \frac{매출원가}{평균재고자산} = \frac{1,250}{(825+1,125)/2} = 1.28\ (1.28회)$$

$$재고자산회전기간 = \frac{365}{재고자산회전율} = \frac{365}{1.28} = 285일$$

불티나(주)는 1년에 재고자산이 1.28회 회전하며, 재고자산이 판매되는데 평균적으로 285일 소요되었다.

② 매출채권회전율과 매출채권회수기간

매출채권회전율은 매출채권이 현금화되는 속도를 측정한다. 매출채권회전율이 높다는 것은 매출채권의 현금화가 원활하게 이루어지고 보유 중인 매출채권이 적다는 것을 의미한다.

$$\text{매출채권회전율} = \frac{\text{매출액}}{\text{평균매출채권}} = \frac{1,775}{(775+815)/2} = 2.26\ (2.26\text{회})$$

$$\text{매출채권회수기간} = \frac{365}{\text{매출채권회전율}} = \frac{365}{2.26} = 162\text{일}$$

불티나(주)는 1년에 매출채권이 2.26회 회전하며, 매출채권을 회수하는데 평균적으로 162일이 소요되었다.

③ 영업주기

영업주기는 재고자산회전기간에 매출채권회수기간을 더한 것으로 재고자산을 제조・판매하고 현금으로 회수하는데 걸리는 기간을 의미한다. 영업주기가 길수록 현금화가 더뎌지므로 운전자본이 그만큼 더 필요하게 된다.

영업주기 = 재고자산회전기간 285일 + 매출채권회수기간 162일 = 447일

3.3 안정성 비율(레버리지 비율)

영업활동이나 투자활동에 필요한 자금을 차입금과 같은 타인자본에 의존하면 재무위험이 상승하게 되므로, 경영자는 부채 사용에 따른 효익과 그 비용 간에 적절한 조화를 꾀하고자 할 것이다. 재무레버리지 비율은 기업의 재무위험과 자금차입능력을 평가하는 데 유용하다.

① 부채비율

재무레버리지에 관한 일반적인 측정치는 부채의 장부가치와 자기자본을 비교하는 것으로 이를 부채비율이라고 한다.

$$\text{부채비율} = \frac{\text{부채}}{\text{자본}} = \frac{2,880}{1,885} = 1.528\ (152.8\%)$$

부채비율 152.8%는 주주가 투자한 1원에 대해 채권자가 1.528원을 투자하고 있음을 의미한다.

② 이자보상비율

이자보상비율(또는 이자보상배율)은 이자비용을 지급하는데 충분한 영업이익이 발생하고 있는지를 측정하는 지표이다. 영업이익은 이자비용만이 아니라 원금을 상환하는데 사용되므로 이 비율은 1보다 충분히 커야 한다. 이자보상비율 1은 이자비용을 지급하는 수준에서 영업이익이 발생함을 의미한다.

$$\text{이자보상비율} = \frac{\text{영업이익}}{\text{이자비용}} = \frac{280}{73} = 3.86\ (3.86\text{배})$$

불티나(주)가 이자비용을 지급하는데 사용가능한 영업이익은 이자비용의 3.86배였다.

3.4 유동성 비율

기업의 단기부채 상환능력의 결정요인은 자산의 유동성에 있다. 단기간 내에 큰 손실 없이 현금으로 전환될 수 있는 자산은 유동자산이고, 가까운 장래에 갚아야 할 부채는 유동부채이다.

① 순운전자본

순운전자본은 일상적인 기업 운영에 필요한 자금으로 유동자산에서 유동부채를 차감하여 계산한다. 일상적인 영업활동에 자금 부족으로 어려움을 겪지 않으려면 기업은 충분한 운전자본을 보유해야 한다.

$$\text{순운전자본} = \text{유동자산} - \text{유동부채}$$
$$= (560 + 815 + 1,125) - (730 + 510 + 140) = 1,120\text{원}$$

② 유동비율

유동비율은 1년 이내에 현금으로 전환될 자산과 1년 이내에 상환해야 할 부채를 비교한다. 유동비율이 지나치게 낮으면 부채를 상환하기 위해서 필요한 현금이 유동자산으로부터 조달될 수 없고 그 대신 영업이익 및 외부자금으로 부채를 상환해야 한다.

$$\text{유동비율} = \frac{\text{유동자산}}{\text{유동부채}} = \frac{2,500}{1,380} = 1.812\ (181.2\%)$$

3.5 주식시장 비율

주식시장 비율은 주가, 배당금과 재무제표 수치 사이의 관계를 분석하는 지표이다.

주당순이익(EPS, earnings per share)은 보통주 1주에 귀속되는 순이익을 측정한다. 주주의 몫인 이익은 기업규모에 의해 영향을 받으므로, 보통주 1주당 순이익으로 이익의 상대적 크기를 평가한다.

주가이익비율(PER, price earnings ratio)은 주당순이익 대비 주가 수준을 측정한다. 이익이 같은 수준의 기업이더라도 이익의 질에 차이가 있으면 주가 수준은 다르게 평가된다.

$$\text{주당순이익} = \frac{\text{당기순이익}}{\text{보통주식수}} = \frac{185}{15} = 12.3\text{원}$$

(* 보통주식수 = 자본금 / 주당액면금액 = 1,500 / 100 = 15주)

$$\text{주가이익비율} = \frac{\text{주가}}{\text{주당순이익}} = \frac{123}{12.3} = 10\ (10\text{배})$$

주당순자산(BPS, book value per share)은 보통주 1주에 귀속되는 순자산을 측정한다. 주주의 지분인 순자산은 기업규모에 의해 영향을 받으므로, 보통주 1주당 순자산으로 순자산의 상대적 크기를 평가한다.

주가장부가비율(PBR, price book value ratio)은 주당순자산 대비 주가 수준을 측정한다. 주가이익비율이 수익성 관점에서 주가의 수준을 측정하는 반면, 주가장부가비율은 재무상태 관점에서 주가의 수준을 측정한다.

$$\text{주당순자산} = \frac{\text{자기자본}}{\text{보통주식수}} = \frac{1,885}{15} = 125.7\text{원}$$

$$\text{주가장부가비율} = \frac{\text{주가}}{\text{주당순이익}} = \frac{123}{125.7} = 0.979\ (0.98\text{배})$$

배당성향(payout ratio)은 당기순이익에서 배당으로 지급되는 비율이다. 배당성향이 일정하게 증가하는 경향이 있으면 주가는 높게 평가될 것이다.

배당수익률(dividend yield)은 주주가 배당을 통해 얻을 수 있는 수익률이다. 배당을 받기 위해서는 주식을 보유하고 있어야 하므로 주가 대비 배당액으로 배당수익률을 측정한다.

$$\text{배당성향} = \frac{\text{배당액}}{\text{당기순이익}} = \frac{37}{185} = 0.20\ (20\%)$$

$$\text{배당수익률} = \frac{\text{주당배당액}}{\text{주가}} = \frac{37/15}{123} = 0.020\ (2.0\%)$$

학·습·정·리

01 기업 간 규모를 통제 하고 재무제표 각 항목을 비교하기 위해서 재무상태표 항목은 총자산에 대한 비율로, 포괄손익계산서 항목은 매출액에 대한 비율로 표시하는데, 이렇게 작성된 재무제표를 표준 재무제표 또는 (   ) 재무제표라 한다.

02 (   )은 재무제표를 구성하고 있는 각 항목의 상대적 크기를 분석하는 것으로 수직적 분석이라고도 한다.

03 추세분석은 기준연도의 재무제표 항목을 기준으로 이후 연도의 동일 항목의 추세를 살피는 것으로, 수평적 분석 또는 (   ) 분석이라고도 한다.

04 (   )은 주주들이 투자한 1원으로 벌어들인 순이익으로, 경영자의 성과평가 도구로 널리 이용되며 기업의 수익성을 대표하는 비율이다.

05 영업주기는 재고자산회전기간에 (   )을 더한 것으로 재고자산을 제조 · 판매하고 현금으로 회수하는데 걸리는 기간을 의미한다.

06 재무레버리지에 관한 일반적인 측정치는 부채의 장부가치와 자기자본을 비교하는 것으로 이를 (   )이라고 한다.

07 (   )은 매출원가를 평균재고자산으로 나눈 비율로서 재고자산의 판매가 얼마나 원활하게 이루어졌는지를 측정한다.

08 (   )은 영업이익을 이자비용으로 나눈 값으로 안정성을 측정하는 재무비율이다.

09 (   )은 1년 이내에 현금으로 전환될 자산과 1년 이내에 상환해야 할 부채를 비교하는 재무비율이다.

10 주당순이익은 보통주 1주에 귀속되는 순이익을 측정하며, (   )은 주당순이익 대비 주가 수준을 측정한다.

풀이

01 공통형 **02** 요소구성비율분석 **03** 시계열 **04** 자기자본이익률 **05** 매출채권회수기간
06 부채비율 **07** 재고자산회전율 **08** 이자보상비율 **09** 유동비율 **10** 주가이익비율

연·습·문·제

01 매입채무를 현금으로 상환할 경우 순운전자본과 부채비율에는 어떤 영향을 각각 미치는가?

① 증가, 감소 ② 감소, 증가
③ 불변, 감소 ④ 불변, 증가

02 매출채권을 현금으로 회수한 경우와 매입채무를 현금으로 지급한 경우에 각각 유동비율에는 어떤 영향을 미치는가? 현재 유동비율은 120%이다.

① 증가, 감소 ② 감소, 증가
③ 불변, 감소 ④ 불변, 증가

03 다음 자료에서 유동비율이 200%일 때, 이익잉여금은 얼마인가?

(단위 : 원)

차변		대변	
현금	500	매입채무	1,500
매출채권	(　　)	단기차입금	500
재고자산	1,500	사채	2,000
유형자산	2,500	납입자본	2,800
무형자산	1,500	이익잉여금	(　　)

① 700 ② 1,200
③ 1,700 ④ 2,200

04 매출채권의 대손에 대한 결산정리를 누락한 경우에 영향을 미치지 않는 재무비율은?

① 매출액순이익률 ② 재고자산회전율
③ 유동비율 ④ 부채비율

05 부채비율에 영향이 없는 항목은?

① 전환사채의 전환 ② 차입금의 상환
③ 현금배당 ④ 비유동부채의 유동성대체

06 전기 대비 매출액증가율은 20%이고, 당기 매출액순이익률은 5%이다. 당기순이익이 60원이라면 전기매출액은 얼마인가?

① 800원 ② 1,000원

③ 1,200원　　④ 1,500원

07 매출액영업이익률과 매출액순이익률의 차이에 영향을 미치는 항목이 아닌 것은?

① 판매수수료 인상　　② 이자비용 증가
③ 유형자산처분손실 발생　　④ 외화환산이익 발생

08 (주)동백의 재무제표에 따르면 매출액 120만원, 매출원가 90만원, 평균재고자산 15만원, 매출채권회전율 12회이다. 영업주기는 며칠인가? 단, 1년은 360일이다.

① 90일　　② 95일
③ 100일　　④ 105일

09 (주)유진의 당기 재무제표에 따르면 매출액은 1,200원이고 영업이익은 200원이었다. 총자산회전율이 120%일 경우, 총자산영업이익률은 몇%인가?

① 5%　　② 10%
③ 20%　　④ 25%

10 매출원가 2,200원, 평균매출채권 500원, 매출채권회전율 5회일 경우, 매출총이익은 얼마인가?

① 200원　　② 300원
③ 500원　　④ 2,500원

11 매출액 2,000원, 평균재고자산 600원, 재고자산회전율 3회일 경우, 매출총이익률은 몇 %인가?

① 9.1%　　② 10%
③ 11.%　　④ 30%

12 다음은 (주)나눔의 배당 지표와 관련된 자료이다. 배당성향과 배당수익률은 각각 몇 % 인가?

자본금	2,500원	이익잉여금	1,200원
당기순이익	750원	현금배당금	150원
주당 액면금액	100원	주당 주가	300원

① 20%　2%　　② 2%　20%
③ 20%　50%　　④ 2%　50%

[13-15] 다음은 ㈜동해의 당기 손익계산서이다.

(단위 : 원)

차변		대변	
매출원가	3,400	매출액	8,000
판관비	3,100	영업외수익	2,000
이자비용	500		
법인세비용	1,000		

(주석) 보통주식수 20주, 기말주가 1,500원

13 주당순이익(EPS)은 얼마인가?

① 75원 ② 100원
③ 200원 ④ 225원

14 주가이익비율(PER)은 얼마인가?

① 10% ② 10배
③ 15% ④ 15배

15 이자보상비율은 얼마인가?

① 1배 ② 2배
③ 3배 ④ 4배

풀이

01 ③ 순운전자본 = 유동자산 감소 - 유동부채 감소 ⇒ 불변
부채비율 = 부채 감소/자본 불변 ⇒ 감소

02 ④ 유동비율 = 유동자산/유동부채
매출채권을 회수하면, 매출채권 감소와 현금 증가로 유동자산에는 변화가 없다.
매입채무를 지급하면, 유동자산(현금)이 감소하고 유동부채(매입채무)가 감소한다. 현재 유동비율은 120%이므로, 유동비율이 증가하게 된다.

03 ② 유동자산 = 500 + 매출채권 + 1,500 = 2,000 + 매출채권
유동부채 = 1,500 + 500 = 2,000
유동비율 = (2,000 + 매출채권)/2,000 = 2, 매출채권 = 2,000
자산 합계 = 8,000
부채 + 자본 = 1,500 + 500 + 2,000 + 2,800 + 이익잉여금 = 8,000, 이익잉여금 = 1,200

04 ② (차) 대손상각비/(대) 대손충당금 의 누락으로, 비용은 과소, 유동자산은 과대 보고된다.
재고자산회전율= 매출원가/평균재고자산으로 영향이 없다.

05 ④

06 ② 당기순이익 60 / 당기매출액 = 0.05, 당기매출액 1,200원
(1,200 - 전기매출액)/전기매출액 = 0.20, 전기매출액 = 1,000

07 ① 판매수수료는 판관비 항목으로 영업이익과 순이익에 모두 반영됨

08 ① 재고자산회전율 = 90만원/15만원 = 6회
재고자산회전기간 = 360/6 = 60일
매출채권회수기간 = 360/12 = 30일

09 ③ 총자산회전율 = 1,200 / 총자산 = 1.20, 총자산 = 1,000원
총자산영업이익률 = 200 / 1,000 = 0.20

10 ② 매출채권회전율 = 매출액 / 평균매출채권 500 = 5회, 매출액 = 2,500원
매출총이익 = 2,500 - 2,200 = 300원

11 ② 재고자산회전율 = 매출원가 / 평균재고자산 600 = 3회, 매출원가 = 1,800원
매출총이익률 = (2,000 - 1,800) / 2,000 = 0.10

12 ① 150/750 = 0.20
주식수 = 2,500/100 = 25주
(150/25) / 300 = 0.02

13 ② 당기순이익 = 10,000 - 8,000 = 2,000
주당순이익 = 2,000/20 = 100원

14 ④ 주가이익비율 = 1,500/100 = 15배

15 ③ 영업이익 = 8,000 - 3,400 - 3,100 = 1,500
이자보상비율 = 1,500/500 = 3배

부 록

화폐의 시간가치표

일시금 1원의 미래가치: 미래가치요소

r=기간이자율, n=기간수

기간수 (n)	1%	2%	3%	4%	5%	6%	7%	8%	9%	10%	11%	12%	13%	14%	15%
1	1.0100	1.0200	1.0300	1.0400	1.0500	1.0600	1.0700	1.0800	1.0900	1.1000	1.1100	1.1200	1.1300	1.1400	1.1500
2	1.0201	1.0404	1.0609	1.0816	1.1025	1.1236	1.1449	1.1664	1.1881	1.2100	1.2321	1.2544	1.2769	1.2996	1.3225
3	1.0303	1.0612	1.0927	1.1249	1.1576	1.1910	1.2250	1.2597	1.2950	1.3310	1.3676	1.4049	1.4429	1.4815	1.5209
4	1.0406	1.0824	1.1255	1.1699	1.2155	1.2625	1.3108	1.3605	1.4116	1.4641	1.5180	1.5735	1.6305	1.6890	1.7490
5	1.0510	1.1041	1.1593	1.2167	1.2763	1.3382	1.4026	1.4693	1.5386	1.6105	1.6851	1.7623	1.8424	1.9254	2.0114
6	1.0615	1.1262	1.1941	1.2653	1.3401	1.4185	1.5007	1.5869	1.6771	1.7716	1.8704	1.9738	2.0820	2.1950	2.3131
7	1.0721	1.1487	1.2299	1.3159	1.4071	1.5036	1.6058	1.7138	1.8280	1.9487	2.0762	2.2107	2.3526	2.5023	2.6600
8	1.0829	1.1717	1.2668	1.3686	1.4775	1.5938	1.7182	1.8509	1.9926	2.1436	2.3045	2.4760	2.6584	2.8526	3.0590
9	1.0937	1.1951	1.3048	1.4233	1.5513	1.6895	1.8385	1.9990	2.1719	2.3579	2.5580	2.7731	3.0040	3.2519	3.5179
10	1.1046	1.2190	1.3439	1.4802	1.6289	1.7908	1.9672	2.1589	2.3674	2.5937	2.8394	3.1058	3.3946	3.7072	4.0456
11	1.1157	1.2434	1.3842	1.5395	1.7103	1.8983	2.1049	2.3316	2.5804	2.8531	3.1518	3.4785	3.8359	4.2262	4.6524
12	1.1268	1.2682	1.4258	1.6010	1.7959	2.0122	2.2522	2.5182	2.8127	3.1384	3.4985	3.8960	4.3345	4.8179	5.3503
13	1.1381	1.2936	1.4685	1.6651	1.8856	2.1329	2.4098	2.7196	3.0658	3.4523	3.8833	4.3635	4.8980	5.4924	6.1528
14	1.1495	1.3195	1.5126	1.7317	1.9799	2.2609	2.5785	2.9372	3.3417	3.7975	4.3104	4.8871	5.5348	6.2613	7.0757
15	1.1610	1.3459	1.5580	1.8009	2.0789	2.3966	2.7590	3.1722	3.6425	4.1772	4.7846	5.4736	6.2543	7.1379	8.1371
16	1.1726	1.3728	1.6047	1.8730	2.1829	2.5404	2.9522	3.4259	3.9703	4.5950	5.3109	6.1304	7.0673	8.1372	9.3576
17	1.1843	1.4002	1.6528	1.9479	2.2920	2.6928	3.1588	3.7000	4.3276	5.0545	5.8951	6.8660	7.9861	9.2765	10.761
18	1.1961	1.4282	1.7024	2.0258	2.4066	2.8543	3.3799	3.9960	4.7171	5.5599	6.5436	7.6900	9.0243	10.575	12.375
19	1.2081	1.4568	1.7535	2.1068	2.5270	3.0256	3.6165	4.3157	5.1417	6.1159	7.2633	8.6128	10.197	12.056	14.232
20	1.2202	1.4859	1.8061	2.1911	2.6533	3.2071	3.8697	4.6610	5.6044	6.7275	8.0623	9.6463	11.523	13.743	16.367
21	1.2324	1.5157	1.8603	2.2788	2.7860	3.3996	4.1406	5.0338	6.1088	7.4002	8.9492	10.804	13.021	15.668	18.822
22	1.2447	1.5460	1.9161	2.3699	2.9253	3.6035	4.4304	5.4365	6.6586	8.1403	9.9336	12.100	14.714	17.861	21.645
23	1.2572	1.5769	1.9736	2.4647	3.0715	3.8197	4.7405	5.8715	7.2579	8.9543	11.026	13.522	16.626	20.362	24.891
24	1.2697	1.6084	2.0328	2.5633	3.2251	4.0489	5.0724	6.3412	7.9111	9.8497	12.239	15.179	18.788	23.212	28.625
25	1.2824	1.6406	2.0938	2.6658	3.3864	4.2919	5.4274	6.8485	8.6231	10.835	13.586	17.000	21.231	26.462	32.919
26	1.2953	1.6734	2.1566	2.7725	3.5557	4.5494	5.8074	7.3964	9.3992	11.918	15.080	19.040	23.991	30.167	37.857
27	1.3082	1.7069	2.2213	2.8834	3.7335	4.8223	6.2139	7.9881	10.245	13.110	16.738	21.325	27.109	34.390	43.535
28	1.3213	1.7410	2.2879	2.9987	3.9201	5.1117	6.6488	8.6271	11.167	14.421	18.580	23.884	30.634	39.204	50.066
29	1.3345	1.7758	2.3566	3.1187	4.1161	5.4183	7.1143	9.3173	12.172	15.863	20.624	26.750	34.617	44.693	57.575
30	1.3478	1.8114	2.4273	3.2434	4.3219	5.7435	7.6123	10.063	13.268	17.449	22.892	29.960	39.116	50.950	66.212

일시금 1원의 현재가치: 현재가치요소

r=기간이자율, n=기간수

기간수 (n)	1%	2%	3%	4%	5%	6%	7%	8%	9%	10%	11%	12%	13%	14%	15%
1	0.9901	0.9804	0.9709	0.9615	0.9524	0.9434	0.9346	0.9259	0.9174	0.9091	0.9009	0.8929	0.8850	0.8772	0.8696
2	0.9803	0.9612	0.9426	0.9246	0.9070	0.8900	0.8734	0.8573	0.8417	0.8264	0.8116	0.7972	0.7831	0.7695	0.7561
3	0.9706	0.9423	0.9151	0.8890	0.8638	0.8396	0.8163	0.7938	0.7722	0.7513	0.7312	0.7118	0.6931	0.6750	0.6575
4	0.9610	0.9238	0.8885	0.8548	0.8227	0.7921	0.7629	0.7350	0.7084	0.6830	0.6587	0.6355	0.6133	0.5921	0.5718
5	0.9515	0.9057	0.8626	0.8219	0.7835	0.7473	0.7130	0.6806	0.6499	0.6209	0.5935	0.5674	0.5428	0.5194	0.4972
6	0.9420	0.8880	0.8375	0.7903	0.7462	0.7050	0.6663	0.6302	0.5963	0.5645	0.5346	0.5066	0.4803	0.4556	0.4323
7	0.9327	0.8706	0.8131	0.7599	0.7107	0.6651	0.6227	0.5835	0.5470	0.5132	0.4817	0.4523	0.4251	0.3996	0.3759
8	0.9235	0.8535	0.7894	0.7307	0.6768	0.6274	0.5820	0.5403	0.5019	0.4665	0.4339	0.4039	0.3762	0.3506	0.3269
9	0.9143	0.8368	0.7664	0.7026	0.6446	0.5919	0.5439	0.5002	0.4604	0.4241	0.3909	0.3606	0.3329	0.3075	0.2843
10	0.9053	0.8203	0.7441	0.6756	0.6139	0.5584	0.5083	0.4632	0.4224	0.3855	0.3522	0.3220	0.2946	0.2697	0.2472
11	0.8963	0.8043	0.7224	0.6496	0.5847	0.5268	0.4751	0.4289	0.3875	0.3505	0.3173	0.2875	0.2607	0.2366	0.2149
12	0.8874	0.7885	0.7014	0.6246	0.5568	0.4970	0.4440	0.3971	0.3555	0.3186	0.2858	0.2567	0.2307	0.2076	0.1869
13	0.8787	0.7730	0.6810	0.6006	0.5303	0.4688	0.4150	0.3677	0.3262	0.2897	0.2575	0.2292	0.2042	0.1821	0.1625
14	0.8700	0.7579	0.6611	0.5775	0.5051	0.4423	0.3878	0.3405	0.2992	0.2633	0.2320	0.2046	0.1807	0.1597	0.1413
15	0.8613	0.7430	0.6419	0.5553	0.4810	0.4173	0.3624	0.3152	0.2745	0.2394	0.2090	0.1827	0.1599	0.1401	0.1229
16	0.8528	0.7284	0.6232	0.5339	0.4581	0.3936	0.3387	0.2919	0.2519	0.2176	0.1883	0.1631	0.1415	0.1229	0.1069
17	0.8444	0.7142	0.6050	0.5134	0.4346	0.3714	0.3166	0.2703	0.2311	0.1978	0.1696	0.1456	0.1252	0.1078	0.0929
18	0.8360	0.7002	0.5874	0.4936	0.4155	0.3503	0.2959	0.2502	0.2120	0.1799	0.1523	0.1300	0.1103	0.0946	0.0808
19	0.8277	0.6864	0.5703	0.4746	0.3957	0.3305	0.2765	0.2317	0.1945	0.1635	0.1377	0.1161	0.0981	0.0829	0.0703
20	0.8195	0.6730	0.5537	0.4564	0.3769	0.3118	0.2584	0.2145	0.1784	0.1486	0.1240	0.1037	0.0863	0.0728	0.0611
21	0.8114	0.6598	0.5375	0.4388	0.3589	0.2942	0.2415	0.1987	0.1637	0.1351	0.1117	0.0926	0.0768	0.0638	0.0531
22	0.8034	0.6468	0.5219	0.4220	0.3418	0.2775	0.2257	0.1839	0.1502	0.1228	0.1007	0.0826	0.0680	0.0560	0.0462
23	0.7954	0.6342	0.5067	0.4057	0.3256	0.2618	0.2109	0.1703	0.1378	0.1117	0.0907	0.0738	0.0601	0.0491	0.0402
24	0.7876	0.6217	0.4919	0.3901	0.3101	0.2470	0.1971	0.1577	0.1264	0.1015	0.0817	0.0659	0.0532	0.0431	0.0349
25	0.7798	0.6095	0.4776	0.3751	0.2953	0.2330	0.1842	0.1460	0.1160	0.0923	0.0736	0.0588	0.0471	0.0378	0.0304
26	0.7720	0.5976	0.4637	0.3604	0.2812	0.2198	0.1722	0.1352	0.1064	0.0839	0.0663	0.0525	0.0417	0.0331	0.0264
27	0.7644	0.5859	0.4502	0.3468	0.2678	0.2074	0.1609	0.1252	0.0976	0.0763	0.0597	0.0469	0.0369	0.0291	0.0230
28	0.7568	0.5744	0.4371	0.3335	0.2551	0.1956	0.1504	0.1159	0.0895	0.0693	0.0538	0.0419	0.0325	0.0255	0.0200
29	0.7493	0.5631	0.4243	0.3207	0.2429	0.1846	0.1406	0.1073	0.0822	0.0630	0.0485	0.0374	0.0289	0.0224	0.0174
30	0.7419	0.5521	0.4120	0.3083	0.2314	0.1741	0.1314	0.0994	0.0754	0.0573	0.0437	0.0334	0.0256	0.0196	0.0151

기말연금 1원의 미래가치: 기말연금의 미래가치요소

r=기간이자율, n=기간수

기간수 (n)	1%	2%	3%	4%	5%	6%	7%	8%	9%	10%	11%	12%	13%	14%	15%
1	1.0000	1.0000	1.0000	1.0000	1.0000	1.0000	1.0000	1.0000	1.0000	1.0000	1.0000	1.0000	1.0000	1.0000	1.0000
2	2.0100	2.0200	2.0300	2.0400	2.0500	2.0600	2.0700	2.0800	2.0900	2.1000	2.1100	2.1200	2.1300	2.1400	2.1500
3	3.0301	3.0604	3.0909	3.1216	3.1525	3.1836	3.2149	3.2464	3.2781	3.3100	3.3421	3.3744	3.4069	3.4396	3.4725
4	4.0604	4.1216	4.1836	4.2465	4.3101	4.3746	4.4399	4.5061	4.5731	4.6410	4.7097	4.7793	4.8498	4.9211	4.9934
5	5.1010	5.2040	5.3091	5.4163	5.5256	5.6371	5.7507	5.8666	5.9847	6.1051	6.2278	6.3528	6.4803	6.6101	6.7424
6	6.1520	6.3081	6.4684	6.6330	6.8019	6.9753	7.1533	7.3359	7.5233	7.7156	7.9130	8.1152	8.3230	8.5355	8.7537
7	7.2135	7.4343	7.6625	7.8983	8.1420	8.3938	8.6540	8.9228	9.2004	9.4872	9.7830	10.089	10.405	10.730	11.067
8	8.2857	8.5830	8.8932	9.2142	9.5491	9.8975	10.260	10.637	11.028	11.436	11.859	12.300	12.757	13.233	13.727
9	9.3685	9.7546	10.159	10.583	11.027	11.491	11.978	12.488	13.021	13.570	14.163	14.776	15.416	16.085	16.786
10	10.462	10.950	11.464	12.006	12.578	13.181	13.816	14.487	15.193	15.937	16.722	17.549	18.419	19.337	20.304
11	11.567	12.169	12.808	13.486	14.207	14.972	15.784	16.645	17.560	18.531	19.561	20.655	21.814	23.045	24.349
12	12.683	13.412	14.192	15.026	15.917	16.870	17.888	18.977	20.141	21.384	22.713	24.133	25.650	27.271	29.002
13	13.809	14.680	15.618	16.627	17.713	18.882	20.141	21.495	22.953	24.523	26.211	28.029	29.984	32.089	34.352
14	14.947	15.974	17.086	18.292	19.599	21.015	22.550	24.215	26.019	27.975	30.095	32.393	34.883	37.581	40.505
15	16.097	17.293	18.599	20.024	21.579	23.276	25.129	27.152	29.361	31.772	34.405	37.280	40.418	43.842	47.580
16	17.258	18.639	20.157	21.825	23.657	25.673	27.888	30.324	33.003	35.950	39.199	42.753	46.672	50.980	55.717
17	18.430	20.012	21.762	23.698	25.840	28.213	30.840	33.750	36.974	40.545	44.501	48.884	53.739	59.118	65.075
18	19.615	21.412	23.414	25.645	28.132	30.906	33.999	37.450	41.301	45.599	50.396	55.750	61.725	68.394	75.836
19	20.811	22.841	25.117	27.671	30.539	33.760	37.379	41.446	46.018	51.159	56.939	63.440	70.749	78.969	88.212
20	22.019	24.297	26.870	29.778	33.066	36.786	40.995	45.762	51.160	57.275	64.203	72.052	80.947	91.025	102.44
21	23.239	25.783	28.676	31.969	35.719	39.993	44.865	50.423	56.765	64.002	72.265	81.699	92.469	104.77	118.81
22	24.472	27.299	30.537	34.248	38.505	43.392	49.006	55.457	62.873	71.403	81.214	92.503	105.49	120.44	137.63
23	25.716	28.845	32.453	36.618	41.430	46.996	53.436	60.893	69.532	79.543	91.148	104.60	120.20	138.30	159.28
24	26.973	30.422	34.426	39.083	44.502	50.816	58.177	66.765	76.790	88.497	102.17	118.16	136.83	158.66	184.17
25	28.243	32.030	36.459	41.646	47.727	54.865	63.249	73.106	84.701	98.347	114.41	133.33	155.62	181.87	212.79
26	29.526	33.671	38.553	44.312	51.113	59.156	68.676	79.954	93.324	109.18	127.99	150.33	176.85	208.33	245.71
27	30.821	35.344	40.710	47.084	54.669	63.706	74.484	87.351	102.72	121.10	143.08	169.37	200.84	238.50	283.57
28	32.129	37.051	42.931	49.968	58.403	68.528	80.698	95.339	112.97	134.21	159.82	190.70	227.95	272.89	327.10
29	33.450	38.792	45.219	52.966	62.323	73.640	87.347	103.97	124.14	148.63	178.39	214.58	258.58	312.09	377.17
30	34.785	40.568	47.575	56.085	66.439	79.058	94.461	113.28	136.31	164.49	199.02	241.33	293.19	356.79	434.75

기말연금 1원의 현재가치: 기말연금의 현재가치요소

r=기간이자율, n=기간수

기간수 (n)	1%	2%	3%	4%	5%	6%	7%	8%	9%	10%	11%	12%	13%	14%	15%
1	0.9901	0.9804	0.9709	0.9615	0.9524	0.9434	0.9346	0.9259	0.9174	0.9091	0.9009	0.8929	0.8850	0.8772	0.8696
2	1.9704	1.9416	1.9135	1.8861	1.8594	1.8334	1.8080	1.7833	1.7591	1.7355	1.7125	1.6901	1.6681	1.6467	1.6257
3	2.9410	2.8839	2.8286	2.7751	2.7232	2.6730	2.6243	2.5771	2.5313	2.4869	2.4437	2.4018	2.3612	2.3216	2.2832
4	3.9020	3.8077	3.7171	3.6299	3.5460	3.4651	3.3872	3.3121	3.2397	3.1699	3.1024	3.0373	2.9745	2.9137	2.8550
5	4.8534	4.7135	4.5797	4.4518	4.3295	4.2124	4.1002	3.9927	3.8897	3.7908	3.6959	3.6048	3.5172	3.4331	3.3522
6	5.7955	5.6014	5.4172	5.2421	5.0757	4.9173	4.7665	4.6229	4.4859	4.3553	4.2305	4.1114	3.9975	3.8887	3.7845
7	6.7282	6.4720	6.2303	6.0021	5.7864	5.5824	5.3893	5.2064	5.0330	4.8684	4.7122	4.5638	4.4226	4.2883	4.1604
8	7.6517	7.3255	7.0197	6.7327	6.4632	6.2098	5.9713	5.7466	5.5348	5.3349	5.1462	4.9676	4.7988	4.6389	4.4873
9	8.5660	8.1622	7.7861	7.4353	7.1078	6.8017	6.5152	6.2469	5.9952	5.7590	5.5370	5.3282	5.1317	4.9464	4.7716
10	9.4713	8.9826	8.5302	8.1109	7.7217	7.3601	7.0236	6.7101	6.4177	6.1446	5.8892	5.6502	5.4262	5.2161	5.0188
11	10.3676	9.7868	9.2526	8.7605	8.3064	7.8869	7.4987	7.1390	6.8052	6.4951	6.2065	5.9377	5.6869	5.4527	5.2337
12	11.2551	10.5753	9.9540	9.3851	8.8633	8.3838	7.9427	7.5361	7.1607	6.8137	6.4924	6.1944	5.9176	5.6603	5.4206
13	12.1337	11.3484	10.6350	9.9856	9.3936	8.8527	8.3577	7.9038	7.4869	7.1034	6.7499	6.4235	6.1218	5.8424	5.5831
14	13.0037	12.1062	11.2961	10.5631	9.8986	9.2950	8.7455	8.2442	7.7862	7.3667	6.9810	6.6282	6.3025	6.0021	5.7245
15	13.8651	12.8493	11.9379	11.1184	10.3797	9.7122	9.1079	8.5595	8.0607	7.6061	7.1909	6.8109	6.4624	6.1422	5.8474
16	14.7179	13.5777	12.5611	11.6523	10.8378	10.1059	9.4466	8.8514	8.3126	7.8237	7.3792	6.9740	6.6039	6.2651	5.9542
17	15.5623	14.2919	13.1661	12.1657	11.2741	10.4773	9.7632	9.1216	8.5436	8.0216	7.5488	7.1196	6.7291	6.3729	6.0472
18	16.3983	14.9920	13.7535	12.6593	11.6896	10.8276	10.0591	9.3719	8.7556	8.2014	7.7016	7.2497	6.8399	6.4674	6.1280
19	17.2260	15.6785	14.3238	13.1339	12.0853	11.1581	10.3356	9.6036	8.9501	8.3649	7.8393	7.3658	6.9380	6.5504	6.1982
20	18.0456	16.3514	14.8775	13.5903	12.4622	11.4699	10.5940	9.8181	9.1285	8.5136	7.9633	7.4694	7.0248	6.6231	6.2593
21	18.8570	17.0112	15.4150	14.0292	12.8212	11.7641	10.8355	10.0168	9.2922	8.6487	8.0751	7.5620	7.1015	6.6870	6.3125
22	19.6604	17.6580	15.9369	14.4511	13.1630	12.0416	11.0612	10.2007	9.4424	8.7715	8.1757	7.6446	7.1695	6.7429	6.3587
23	20.4558	18.2922	16.4436	14.8568	13.4886	12.3034	11.2722	10.3741	9.5802	8.8832	8.2664	7.7184	7.2297	6.7921	6.3988
24	21.2434	18.9139	16.9355	15.2470	13.7986	12.5504	11.4693	10.5288	9.7066	8.9847	8.3481	7.7843	7.2829	6.8351	6.4338
25	22.0232	19.5235	17.4131	15.6221	14.0939	12.7834	11.6536	10.6748	9.8226	9.0770	8.4217	7.8431	7.3300	6.8729	6.4641
26	22.795	20.121	17.877	15.983	14.375	13.003	11.826	10.810	9.9290	9.1609	8.4881	7.8957	7.3717	6.9061	6.4906
27	23.560	20.707	18.327	16.330	14.643	13.210	11.987	10.935	10.027	9.2372	8.5478	7.9426	7.4086	6.9352	6.5135
28	24.316	21.281	18.764	16.663	14.898	13.406	12.137	11.051	10.116	9.3066	8.6016	7.9844	7.4412	6.9607	6.5335
29	25.066	21.844	19.188	16.984	15.141	13.591	12.278	11.158	10.198	9.3696	8.6501	8.0218	7.4701	6.9830	6.5509
30	25.808	22.397	19.600	17.292	15.373	13.765	12.409	11.258	10.274	9.4269	8.6938	8.0552	7.4957	7.0027	6.5660

ㄱ

ㄴ

ㄷ

찾아보기

찾아보기

찾아보기

ㅎ

■ 저자소개 ■

• **김완희**

서울대 경영학과 졸업
서울대 대학원(경영학석사)
서울대 대학원(경영학박사)
행정고시 재경직 출제위원 역임
한국회계기준원 초빙연구 교수 역임
기획재정부 공공기관경영평가단 평가위원 역임
현재, 가천대 경영학과 교수

• **김문현**

서울대 경영학과 졸업
서울대 대학원 경영학과 석사, 박사
관세사, PSAT(공직적성평가) 시험출제
자본시장연구원 연구위원 역임
기획재정부 공공기관 경영평가단 평가위원 역임
기획재정부 기금운용평가단 평가위원 역임
사학기관 회계감리위원회 위원
현재, 한국외대 GBT 교수

• **배성규**

서울대 고고미술사학과 졸업
안건회계법인 근무
한영회계법인 근무
한국회계학회 회계감사분과위원 역임
산업통상자원부 산하 기타공공기관경영평가단 평가위원 역임
기획재정부 공공기관경영평가단 평가위원 역임
현재, 대현회계법인 이사

제5판 K-IFRS 회계원리

2012년 8월 25일 초 판 1쇄 발행
2014년 1월 25일 제2판 1쇄 발행
2015년 2월 10일 제3판 1쇄 발행
2018년 7월 10일 제4판 1쇄 발행
2022년 6월 25일 제5판 1쇄 인쇄
2022년 6월 30일 제5판 1쇄 발행

저 자 **김 완 희 · 김 문 현**
배 성 규
발행인 **한 의 명**
발행처 **명 경 사**
(본사) 서울특별시 강남구 선릉로 120 우성 B/D 3-102
전화 : 010-6211-8981, 02) 2164-1591(代)
팩스 : 0504-338-2135
(지사) 경기도 파주시 맥금동 557-24
Home Page : www.mkspub.com
E-mail : mkspub@daum.net
등록 2000년 8월 9일 제10-2024(倫)

• 정가 **29,000원**

ISBN 979-11-88052-41-7